Hunter Liguore
Die moderne Kunst des Krieges

AF217117

Hunter Liguore

DIE MODERNE KUNST DES KRIEGES

MIT SUN TSUS MEISTERWERK ZU GANZHEIT UND INNEREM FRIEDEN

Aus dem Englischen von Matthias Schulz

Anaconda

Zu kämpfen und zu erobern bedeutet,
den Widerstand des Geistes ohne Kampf zu brechen.
– Sun Tsu

INHALT

SUN TSUS VERBORGENER PFAD ZU FRIEDEN UND GANZHEIT

»Ist ja doch auch [...] der Sieg über sich selbst der erste und herrlichste von allen Siegen und das Sichselbstunterliegen unter allem das Schimpflichste und Schlimmste zugleich, und dies deutet doch darauf hin, dass Krieg in einem jeden von uns gegen sich selber sei.«

– Platon, *Nomoi*[1], Buch 1, 626:e

Sun Tsus *Die Kunst des Krieges* wurde 1782 erstmals von dem Jesuiten Joseph Amiot übersetzt und gilt seitdem in der westlichen Welt als militärische Abhandlung und taktischer Leitfaden für die Kriegsführung auf dem Schlachtfeld. Es leistet Militärstrategen seit bald 2600 Jahren gute Dienste und bis heute setzen Manager und andere Wirtschaftsvertreter die in diesem Werk empfohlenen Taktiken gegen Wettbewerber ein.

Aber was, wenn das Buch eigentlich einem anderen Zweck dienen sollte? Was, wenn es niemals für Generäle oder Wirtschaftskapitäne gedacht war, sondern für ganz gewöhnliche Menschen, die nach mehr Sinn und Bedeutung für ihr Leben strebten?

Entgegen der allgemeinen Auffassung war Sun Tsu keineswegs ein Militärgeneral. Er war vielmehr ein spiritueller Berater, Mystiker oder Weiser, der eine inspirierte Abhandlung zu jenem Krieg verfasste, der in unserem Geist tobt. Zu der Zeit, als Sun Tsu *Die*

---

1 Deutsche Übersetzung: Dr. Franz Susemihl, Stuttgart 1862/63.

Kunst des Krieges schrieb, waren militärische Kämpfe an der Tagesordnung, also verwendete Sun Tsu sie als symbolische Allegorie. Und auch, wenn es im Verlauf der Geschichte immer wieder fälschlicherweise so dargestellt wurde, hat Sun Tsu diese Abhandlung nicht für einen Herrscher verfasst, sondern für das gemeine Volk. Und die Botschaft des Werkes war schlicht: der verborgene Pfad zu Frieden und Ganzheit.

Einen Autor hatte *Die Kunst des Krieges* nicht, denn das hätte bedeutet, dass noch immer ein Ich oder ein Selbst vorhanden war. Was Historiker als *Die Kunst des Krieges* bis in die Moderne weiterreichten und Sun Tsu zuschrieben, folgt in Wahrheit der Tradition philosophischer Lehrmeister wie Laotse, Homer oder Vyasa, dem Verfasser der *Bhagavad Gita*. Allein schon die Behauptung, es habe sich bei Sun Tsu um einen Mann gehandelt, würde bedeuten, dass man dieser unbekannten Person eine Identität aufzwingt. Um die Tradition der symbolischen Autorschaft zu bewahren und die Idee zu propagieren, dass wir alle Meister Sun oder Meisterin Sun sind, wird dieses Buch abwechselnd mit ›er‹ und ›sie‹ arbeiten. Damit sollen nicht nur Sun Tsus inklusive Lehren unterstützt werden, es sollen auch vorgefasste Meinungen über diese unbekannte lehrende Person abgebaut werden.

Die moderne Kunst des Krieges – Mit Sun Tsus Meisterwerk zu Ganzheit und innerem Frieden interpretiert Sun Tsus Werk ganz neu und erforscht die uralte Weisheit der Selbstfindung mithilfe der wahrhaftigsten Kunst des Krieges – dem Kampf darum, den eigenen Geist wie auch die Gedanken zu kontrollieren, die den Geist beherrschen. Begleitet werden diese Lehren von speziellen Werkzeugen und Übungen, die du schrittweise anwenden kannst. Hast du alle Lektionen gemeistert, kannst du inneren Frieden finden und ein erfülltes Leben führen.

Das Buch als Ganzes ist als Einladung zu verstehen, als Möglichkeit, die Feinde aus dem Feld zu schlagen, die das Königreich des inneren Friedens bedrohen. Erlangen wir Gelassenheit, unseren natürlichen Zustand, gewinnt unser Leben neue Bedeutung. Wir können mit mehr Harmonie leben, mehr Güte, mehr Einheit und Gleichmut.[2] Das wirkt auf alles ein, was wir tun, und verwandelt unser Leben und in der Folge die Welt, in der wir leben, in einen harmonischeren Ort.

Das ist die versteckte Botschaft von *Die Kunst des Krieges*.

Diese sanfte Weisheit wurde in ihrer Gesamtheit so umgeschrieben, wie sie ursprünglich von Sun Tsu beabsichtigt worden war, und wird auf diesen Seiten als neues Werk vorgestellt.

DIE URSPRÜNGE

Sehen wir uns zu Beginn Sun Tsus Abstammung an. Sun Tsu gehörte einer Familie von Militärexperten beziehungsweise einer Familiengilde an, die Ho Lu unterstellt war, dem König der chinesischen Provinz Wu im 5. Jahrhundert vor unserer Zeitrechnung. Beeindruckt davon, wie viele Schlachten Sun Tsu gewonnen hatte, ernannte Ho Lu Sun Tsu zum General seiner Truppen. Der Legende nach feierte Sun Tsu viele Jahre lang weitere militärische Erfolge und produzierte dann die Abhandlung *Die Kunst des Krieges*.

Wenig bekannt ist, dass jede Familiengilde die militärischen Informationen oder Fähigkeiten besaß, auf die sie sich spezialisiert hatte (in diesem Fall Taktiken und Strategien der Kriegsführung). Dieses Spezialwissen reichte man *ausschließlich* von Generation zu Generation weiter, üblicherweise mündlich und durch Übungen –

---

2 Gleichmut im Sinne Sun Tsus ist eine Erfahrung von Ganzheit. Der Geist unterliegt keinem ständigen Wandel an Emotionen, er strahlt vielmehr Ruhe, Harmonie und Vollkommenheit aus.

ganz ähnlich, wie im Mittelalter Schmiede ihre Nachfahren lehrten, Eisen auf eine ganz spezielle, altbewährte Methode zu schmieden.

Das wirft die Frage auf: Wenn Sun Tsus Militärstrategien Familieneigentum von hohem Wert waren, das die Familiengilde streng hütete, warum sollte Sun Tsu sie dann niederschreiben und damit praktisch Familiengeheimnisse verraten?

Gehen wir davon aus, dass die Mitgliedschaft in einer Gilde Arbeitsplatzsicherheit bedeutete, dann gab man der Konkurrenz einen Vorteil an die Hand, wenn man Informationen teilte. Das reduzierte die Aussichten der Gilde, langfristig zu überlegen, stark. *Hätte* Sun Tsu als General der Armee seine besten Strategien geteilt, hätte er damit seiner eigenen Laufbahn geschadet; er hätte seinen Ruf ruiniert und sich sogar ersetzbar gemacht. Und *sollte* König Ho Lu Sun Tsu tatsächlich beauftragt haben, das Handbuch für absoluten Erfolg auf dem Schlachtfeld zu verfassen, weil er sich zum ruhmreichen Herrscher aufschwingen und große Ländereien unterwerfen wollte, hätte er Sun Tsu doch gewiss mit gewaltigen Reichtümern überschüttet und ihm Ländereien, Titel und weitere Zuwendungen zukommen lassen. Gewiss hätte das auch bedeutet, dass die Chronisten Sun Tsus Erfolge ausführlicher festgehalten hätten, ähnlich wie bei anderen von Geschichtsschreibern gefeierten und in Erinnerung behaltenen Generälen, beispielsweise Miyamoto Musashi, Autor von *Das Buch der fünf Ringe*.

Sollte Sun Tsu ein derart ruhmreicher General gewesen sein, warum ist dann nicht mehr über seine Erfolge und sein Erbe bekannt?

Sollte es sich bei Sun Tsu jedoch *nicht* um einen General, sondern um eine Mystikerin in der Tradition anderer Philosophie-Meister gehandelt haben, hätten ihre Schüler diese Informationen niedergeschrieben und bewahrt, um die versteckte Weisheit mit der Absicht auszulegen, das Leid der menschlichen Existenz zu lindern, indem man die Menschen lehrt, den rastlosen Geist zu zähmen.

11

Sun Tsus Nachkommen und seine Schule starben mit der Zeit aus, der Sinn ihrer Lehren ging größtenteils verloren. Dann wurde Sun Tsu wiederentdeckt, aber falsch gedeutet. Bis heute.

JAHRHUNDERTELANG FALSCH GEDEUTET

Wenn es darum geht, welche inspirierten Weisheiten im Lauf der Zeit falsch gedeutet wurden, ist Sun Tsus *Kunst des Krieges* zweifelsohne keine Ausnahme. Seit Jahrhunderten kennt die Menschheit verschlüsselte philosophische Texte. Viele wurden zu etwas Oberflächlichem reduziert oder gediehen einzig als Mythos (und galten daher als unwahr). Was sich in den Tiefen zwischen den Zeilen verbarg, blieb unbeachtet oder geriet in Vergessenheit.[3] Aber wie ging die ursprünglich beabsichtigte Bedeutung überhaupt verloren beziehungsweise wie wurde sie aufgegeben? Eine These besagt, dass die meisten heiligen Texte zwei Deutungsebenen aufweisen – eine moralische und eine philosophische (inspirierte Weisheit). Allgemein gesprochen, lagert die moralische Geschichte direkt an der Oberfläche (exoterisch), damit das Publikum sie rasch begreifen kann. Sie konzentriert sich auf die Moral und Tugenden, die im alltäglichen Leben von Bedeutung sind. Die meisten Leser verstehen das Werk nur auf dieser Ebene, doch mit mehr Sorgfalt lässt sich eine weitere, allegorische, verborgene Botschaft (esoterisch) entdecken. Darin geht es üblicherweise um Wissen zum menschlichen Ursprung und der menschlichen Existenz.

Jene Menschen, die die ursprüngliche Version der *Kunst des Krieges* hörten, waren sich der Bedeutung des Werks möglicherweise viel stärker bewusst – einer Bedeutung, die über Kriege und Schlachten

---

3   Einige Beispiele für kodierte philosophische Texte: *Beowulf*, das *Mabinogion*, Platons *Nomoi*, das *Popol Vuh* und *Die Odyssee*.

hinausging und sich auf die verborgenen Methoden bezog, wie man sich den gequälten Geist untertan macht, durch Selbstkontrolle zum Sieg gelangt und auf diese Weise inneren Frieden erfährt.[4] Die Zeit vergeht, Völker gehen auf Wanderschaft oder werden unterworfen, neue Ideen kommen und verschwinden wieder. Das kann dazu führen, dass ursprüngliche Gepflogenheiten verloren gehen oder mit der Zeit falsch interpretiert werden. Entdeckt man diese Texte dann wieder, liest man sie nicht immer mit dem nötigen Vorwissen über ihren Zweck oder vor dem Hintergrund des philosophischen Kontexts, vor dem sie ursprünglich geschrieben wurden.

Beide Interpretationen (esoterisch, exoterisch) haben Bedeutung und beide sind wichtig, aber sie bedienen zwei unterschiedliche Zielgruppen: zum einen die am Anfang ihrer Reise stehenden Suchenden, zum anderen Schüler und Schülerinnen, die sich aus ganzem Herzen dazu verpflichtet haben, auf dem jeweiligen Weg und in der jeweiligen Lehre voranzukommen. Wer wie Sun Tsu inspirierte Weisheit lehrt,[5] erkannte und verstand das Ringen des Menschen, das es zu bewältigen gilt, will man sich den Weg zu dem unbegrenzten Potenzial eröffnen, das *uns allen* zur Verfügung steht. Beide Arten Schüler und Schülerinnen mit sämtlichen Informationen gleichzeitig zu konfrontieren, konnte sich als kontraproduktiv erweisen oder für falsche Zwecke missbraucht werden; also entwickelten die Lehrenden Schritte, die die Aufgabe leichter zu bewältigen machten und Erfolg garantieren sollten.

---

4 Ein anderes Beispiel: Frühe Kelten, die mit den Geschichten vertraut waren, die nun als *Mabinogion* bekannt sind, haben den ersten Satz »Pwyll Prince of Dyved was lord of the seven Cantrevs of Dyved« trotz seines epischen Tons und seiner epischen Qualitäten möglicherweise als »Weisheit war Herrscher über die sieben Territorien (des Geistes)« verstanden. Siehe *Forests of Annwn* von dieser Autorin.

5 Beispiele für Lehrer inspirierter Weisheit sind Pythagoras und der altägyptische Pharao Echnaton. Letzterer wird häufig fälschlich als Anhänger der Sonnenscheibe dargestellt, wobei diese treffender als Symbol dafür angesehen werden sollte, dass man das gewöhnliche Bewusstsein beherrscht.

Warum das wichtig ist, erläutert Sun Tsu im ersten Kapitel ›Pläne schmieden‹: »Es wird den schwachen Schüler abschrecken, im Vorhinein zu wissen, welche Herausforderungen ihn erwarten.«

Wenn das Lehren als eine Abfolge von Schritten aufgebaut und verkleidet ist, können Schüler und Schülerinnen sich das Material aneignen, es üben und meistern, ohne sich allzu leicht von Schwierigkeiten und Rückschlägen abschrecken zu lassen – oder gleich ganz aufzugeben und die Flinte ins Korn zu werfen. In der Schule würde niemand mit Algebra beginnen, bevor er oder sie nicht Addieren und Subtrahieren beherrscht. Auch eine Schülerin Sun Tsus würde die Praxis der Ganzheit methodisch angehen, um langfristig ihre Erfolgsaussichten zu verbessern.

Und noch ein weiterer Aspekt kommt zum Tragen: Weil die inspirierten Lehren versteckt wurden, blieb ihre Reinheit erhalten. Das galt insbesondere für die Schüler, die sich aufrichtig einbrachten und die Lehren als heilig und wertvoll erachteten, als Schatz, der ihnen unter den Augen ihrer erfahrenen Meisterin schließlich zuteilwerden würde.

Selbstverständlich trug dieses Vorgehen dazu bei, dass eine gegnerische Religion, Kultur oder politische Strömung den Text nicht vernichtete oder veränderte, wie es der *Kunst des Krieges* beinahe widerfahren wäre. Nur weil die feinsinnigen spirituellen Wahrheiten als Abhandlung zum Krieg daherkamen und die wachsende militärische Klasse das Werk weiterreichte, konnte *Die Kunst des Krieges* überleben. Es galt nicht als religiöser Text und wurde deshalb bei staatlich sanktionierten Säuberungsaktionen nicht wie andere heilige Bücher den Flammen übergeben.[6]

---

6 Für weitere Informationen siehe Zeit der Streitenden Reiche (475–221 vor unserer Zeitrechnung) und die Herrschaft von Qin Shihuangdi, dem Begründer des chinesischen Kaiserreiches.

SUN TSU, MEISTERIN SUN

Sun Tsus Geschichte kommt in einem Gewand aus Allegorien daher und liefert damit einen weiteren Beleg dafür, dass der inspirierende und philosophische Wert von *Die Kunst des Krieges* größer ist als der militärische. Geboren als Sun Wu, was ›Sonnenkrieg‹ bedeutet, legte die Person sich später den Namen Sun Tsu zu, ›Meister Sun‹. In *Die Kunst des Krieges* ist Meister Sun jemand, der sich seiner selbst bewusst ist, oder jemand, der in Verbindung mit ständigem Gewahrsein auf dem verborgenen Weg zu Frieden und Ganzheit wandelt:

> »*Den höchsten Gipfel über den Wolken bereisen,*
> *jenseits des irdischen Reiches*
> *und verhüllter Geheimnisse des Mondes, der zur Sonne aufsteigt.*«[7]

Es Meisterin Sun gleichzutun, heißt hier für die Schüler und Schülerinnen, dass sie, wenn sie ihren Geist beherrschen, auch die gewöhnliche Existenz überwinden können.

Der Legende nach war Meister Sun bei Ho Lu in der Provinz Wu angestellt – ›Wu‹ bedeutet ›Krieg‹. Ho Lu ist eine historisch belegte Figur, hat aber in der Sun-Tsu-Erzählung vor allem die Funktion, für das zeitgenössische Publikum Vertrautheit aufzubauen und dann der Schülerschaft allegorisch zu vermitteln, dass die Sonne den geistigen Tumult bekämpfen muss, um die irdische Wahrnehmung zu überwinden. Das Zeitalter, das der Regentschaft Ho Lus vorausging, wird als ›Sonnenstaat‹ bezeichnet, weil ein Abkommen dafür sorgte, dass mehrere Jahrhunderte lang die Waffen ruhten.

---

7   In unterschiedlichen Kulturen gilt die Sonne als allegorisches Symbol für Ganzheit (bewusste Einheit, Erleuchtung, Nicht-Dualität, Einssein mit Gott/Göttin/Göttlichkeit), etwa bei den alten Ägyptern, den Maya oder den alten Griechen.

Man könnte sogar so weit gehen zu behaupten, dass selbst die Zeit, in der Sun Tsu angeblich zur Welt kam, einen Teil der Allegorie darstellt, denn der ›Sonnenstaat‹ symbolisiert den perfekten Zustand, das Einssein mit der Quelle aller Dinge. Die Quelle steigt in den menschlichen Körper (oder das materielle Bewusstsein) der Täuschung hinab, hier dargestellt durch die Herrschaft des Ho Lu über Wu (Krieg).

Eine bekannte Geschichte schildert, wie Sun Tsu Ho Lu beeindruckte und so die Verantwortung über die Militärstrategie von Ho Lus Streitkräften erhielt, eine Geschichte, die das mythische Wesen Sun Tsus noch mehrt. Angeblich hatte König Lu vom großen Talent Sun Tsus gehört und wollte Sun Tsu auf die Probe stellen: Wenn es ihm gelänge, die weiblichen Bediensteten in der Kriegskunst zu unterweisen, würde der König Sun Tsu das Oberkommando über seine Heerscharen übertragen.[8]

Sun Tsu willigte ein und übertrug zwei Dienerinnen die Leitung einer größeren Gruppe von Soldatinnen. Er wies die Offizierinnen an, rechtsum zu machen, dann linksum, dann vorwärts zu marschieren und anschließend rückwärts. Aber die Frauen kamen aus dem Kichern nicht heraus, woraufhin Sun Tsu angeblich sagte: »Werden die Kommandos und Befehle nicht deutlich gegeben und verstanden, ist die Schuld beim General zu suchen.« Sun Tsu versuchte es erneut, aber das Ergebnis blieb dasselbe.

Daraufhin erklärte Sun Tsu: »Wurden die Kommandos und Befehle deutlich gegeben und verstanden, liegt die Schuld beim Soldaten.« Anschließend ließ er die beiden Dienerinnen enthaupten.

Damit war aber keineswegs Schluss. Nun ernannte Sun Tsu

---

8 Diese Geschichte stammt aus den 1985 bei Ausgrabungen entdeckten Bambustexten von Yinqueshan. Visuell dargestellt findet sie sich in dem Fernsehfilm *The Art of War* (Regie: David W. Padrusch, 2009).

zwei weitere Dienerinnen zu Anführerinnen und gab Anweisungen. Dieses Mal wurden sie punktgenau befolgt! Als er sah, wie rasch die Soldatinnen Disziplin gelernt und kampfbereit geworden waren, übertrug König Lu Sun Tsu den Befehl über seine Truppen.

Diese Erzählung, eher eine Fabel als ein historischer Fakt, sicherte Sun Tsu einen Platz in den Geschichtsbüchern als großer Militärführer. Und dennoch steht bei diesem sanften Text nicht der physische Krieg im Mittelpunkt, sondern der Kampf darum, das Königreich des eigenen Geistes zu einen und freizusetzen.

Unter der faktischen Erzählebene liegt bei dieser Geschichte das Geheimwissen darum, wie man bewusste Wahrnehmung erlangt – oder einfacher gesagt, wie man (Selbst-)Kontrolle als Dauerzustand erreicht. Die Geschichte legt nahe, den Schleier einer doppelt wahrgenommenen Existenz fortzureißen und eine Existenz zu erkennen, die stets präsent und ganzheitlich ist. Einmal enthüllt, wächst unsere Macht, unser natürliches geistiges Gleichgewicht zu erhalten; frei von Stress, Sorgen, Zweifeln und Ängsten, aber förderlich für ein ausgeglichenes Leben voller Freude und Einheit. Wir springen nicht länger zwischen zwei Bewusstseinszuständen oder unterschiedlichen Emotionen hin und her, sondern bewahren uns einen Zustand der steten Ausgeglichenheit und verweilen darin. Das ist absolute Freiheit.

Übertragen wir diese Vorstellung auf die Geschichte der Dienerinnen, erkennen wir, dass Sun Tsu den Frauen nicht wirklich den Kopf abschlagen ließ, sondern vielmehr die Wurzel des doppelten Egos entfernte und auf diese Weise Zugang zum Quell der Disziplin ermöglichte, mit deren Hilfe sich die Selbstkontrolle der Ganzheit erreichen lässt. Auf diese Weise wird Sun Tsu (Meisterin Sun) das Kommando über *sämtliche Streitkräfte* (Sinne) im *Kriegsgebiet* (dem Geist) überantwortet. Dank der *unbeirrbaren Anweisungen und Anleitungen* (Wille) herrschte im *Land* (Intuition) *Frieden* (Ganzheit).

DIE SYMBOLIK IN SUN TSUS WERK

Heute existieren zahlreiche Bücher, die sich mit der militärischen (oberflächlichen) Bedeutung von Sun Tsus Werk befassen und einen besonderen Platz in der Weltgeschichte einnehmen. In *Die moderne Kunst des Krieges* befasse ich mich deshalb ausschließlich damit, die zeitlose und lang verborgene (esoterische) philosophische Weisheit zu erforschen, die Sun Tsus Abhandlung bereithält. Es geht nicht um irdische Schlachten, die ausgefochten werden, um irdische Erfolge und darum, irdische Reichtümer einzuheimsen, sondern um einen Kampf von viel größerer Bedeutung – den Kampf um die Kontrolle über den eigenen Geist.

Das Besondere an *Die moderne Kunst des Krieges* ist, dass es keiner einzelnen Tradition und keinem einzelnen Dogma verbunden ist. Insofern finden sich hier auch keine Einschränkungen durch Abgrenzung, vielmehr bietet das Buch Inklusion und Zugänglichkeit. Hier sind alle willkommen. Diese Lehre ist für alle Schülerinnen, unabhängig von ihrem Wissensstand und ihrer gesellschaftlichen Zugehörigkeit. Es geht darum, auf dem Lebensweg zur Selbstfindung Anleitung, Führung und Unterstützung zu bieten.

Diese Freiheit erlaubt es uns, unabhängiger zu leben und uns unmittelbarer unserem größten Bedürfnis zuzuwenden: Wir müssen unserem verborgenen Lehrer (oder unserer verborgenen Kriegerin) vertrauen und uns auf ein friedliches Leben einlassen, genau hier und heute. Und selbst wenn du schon hundertmal gescheitert bist, eröffnet dir Sun Tsu einen unverfälschten Raum, an dem du *sein* kannst. Hier kannst du dich wieder verbinden und – wie ein Krieger – den verborgenen Teil deines Ichs entdecken, der durch und durch schön ist.

Im Verlauf der 13 Kapitel werden wir aufdecken, welche Bedeutung sich hinter den einfachen Codes oder Symbolen verbirgt, die Sun Tsu benutzt hat, um über den rastlosen Geist zu sprechen. Du wirst erkennen, was dir am wertvollsten ist und was du direkt auf dein Leben anwenden kannst. Auf diese Weise kannst du im Laufe deines Lebens wieder und wieder zu diesem Buch greifen. Während du dich veränderst und wächst, wird sich dir an einem Tag möglicherweise eine bestimmte Bedeutung erschließen, und Jahre später, wenn du denselben Abschnitt erneut liest, könnte er eine andere Bedeutung für dich haben.

Um anzuleiten und zu unterstützen, griffen Lehrer und Lehrerinnen wie Sun Tsu auf ihre persönlichen Erfahrungen zurück, aber das ändert nichts daran, dass es vor allem die Schüler und Schülerinnen sind, die den Weg meistern müssen. Und auch, wenn man sich den Weg an einigen Stellen mit vielen anderen teilt, gehen doch alle ihren ganz persönlichen, eigenen Weg.

Beginnen wir mit einigen Symbolen, die erklärt werden müssen, damit du beim Lesen weißt, worum es geht. Um den Geist und das Bewusstsein zu erkunden, arbeitet Sun Tsu mit Begriffen aus der Welt der Militärstrategie. Insofern können wir die sekundäre Bedeutung hinter den Begriffen wie folgt deuten:

- **der Staat**: das Selbst als Ganzes oder als Einheit des Bewusstseins.
- **der Krieg**: der Konflikt zwischen dem niederen und dem höheren Selbst, also die Kunst der Beobachtung.
- **das Schlachtfeld**: das Terrain des Geistes.
- **der Feind**: der rastlose Geist oder bewusste Gedanken, Gefühle, Wahrnehmungen. Das Ego, das die materielle Welt als *real* oder unveränderlich wahrnimmt. Der Feind hält den Schüler davon ab, seine innere Sonne zu finden. Häufig spricht es dafür, dass das bewusste Selbst das intuitive (oder höhere) Selbst davon abzuhalten versucht, Freiheit zu erlangen. Es lässt sich in Begierden und irdische Angelegenheiten aufspalten.

- **der General**: die Schülerin auf ihrem Weg; die Fähigkeit Einzelner, zu unterscheiden und zu handeln. (Beachte, dass wir nicht als Fußvolk zu unserer Reise aufbrechen, sondern als kommandierender General oder kommandierende Generalin. Das ist ein sehr wichtiger Punkt, denn er vermittelt uns die Vorstellung, dass unser Alltag und unsere Bestrebungen in unseren kompetenten Händen liegen.)
- **die Armee**: die Verteidigungstruppen des Geistes, beispielsweise bewusste Wahrnehmung oder Intuition (intuitive Entfaltung). In der materiellen Welt führen sie Krieg gegen die ›Feinde‹ des Geistes (Gedanken, Gefühle, Wahrnehmungen).
- **die Pläne**: der sanfte Weg oder der Pfad, der der fehlgeleiteten Wahrnehmung oder dem niederen und dem höheren Selbst Harmonie bringt.
- **der Himmel**: Yin oder das höhere Bewusstsein.
- **die Erde**: Yang oder das niedere Bewusstsein.

DIE VIELEN GESICHTER DES KRIEGES

Das Werk heißt *Kunst des Krieges* und nicht *Kunst des Friedens*, insofern bitte ich dich, deine Definition des Begriffs Krieg zu überdenken und zu erweitern. Es sollte Platz genug sein für die vielen Gesichter des Krieges, die Sun Tsu möglicherweise vorschwebten. Mittlerweile weißt du, dass das Thema Krieg eine Metapher ist und für den Kampf steht, den wir gegen unseren rastlosen Geist führen. Gleichzeitig sollten wir uns die weniger offensichtlichen Wege vor Augen führen, wie wir in unserem Leben durch unsere Gedanken und unser Handeln immer wieder Konflikte herbeiführen.

Würde ich dich bitten, ein Bild zum Thema Krieg zu malen, würdest du möglicherweise eine pilzförmige Wolke zeichnen, die über einer nichts ahnenden Stadt aufsteigt. Vielleicht zeichnest du

Blutvergießen, Geschosse, Ruinen und viele Leichen – oder Menschen, die mit Schusswaffen kämpfen, mit Panzern, Drohnen, die vielleicht sogar Cyberkrieg führen. Jede Partei dieser Auseinandersetzung ist fest überzeugt, auf der Seite der Sieger zu stehen. Wir reden hier über groß angelegten physischen Krieg. Doch wenn man uns zeigt und lehrt, wie Krieg aussieht, kann es geschehen, dass wir nicht mitbekommen, wie Krieg still und leise andere Orte in unserem Leben durchdringt – Orte, die uns näher sind.

Geht es um den Geist, kommt es zu Krieg, wenn unsere Gedanken, wo auch immer wir uns aufhalten, Spaltungen verursachen. Unterscheiden wir zwischen gut und böse? Zwischen fröhlich und traurig? Sind wir gleichgültig? Dann erschaffen wir eine Spaltung zwischen uns und *dem anderen*. Bauen wir in irgendeiner Form Widerstand gegen andere auf, führen wir geistigen Krieg.

Bewegen wir uns von mentalem Gleichgewicht fort und hin zu einem Zustand der Gewalt, des Urteilens, des Kontrollierens oder zwingen wir anderen sogar rücksichtslos und ohne deren Zustimmung unseren Willen auf, verursachen wir Kleinkriege.

Wenn wir auf unserer Meinung und unseren Ansichten beharren, anstatt abweichende Meinungen und Ansichten zu respektieren und zu schätzen, welche Rolle spielen dann unsere Gedanken? Manchmal erschaffen wir Grenzen und Abgrenzungen und behaupten, wir hätten recht und eine andere Person habe unrecht oder sei weniger wert.

Erschaffen wir geistige Zäune (Abgrenzungen), erschaffen wir das Schlachtfeld des Geistes, um das es Sun Tsu geht.

Andere Beispiele:

• Wutentbrannt mit den Händen fuchtelnd, schneidet uns plötzlich ein ungeduldiger Autofahrer und wir bekommen einen Wutanfall.

- Wir streiten uns mit anderen wegen unserer Ansichten und werden dabei rechthaberisch und verlernen, uns zu versöhnen.
- Wir streiten uns mit Nachbarn oder der Gemeinschaft wegen Dingen, die wir nicht mögen, und sind dabei der Ansicht, unser Weg sei der *einzige* richtige.
- An der Ladenkasse wird ein zu hoher Preis angezeigt und wir lassen unsere Verärgerung darüber am Kassenpersonal aus.
- Wer gärtnert, reißt Unkraut heraus und erschafft auf diese Weise einen Kampf zwischen dem, »was dort hingehört«, und dem, »was dort nichts zu suchen hat«. Aber für die Erde sind es alles Pflanzen.

Konflikt finden wir in unserer Kritik, in unseren Urteilen, in unserer Wut oder anderen Gefühlszuständen wie Neid, Niedergeschlagenheit, Traurigkeit oder Besorgnis. Diskriminierung, Hass und Separatismus beschleunigen den Gedanken des Andersseins, was wiederum künftigen Konflikten Vorschub leistet.

Und genauso können wir uns im Spiegel betrachten und ein wertendes Urteil fällen (hässlich, hübsch, zu dünn, zu dick). Dadurch bauen wir Widerstand gegen die uns innewohnende Schönheit auf. Jahr um Jahr machen unser Geist und seine Gedanken uns glauben, dass sich unsere Realität in einem steten Auf und Ab befindet, dass eine ungewisse Zukunft die Realität kontrolliert und vorgibt und dass wir keinerlei Kontrolle darüber haben.

Doch das tun wir, das sagt uns Sun Tsu.

Beginnen wir die Lehren zum verborgenen Pfad zu Frieden und Ganzheit anzuwenden, verstehen wir, dass es nicht *die anderen* sind, die unser Leben und die Umwelt ruinieren und die Welt in einen furchtbaren Ort verwandeln. Es wird uns klar, dass wir es selbst in der Hand haben, durch einen ruhigen, friedvollen Geist sofortigen Wandel herbeizuführen. Sehr schnell werden Menschen und Orte – unser eigener Geist – nicht länger unsere Widersacher darstellen.

Diese einzigartige Nacherzählung ist ein Strategieplan, der uns dazu führen soll, unsere angeborene Fähigkeit wiederzuentdecken, erneut die Herrschaft und Kontrolle über unser Bewusstsein (oder die alltäglichen Umstände) zu übernehmen und einen Friedensschluss zwischen den beiden Zuständen unserer Wahrnehmung oder unseres Selbst (höheres und niederes Bewusstsein) herbeizuführen. Ganzheit wird unser natürlicher Zustand und wir nehmen die Welt um uns herum ohne Grenzen wahr, denn der Geist wird still und ewig, er wird wie das allsehende Auge, mit dem in der Mythologie der alten Griechen der Zyklop dargestellt wird. Zyklopen werden üblicherweise als geblendet dargestellt und stehen für den Sturz in die Täuschung oder für Blindheit gegenüber dem eigenen ganzen, singulären Selbst.

Dieser Zustand des Nicht-Krieges oder des Friedens ist präsent und bewusst. Sokrates, ein Lehrmeister der inspirierten Weisheit, erklärte es wie folgt: »Ich weiß, dass ich nichts weiß.« Die von Platon festgehaltene Aussage deuten viele als Beleg für Sokrates' Bescheidenheit, tatsächlich jedoch drückt sie die Erfahrung des einheitlichen Bewusstseins (oder der Nicht-Dualität) aus: Zu »wissen« heißt, sich seiner selbst bewusst zu sein und sich im Einklang mit der eigenen intuitiven Ganzheit zu befinden, anstatt sich auf den denkenden, von Gefühlszuständen geleiteten Geist zu verlassen.

Kurz gesagt: Stellt der Geist sein Geschwätz ein, fließt er gleichmütig dahin, friedlich und präsent. Er kann (technisch betrachtet) nichts ›wissen‹, er kann kein Urteil fällen oder Spaltung betreiben. Stell dir vor, wie sich eine Stunde der Klarheit und Weitläufigkeit anfühlen mag, völlig ungestört von Gedanken. Es ist eine sehr kraftvolle und zugleich sanfte Erfahrung, die einen Zustand der Ruhe und des Friedens erzeugt, der es uns erlaubt, unsere unbestreitbar vorhandene Weisheit, Wahrheit und Kenntnis, von deren Existenz wir zuvor möglicherweise gar nichts gewusst hatten, direkt anzuzapfen.

In der Mythologie der alten Griechen wurde der von Frieden erfüllte Geist als Halbgott dargestellt, wie beispielsweise Herkules, der mit göttlichen und menschlichen Fähigkeiten gleichermaßen zur Welt kam. Symbolisch gesprochen werden auch wir als Halbgötter geboren und verfügen sowohl über ein göttliches Bewusstsein als auch eines der materiellen Welt (oder Himmel und Erde, Yin und Yang). Sie verleihen uns Macht (bei Herkules symbolisiert durch seine körperliche Kraft) über Materie/Schöpfung. Der materielle (oder bewusste) Geist wähnt sich in Kontrolle, erkennt dabei die immer gegebene göttliche Natur nicht und strebt stets danach, diese Perfektion zu *realisieren*.

Sun Tsu lehrt uns, dass man Ganzheit durch unangestrengtes Zulassen erlangt, wenn wir uns also nicht länger gegen unser wahres Wesen sperren und wie Herkules im Vollbesitz unserer Kräfte sind, indem wir im Gleichgewicht zwischen unserem menschlichen und unserem göttlichen Selbst leben. Es gibt nichts, gegen das wir ankämpfen müssen. Unsere Intuition meldet sich und wir vertrauen ihr, anstatt sie zu ignorieren, und beginnen, im Fluss zu leben. Gleichzeitig besteht keine Notwendigkeit, unsere Gedanken zu reinigen oder sie vorsätzlich zu unterbinden. In gewisser Weise ist es nicht gut, sich den rastlosen Geist als etwas vorzustellen, das man loswerden muss. Es handelt sich vielmehr um ein Werkzeug, um ein ›Auge‹, das sieht, deutet und das uns auf der materiellen/bewussten Ebene leitet. Anstatt Krieg dagegen zu führen, können wir uns dieses Werkzeug zunutze machen und es unserer Intuition dienen lassen.

Hören wir auf zu kämpfen, verlassen wir uns auf unser Wissen und erlauben uns, voll und ganz *unser wahres Ich* zu leben, ungehindert von *sämtlichen* äußeren Einflüssen. So erklärt es Sun Tsu.

WELCHE BEDEUTUNG HAT SUN TSU HEUTE?

Die Kunst des Krieges wurde zur Zeit der Streitenden Reiche beliebt, einer Periode der chinesischen Geschichte, in der weite Teile der Öffentlichkeit dem gewaltigen Militärkomplex angehörten. Damals war es eine Sache von Leben und Tod, das Werk zu schützen. Dass der unbekannte Verfasser das Werk erhalten hat, war ein selbstloser Akt und diente einzig dazu, anderen von Nutzen zu sein und sie aus dem Kreislauf menschlichen Leidens zu befreien.

Soldaten, die Obrigkeit und das gemeine Volk, das unmittelbar oder mittelbar mit der Militärklasse zu tun hatte – sie alle hatten Zugang zu diesem Werk, und das führt uns zu einem weiteren wichtigen Grund: Konnte man den Personen, die das tatsächliche Kämpfen übernahmen, zeigen, dass das Leben mehr zu bieten hat, als *Feinde* auf dem Schlachtfeld zu erschlagen – und damit auf beiden Seiten für unermessliches Leid zu sorgen –, und konnte man ihnen mithilfe des heiligen Wissens um den Pfad zu innerem Frieden *Freiheit* schenken, so konnte man *den physischen Krieg beenden*.

Die friedvollen Helden und Heldinnen, die *Die Kunst des Krieges* übertrugen und bewahrten, stellten die vorherrschende Denkweise ihrer Zeit in Frage. Diese besagte, dass es nur einen einzigen Weg gibt, friedliche Beziehungen herbeizuführen – durch physischen Krieg. Doch dank Sun Tsus Wissen um Ganzheit können wir aus der Vergangenheit lernen und wissen: Was einem Menschen wehtut, tut allen Menschen weh.

So betrachtet, durchläuft Sun Tsus Lehre einen Wandel. Aus einem Text, der einstmals kriegerische Handlungen fortführte, wird ein Weg in eine Zukunft, in der Frieden in Sichtweite und *realistisch* ist und allen Menschen zur Verfügung steht.

Wie viele Menschen im Laufe der Geschichte Sun Tsus Lehren hörten und ihre Waffen niederlegten, werden wir niemals genau sagen können. Heute schließen wir uns jenen an, die sich der Friedenslinie von Meisterin Sun verschrieben haben. Wenn wir denken, sind wir keine Inseln. Unsere Gedanken erzeugen eine schwache Vibration, die überall gespürt und empfangen wird, sei es von Mitmenschen oder unserer natürlichen Umgebung (durch Stürme, Katastrophen und so weiter). Wir sind nun einmal Teil einer kollektiven Realität. Fassen wir jedoch Fuß in diesem *kriegerischen* Geisteszustand, der nicht immer, aber oftmals Ablenkung und Unordnung in der Welt heraufbeschwört, verstehen wir, dass wir imstande sind, eine neue Zukunft zu erschaffen, die auf Gleichgewicht und Harmonie basiert, für uns und für andere.

Seine Schüler und Schülerinnen bittet Sun Tsu, sanft voranzuschreiten, ohne die Notwendigkeit, etwas zu erzwingen, sich anzustrengen oder zu suchen. Vielmehr sollen sie zulassen, dass unsere innere Lehrerin, welche die Zwietracht stiftenden Gedanken regiert und ein gut geführtes Königreich ins Leben ruft, direkt aktiv wird. Auf diese Weise verlagern wir unsere Wahrnehmung von der Unordnung zur Ordnung. Das bringt ein eigenes Maß an *sozialer Verantwortung* mit sich und erlaubt uns unbegrenzte Möglichkeiten, anderen gegenüber sanft und mitfühlend zu sein und eine Welt aufzubauen, in der Frieden zum Dauerzustand wird.

Verbinden wir uns (mit ganzem Geist) mit anderen in kollektiver Harmonie, werden wir Teil der gemeinsamen Verbindung, die allen Lebewesen auf globaler Ebene zur Verfügung steht.

Es ist eine wunderschöne und mühelose Art, mit anderen zusammenzuleben, und sie steht uns zu allen Zeiten und in jedem Augenblick zur Verfügung. Tatsächlich solltest du keine Gelegenheit verstreichen lassen, verirrte oder unbedachte Gedanken zu vermeiden, die anderen Lebewesen Schaden zufügen könnten.

In der Folge wird die Liebe gedeihen und Sanftheit *ohne Anstrengung* herrschen. Das ist das Versprechen, das Sun Tsu mit dem verborgenen Pfad zu Frieden und Weisheit gibt.

Wenn wir diesen Pfad gemeinsam beschreiten, wollen wir das offen und ohne Furcht tun. Dies ist ein Kampf, bei dem es keinen Rückzug gibt.

SO FUNKTIONIERT DIESES BUCH

Die moderne Kunst des Krieges besteht aus 13 neuen Kapiteln, die auf ursprünglichen esoterischen Lehren beruhen und die ursprüngliche Nummerierung der Giles-Übersetzung ins Englische aufgreifen. Jedes Kapitel enthält eine Zusammenfassung, gefolgt von einem Kommentar, der Sun Tsus zentrale Ideen aufnimmt und aufzeigt, wie du das Gelernte in deinem eigenen Leben und bei deinen Übungen anwenden kannst. Jedes Kapitel schließt mit Gedanken, denen du nachgehen kannst, einige Kapitel enthalten praktische Übungen.

Damit du einen Eindruck davon erhältst, was vor dir liegt, fasse ich die einzelnen Kapitel kurz zusammen:

- **Kapitel 1**: *Pläne schmieden.* Wir verpflichten uns, am rastlosen Geist zu arbeiten, und erstellen zu diesem Zweck einen Plan. Wir befassen uns mit den häufigsten Stolpersteinen beim Versuch, den Geist in den Griff zu bekommen. Gleichzeitig schaffen wir einen vielversprechenden Ausgangspunkt.
- **Kapitel 2**: *Die Kosten des (geistigen) Krieges.* Nachdem wir uns ernsthaft dazu verpflichtet haben, ist ein Rückzug keine Option mehr, die uns Angst bereitet. Wir beobachten objektiv, was wir denken, tun, sagen, fühlen und so weiter, während wir auf den Zustand der Ganzheit zusteuern.
- **Kapitel 3**: *Mit Kriegslist arbeiten.* Die direkte Beobachtung wird als vorläufiges Mittel gelehrt, flüchtige Gedanken strategisch zu stören, zu zerschlagen, abzulenken oder zu unterwerfen. Dadurch entstehen neue Wege zu Frieden und Harmonie.

- **Kapitel 4**: *Das eigene Wesen berechnen.* Es geht um das Wesen des Gedankens; wie er entsteht und wie er Gedankenströme erzeugt, die durch das Wahrnehmungsfeld verzerrt werden. Durch Vorherwissen können wir uns mithilfe unserer inneren Sonne einen Vorteil verschaffen und erfüllter leben.

- **Kapitel 5**: *Fest verwurzelte Konzentration.* Hier befassen wir uns mit der ersten Stufe der Konzentration. Wir lernen, wie wir uns einen Vorteil gegenüber dem üblichen, ungeordneten Zustand oder den Unausgewogenheiten erschaffen, mit denen wir es tagtäglich zu tun haben. Wir lernen, unsere Aufmerksamkeit ohne große Anstrengung auf Einheit und Harmonie zu lenken.

- **Kapitel 6**: *Schwächen und Stärken ausgleichen.* Wir legen uns ein tieferes Verständnis davon zu, wie unser Geist Dualität und Spaltungen erschafft. Auf diese Weise können wir regelmäßiger strategisch für ein Gleichgewicht und Harmonie sorgen.

- **Kapitel 7**: *Kalkulierte Aufmerksamkeit.* Wir befassen uns mit unserer angeborenen Fähigkeit, unserer Wahrnehmung mehr Disziplin und Konzentration zu verleihen. Dadurch wächst unser Verständnis dafür, wie sich unsere Gedanken vermehren und das Bewusstsein überlagern.

- **Kapitel 8**: *Methoden variieren.* Durch direktes Ausprobieren entdecken wir die fünf Arten der vorteilhaften Anpassung und das Wesen der Gedanken. Sind wir uns dessen bewusst, wie Gedanken entstehen, können wir uns auf ihre Stärke und auf die Tricks, mit denen sie unserer Aufmerksamkeit zu entgehen suchen, einstellen und entsprechend reagieren.

- **Kapitel 9**: *Die Erweiterung des betrachtenden Bewusstseins.* Je besser wir mithilfe von Konzentration und Aufmerksamkeit das Wahrnehmungsfeld zu leeren verstehen, desto mehr sorgen wir für Gleichmut als einen regelmäßigen Bewusstseinszustand, der wächst und wächst.

- **Kapitel 10**: *Das Terrain des Geistes.* Wir haben nun einen Eindruck vom wachsenden Geist bekommen. Im nächsten Schritt bringt uns Sun Tsu die sechs offensichtlichsten Arten näher, wie Gedanken auftauchen – oder genauer gesagt: wie wir über ein grenzenloses Wahrnehmungsfeld hinweg Gedanken spüren.
- **Kapitel 11**: *Die neun (wertfreien) Wahrnehmungsfelder.* Lerne auf 13 unterschiedliche Weisen spüren, wie Gedanken erscheinen. Dieses Wissen wird dir helfen, Konzentration und Bewusstsein aufrechtzuerhalten und auf diese Weise Frieden und Ganzheit zu erreichen.
- **Kapitel 12**: *Der Wille aus ganzem Herzen.* Inzwischen hast du das Wahrnehmungsfeld begriffen, deshalb kannst du Einschränkungen des Denkens und der Sinne überwinden. Du erkennst Ausbrüche und kannst das natürliche Gleichgewicht wiederherstellen.
- **Kapitel 13**: *Zerbrechlichkeit verstehen.* Hier betrachten wir die zentrale Lehre zur Frage, wie man Zerbrechlichkeit erkennt. Zerbrechlichkeit bringt ein Verständnis dafür mit sich, wie unsere Existenz mit allem anderen zusammenhängt. Das Licht der inneren Sonne führt zum Triumph!

Seinen größten Nutzen entfaltet dieses Buch möglicherweise, wenn du es einmal komplett durchliest und dann für ein ausführlicheres Studium zurück an den Anfang gehst. Übernimm, was dir von Nutzen erscheint, für den tagtäglichen Gebrauch. Alternativ kannst du auch erst ein Kapitel lesen, die enthaltenen Informationen durchgehen und für einen gewissen Zeitraum die Erkenntnisse in der Praxis anwenden. Fühlst du dich mit dem Thema ausreichend vertraut, gehst du das nächste Thema an. Du könntest also ein Jahr lang die Kapitel durchgehen, immer eines pro Monat, oder das Thema ein Jahr lang (plus einen Monat) studieren.

Alles in allem soll der Kommentar dich dabei unterstützen, die Lektionen in *Die moderne Kunst des Krieges* aufzunehmen, während du dich *hier und heute* und nicht irgendwann in ferner Zukunft aktiv am täglichen Leben beteiligst. Es kann von Nutzen sein, dass du die Arbeit im Rahmen eines Hobbys, Handwerks oder beruflich anwendest. Das Wiederholen einer einzelnen Aufgabe erlaubt es dem Geist, sich besser zu konzentrieren und zu fokussieren. Mit der Zeit führen diese Schritte zur Meisterschaft.

Vielleicht schreibst du, kletterst, tanzt, singst, schauspielerst, fährst Rennen, betreibst Bildhauerei, strickst, bist Ingenieur, Mechanikerin, Athlet, Musikerin oder Erfinder. Praktizierst du ein Handwerk, kann auch dies ein Weg sein, an Sun Tsus Methode der Beobachtung oder einer der anderen Lehren aus diesem Buch zu arbeiten.

Unser Alltag bietet eine endlose Abfolge von Aufgaben, die es uns ermöglichen, mithilfe von Sun Tsus Lehren unseren Geist in den Griff zu bekommen – beim Toiletteputzen, Kochen, Spielen, Wäschewaschen, Gärtnern, beim Gespräch mit Kunden, beim Einräumen von Waren oder Packen von Paketen, beim Fegen oder Teekochen eröffnen sich unglaublich gute Wege, Geduld und Ruhe zu lernen.

Jede Handlung zählt. Der Schlüssel besteht darin, im nächsten sich bietenden Augenblick zu beginnen. *Schließe dich mir an! Jetzt!*

Mache den *Tag* zu deiner Meditation, zu einer in jedem Augenblick währenden Meditation oder Feier, zu einem einzigartigen, unaufhörlichen Ausdruck des Hier und Jetzt. Die Alltagssorgen werden schrittweise verblassen und du wirst dich allmählich aus dem Krieg des ständigen Denkens zurückziehen, der verhindert, dass du dein wahres Ich erkennst. Legen wir den Krieg bei, der in unserem Inneren tobt, ist es uns möglich, wie Meister Sun zu werden.

Mögen deine Anstrengungen von Erfolg gekrönt sein.

Denkanstoß: Der Pfad zu Frieden und Ganzheit

»Es ist kein Fall bekannt, bei dem ein Schüler von einer längeren Vorbereitung auf die Übungen profitiert hat.« – Kapitel 2

1. Wie sieht für dich physischer Krieg aus? Zeichne ein Bild oder schreibe ein Gedicht.

2. Wie sieht im Gegensatz dazu *persönlicher* Krieg in deinem Leben aus? Nenne ein Beispiel für einen Konflikt, den du aktuell gerade mit anderen führst.

3. Bei welchen Gelegenheiten hast du *wissentlich* deine Intuition erlebt?

4. Wie einfach/schwierig ist für dich die Vorstellung, dass *in dir* eine Lehrerin wartet und dass auch das Streben nach Frieden und Weisheit keine externe Aufgabe ist, sondern der Schlüssel dazu in dir selbst liegt?

5. Was erhoffst du dir für dein neues Leben? Was willst du, jetzt, wo du dich auf Sun Tsus verborgenen Pfad zu Frieden und Ganzheit begibst, einbringen?

6. Wie sieht ein Leben in Frieden und Harmonie für dich aus?

7. Welche Fähigkeit, welcher Beruf oder welches Handwerk interessiert dich? Worauf kannst du Sun Tsus Lehren anwenden? Sollte dir nichts einfallen: Was begeistert dich, was inspiriert dich? (Tue das jetzt.)

8. Nenne eine Sache, die du heute tun kannst und die eine vorgefertigte Meinung über andere zum Einsturz bringt. Bringe Frieden in diesen Kleinkrieg.

9. Wo in deinem Leben (oder in der Welt im Allgemeinen) zeigt sich, dass, was einer Person wehtut, uns allen wehtut? Welche Schritte lassen sich unmittelbar ergreifen, um für Veränderung zu sorgen?

10. Was tust du gerne und wie könntest du damit beginnen, es künftig stärker wertzuschätzen und die Lektionen, die du lernen wirst, darauf zu übertragen?

KAPITEL 1

PLÄNE SCHMIEDEN

1. Sun Tsu sagt: Die Kunst, den Geist zu beobachten, ist für das Selbst von allergrößter Bedeutung.

2. Ein vereintes Selbst zu erreichen, ist eine Frage von Leben und Tod. Der Weg führt entweder in Sicherheit oder in den Untergang.

3. Beim Kampf um ein vereintes Selbst sollte man fünf Grundsätze in seine Abwägungen einfließen lassen, um das Einssein mit der Quelle zu erreichen.

4. Diese fünf Grundsätze sind das moralische Gesetz, Himmel, Erde, der General sowie Methode und Disziplin.

5.–6. Wer das Gesetz der Moral oder *den Weg* befolgt, befindet sich in völligem Einklang mit dem höheren Selbst und folgt ihm, welche Gefahr auch immer drohen mag. Lässt man zu, dass das höhere Selbst die Kontrolle übernimmt, steht der Körper in Einklang mit dem Selbst und fürchtet nichts Irdisches.

7. So wie sich Tag und Nacht ausgleichen, Kälte und Wärme und die unterschiedlichen Jahreszeiten, muss sich auch der Himmel (Yin) beziehungsweise das höhere Selbst im Gleichgewicht befin-

den, damit der Schüler oder die Schülerin sich dessen bewusst werden kann.

8. Erde (Yang) beziehungsweise Ego (oder das niedere Bewusstsein, das den Körper als Form wahrnimmt) durchläuft viele Hindernisse, größere wie kleinere. Andere werden das Gefühl der Sicherheit angreifen und ins Wanken bringen, weil das Ego die Kontrolle nicht bereitwillig abtritt. Das bedeutet, dass die Schülerin Hingabe aufbringen muss. Gelingt es dir, den rastlosen Geist zu meistern, hauchst du dem vereinten Selbst Leben ein und tötest das Ego.

9. Der eifrige Schüler (der General) auf dem Weg zur Ganzheit wird feststellen, dass ihm die Tugenden Weisheit, Aufrichtigkeit, Wohlwollen, Mut und Strenge zur Verfügung stehen.

10. Mit Methode und Disziplin lassen sich die Heerscharen der Sinne und Begierden an dem für sie vorgesehenen Ort einsetzen. Die für das Bewusstsein benötigte Lebensenergie kann so ungehindert durch die Bahnen[9] in den Körper strömen und du kannst kontrollieren, wie viel Lebensenergie verbraucht wird. (Wer sich bemüht zu üben, wird genügend Disziplin aufbringen, die eigenen Wünsche zu überwinden und die Sinne zu kontrollieren.)

11. Alle Schülerinnen und Schüler sollten mit den fünf Sinnen Sehen, Hören, Schmecken, Riechen und Tasten vertraut sein. Wer sie zu kontrollieren versteht, wird triumphieren, wer nicht, wird scheitern. Schüler und Schülerinnen, die irdischen Begier-

---

9 Gemeint sind ›Energiebahnen‹ oder Meridiane, die Lebensenergie im Körper verteilen. Manchmal spricht man auch von Chakren, nach dem Sanskrit-Begriff *cakra* für ›Rad‹ oder ›etwas, das sich dreht‹.

den nachgeben, die aus den Sinnen resultieren (beispielsweise dem Geschmack, der zu Völlerei führen kann), werden Ganzheit nicht erreichen.

12. Wenn du also festlegst, auf welchem Pfad du Bewusstsein erlangen möchtest, solltest du die folgenden Fragen in deine Überlegungen einfließen lassen, um erfolgreich zu sein:

a) Das höhere oder das niedere Selbst – welches davon ist vom Pfad zu Frieden und Ganzheit durchdrungen?

b) Welches von den beiden führt eher zum Erfolg?

c) Welches ist stärker im Gleichgewicht und somit eher von Vorteil, wenn Hindernisse auftreten? Wie kannst du deinen Geist (Gedanken/Begierden) ins Gleichgewicht bringen?

d) Auf welcher Seite wird Disziplin am strengsten durchgesetzt?

e) Welche Seite ist besser ausgebildet?

f) Welche Seite scheint eher imstande, unverändert zu bleiben (insbesondere im Zusammenhang mit Belohnung oder Bestrafung)?

13. Mithilfe dieser sechs Punkte kann der Schüler (und die Lehrerin[10]) vorhersagen, ob der Geist beim Streben nach Einssein mit der Quelle Erfolg haben oder scheitern wird.

14. Hört der Schüler auf den Rat der Lehrerin (Intuition) und setzt ihn in der Praxis um, wird er die Täuschung des Selbst überwinden können. Diese Art Schüler sollte die Kontrolle bewahren. Schüler,

---

10 Die Lehrerin ist das intuitive Wissen oder die dir innewohnende Intuition. Die Lehrerin verbirgt sich in deinem Inneren und ist nicht extern. Um sie zu hören, müssen wir uns nur auf unsere Intuition einstimmen.

die nicht dem Rat der Lehrerin (dem Rat der Intuition) folgen oder diesen nicht umsetzen, werden im Zustand der Verblendung verharren und sich ihres ganzen Selbst nicht bewusst sein. Sie müssen die Kontrolle zurückerlangen.

15. Kennst du, über das hinaus, was dir deine Lehrerin/Intuition sagt, deine eigenen Schwächen, dann mach ihnen deutlich, dass du auch sie besiegen wirst.

16. Genauso gilt: Erzielst du in deinen Übungen keine Fortschritte, passe die Übungen entsprechend an.

17. Kriegsführung im rastlosen Geist – der Kampf darum, die Illusion des irdischen Reichs zu zerschlagen oder über sie hinauszuwachsen – beruht stets auf Täuschung.[11] Das niedere Selbst (Erde) wird sich bemühen, das höhere Selbst (Himmel) zu täuschen. Das mag banal klingen, ist aber wichtig, denn viele Menschen brechen zur Reise zu innerem Frieden auf, werden dann aber von Rastlosigkeit und Langeweile geplagt. Unterstützt vom rastlosen Geist, wird der Körper aufregendere Dinge finden und dadurch das Selbst davon abbringen, nach Weisheit zu streben.

18. Wenn wir also üben können (soll heißen, den Geist beobachten), müssen wir den Eindruck erwecken, es nicht zu können, oder diese Aufgabe ohne Anstrengung erledigen. Wenn wir unsere *Truppen* (die Armee[12]) einsetzen, müssen wir inaktiv erscheinen. Sind

---

11 Schreiben wir Schwierigkeiten wie Krankheit, Schmerz, Rückschläge oder Herausforderungen einem Moment zu, erschaffen wir einen Riss bei der Wahrnehmung der Ganzheit. Auf diese Weise können wir unsere Gedanken neu ordnen und uns von einschränkenden Standpunkten befreien.
12 Siehe Einführung *Die Armee*.

unsere Truppen in der Nähe, müssen wir den *Feind* (das bewusste Denken) glauben lassen, sie seien weit entfernt. Und sind sie weit entfernt, müssen wir wirken, als seien sie ganz nahe. Um Bewusstsein zu erlangen, müssen wir die Stille des Geistes finden. Bei diesem Kampf geht es darum, den Geist auf einen Ort des Gleichmuts auszurichten, was als Aufgabe schwierig genug ist. Die Lehrerin (Intuition) weiß, dass sich der Körper zur Wehr setzen wird. Das bedeutet: Der stille Geist muss wachsam bleiben und sich von den Verlockungen der Sinne fernhalten.

19. Mithilfe eines wachsamen Geistes kann der Schüler die Täuschung durch die Sinne abschütteln. Lass dich nicht auf einen Kampf mit dem Körper und den Sinnen ein, denn mit hoher Wahrscheinlichkeit wirst du diese Auseinandersetzung verlieren. Der Feind ist das Selbst. Die Lehrerin (Intuition) rät, das Selbst zum Stillsein zu verleiten und auf diese Weise Bewusstsein zu erlangen.

20. Sind die Sinne des Körpers stark, solltest du damit rechnen zu scheitern. Tue, was zu tun ist, um das Selbst nicht anerkennen zu müssen.

21. Geh deinen Emotionen, beispielsweise der Wut, nicht aus dem Weg. Setze dich lieber mit ihnen hin, versuche, sie zu begreifen, in den Griff zu bekommen und weiterzumachen. Wirst du gekränkt oder hochnäsig, solltest du vermeiden, etwas zu tun, sondern stattdessen die Stille suchen.

22. Um Gelüste und Sinne zu kontrollieren, sollte man wachsam sein und darauf achten, dass sie sich gar nicht erst festsetzen können. Trenne sie von anderen Emotionen, auf diese Weise kann man sie leichter entwirren, begreifen und bewältigen.

23. Nutze Zeiten, in denen starke Emotionen oder Gelüste dich nicht beschäftigen, dazu, sie näher zu untersuchen und an einen Ort zu verschieben, wo diese Gelüste und Gefühle dich nicht kontrollieren.

24–25. Die Lehrerin (Intuition) hat die Aufgabe, den Schüler (bewusster Geist) durch die verschiedenen Stufen zu führen, bis das Selbst sein Bewusstsein erreicht (innere Sonne). Der schwache Schüler wird sich abwenden, wenn er im Voraus weiß, welche Herausforderungen auf ihn zukommen. Um Sieg oder Gleichmut zu erreichen, sollte sich der Schüler auf das Hier und Jetzt konzentrieren und keine Gedanken an die Vergangenheit oder Zukunft verschwenden.

26. Der Schüler, der vor Beginn des Kampfes zahlreiche Überlegungen anstellt, wird sich gegen den rastlosen Geist durchsetzen. Umgekehrt gilt: Ein Schüler, der sich nur wenig Gedanken macht, wird verlieren. So lässt sich bereits im Vorfeld absehen, wer erfolgreich sein wird und wer nicht.

SUN TSUS LEBENDIGE WEISHEIT INTERPRETIEREN

Sun Tsu fordert von der ehrgeizigen Schülerin, die sich auf den verborgenen Pfad zu Frieden und Ganzheit begeben hat, sie solle über etwas Wichtiges nachdenken und es verinnerlichen: Sich vom rastlosen Geist zu befreien und Freiheit zu erlangen, ist eine sehr schwierige Aufgabe. Sun Tsu gibt der Leserschaft fünf Grundsätze an die Hand, die der willigen Kriegerin zur Seite stehen bei der Aufgabe, ein tieferes Gefühl für ihre Intuition oder ihr Einssein mit der inneren Sonne zu verkörpern.

Stellen wir eine Verbindung zu unserem alles sehenden Bewusstsein her, werden wir sofort Veränderungen in unserem tagtäglichen Leben registrieren. Sun Tsu warnt: Sobald wir uns für den Pfad entschieden haben, werden wir auf Hindernisse stoßen. Je besser wir uns auf diese Hindernisse vorbereiten, desto besser können wir unseren Erfolg messen. Sei wachsam und unbeirrbar. Stehen wir am Anfang und die Veränderungen setzen gerade erst ein, können uns Langeweile und Rastlosigkeit aus der Bahn werfen. Rechne mit dem Drang, zu viel zu wollen oder zu streng und diktatorisch zu sein, und wähle den sanften Ansatz.

Ganz direkt fordert Sun Tsu uns auf, die Bedürfnisse des Körpers und die Rastlosigkeit des Geistes im Blick zu haben und uns weder für das eine noch für das andere zu bestrafen. Lassen wir die Sinnesgefühle ungehindert kommen und gehen und lassen wir nicht zu, dass sie uns beherrschen.

LEKTION 1 (1–4): DAS STREBEN NACH INNEREM FRIEDEN UND GANZHEIT

Auf dem Pfad zu Selbstkontrolle und Ganzheit steht und fällt alles damit, wie engagiert die Schülerin ist, sagt Sun Tsu. Steht das Selbst im Einklang mit der Intuition (intuitives Wissen), sollte es der Theorie zufolge keine Abgrenzung mehr geben, keine Trennung zwischen den Wahrnehmungen des dualen Denkens (gut/schlecht, heiß/kalt, Leben/Tod und so weiter). Der früher selbstsüchtige Geist ist neu kalibriert; verschwunden ist das Hin und Her. Der Geist kann Frieden erfahren, wodurch wir deutlich leichter unsere Entscheidungen, Urteile und Absichten begreifen und ihnen vertrauen.

Dass wir uns auf unsere Reise zur Ganzheit vorbereiten, symbolisiert eine förmliche Verpflichtung. Wir dürfen keine Zeit verschwenden und sofort jene Strategien umsetzen, die das »Schlachtfeld des Geistes« leeren oder räumen. Gelingt uns das, lindern wir unser inneres Leid (beispielsweise Ängste, Sorgen, Misstrauen, Paranoia, Scheitern), welches unser Urteilsvermögen in alltäglichen Angelegenheiten trübt. Unsere Wahrnehmung verlagert sich und wir werden nicht länger von unruhigen Emotionen gestört, sondern erfahren inneren Frieden.

Doch Vorsicht: Sun Tsu sagt, dieser Weg führt entweder in Sicherheit (geschützt vor der zyklischen Existenz) oder in den Untergang (Wiedergeburt).

LEKTION 2 (5-11): DIE FÜNF GRUNDSÄTZE DER SELBSTKONTROLLE

Sun Tsus zentrale Lehren aus dem vorangegangenen Kapitel werden auf fünf Grundsätze oder Überlegungen zur Selbstkontrolle reduziert: das moralische Gesetz; Himmel; Erde; der General; Methode und Disziplin. Jeder Grundsatz soll den Eingeweihten helfen, sich auf den verborgenen Pfad zu Frieden und Ganzheit zu begeben. Vergessen wir nicht, dass wir am Anfang der Reise stehen. Es ist die Zeit für persönliches Engagement und zum ›Pläne schmieden‹, damit wir erfolgreich sein und unser Potenzial voll ausschöpfen können.

Bei jedem der fünf Grundsätze liegt der Schwerpunkt auf Gleichgewicht und Harmonie. Krieg und all seine Bestandteile dienen als Symbole; tatsächlich jedoch geht es darum, das Schlachtfeld im Kopf aufzuräumen und Frieden und Harmonie als natürlichen Zustand einziehen zu lassen. Nachdem wir so lange an Krach, Ablenkung, ständiges Geplapper und Bewegung gewöhnt waren, ist nun die Zeit gekommen, unseren Geist zu beobachten und zu verfolgen, wie er in jedem Augenblick funktioniert. Dabei erkennen wir, dass unser ›Normalzustand‹ in Wahrheit von geistiger Stille, Ruhe, Frieden und Harmonie geprägt ist. So können wir in unseren täglichen Angelegenheiten direkter und mit mehr Sicherheit auftreten.

- Der *erste Grundsatz* Sun Tsus ist das Gesetz der Moral beziehungsweise der Pfad, an dessen Ende wir die Fähigkeit zurückerlangen, die schwache und leise Stimme in unserem Inneren zu *hören* und als höchste Wahrheit zu akzeptieren (das konstante Wissen). Intuition dient dazu, die Schülerin/Kriegerin darin zu unterrichten, wie sie in ihrem Alltag die Furcht überwindet. Das gilt insbesondere für den rastlosen Geist, der automatisch Widerstand leisten und sich bemühen wird, »die Flucht zu ergreifen«, indem er sich gegen Übungen und Trainieren sperrt … und gegen Ruhe!

Bedenke die Stärke des ›Feindes‹ (die stete Abfolge von Gedanken und Wahrnehmungen in unserem Kopf). Er war stets dominant, nun wird er angegriffen, wenn wir uns darum bemühen, frühere Verhaltensmuster, Angewohnheiten und Muster abzulegen. Der Feind wird nicht einfach die Waffen strecken, er wird vielmehr vieles versuchen, um die Schülerin/Kriegerin davon abzubringen, fleißig und unbeirrbar vorzurücken. Unser inneres Bewusstsein ist rein und allwissend und unbeeinflusst von unseren Gedanken und Gefühlen, deshalb können wir es als unseren natürlichen Zustand nutzen, anstatt zuzulassen, dass es von unausgewogenen und unsicheren Gefühlen beherrscht wird, auf die ohne Unterlass äußere Einflüsse einwirken.

Wir werden mit Übungen beginnen, die uns helfen, alle früheren Verhaltensmuster, Angewohnheiten und Muster abzulegen. Sun Tsu erklärt, um die Verbindung zwischen höherem und niederem Selbst herbeizuführen, müssen wir die Furcht ablegen und ein Gleichgewicht erschaffen, auf das (wahrgenommene) Ablenkungen von außen keinerlei Einfluss haben. Wir versuchen nicht, unsere Gedanken zu ›vernichten‹, vielmehr erlauben wir, dass unser natürlicher Zustand des Friedens zu unserer dominanten Erfahrung wird. Unsere Individualität und das, was uns besonders macht, finden besser ins Gleichgewicht, wenn sie nicht länger von unberechenbaren Emotionen abhängig sind. Wir beginnen, aus unserer inneren Bestimmung und dem reinen Wissen heraus zu leben.

- Der *zweite Grundsatz* wird als Himmel (oder Yin) dargestellt und besagt, dass Bewusstsein aus unserer Fähigkeit entsteht, unser Yin-Wesen oder bewusstes Gewahrsein *im Gleichgewicht* zu halten, während wir unseren täglichen (externen) Aktivitäten nachgehen. Zunächst einmal müssen wir verstehen, dass ein ruhiger Geist unser natürlicher Zustand ist, und wir müssen ihm Freiraum zugestehen, damit er sich manifestieren kann. Dadurch bekommen wir Zugang zu unserem ›Gefühlssinn‹, dem inneren Kompass, der uns den Weg weist. Hast du auch schon einmal etwas einfach aus einem inneren Gefühl heraus getan, beispielsweise einen anderen Arbeitsweg genommen, nur um später zu erfahren, dass es auf der üblichen Strecke einen langen Stau gab? Dann hast du intuitives Wissen erlebt. Stell dir vor, wie es wäre, dieses Wissen ständig abrufen zu können!

  Sun Tsu sagt, wir können dieses Einssein erreichen, indem wir bei unseren täglichen Aktivitäten nicht einfach unseren Gedanken (Zweifeln und Sorgen und dergleichen) den Platz im Rampenlicht überlassen. Stattdessen lassen wir unsere Gedanken und Gefühle passieren. Wir hinterfragen sie nicht, wir halten sie nicht fest, wir schaffen einfach Raum für die Intuition als unseren einzigen Leitfaden.

  Um dorthin zu gelangen, benötigen wir Vertrauen in einen stillen Geist und müssen ihn darauf vorbereiten, fester Bestandteil unserer natürlichen, alltäglichen Existenz zu sein.

- Der *dritte Grundsatz* ist Erde (Yang) und steht für das Ego (niederes Selbst, das den Körper als Form wahrnimmt). Das Ego will die Kontrolle nicht abgeben, ebenso wenig seine Wahrnehmung von Formen aufgeben. Mit Widerstand musst du in erster Linie auf der materiellen Ebene rechnen, sobald du zu üben beginnst (denn das bedeutet, dass du versuchst, den Geist nicht länger von deinen Gedanken und Sinnen lenken zu lassen). Das Selbst wird sich unsicher fühlen, es wird das Gefühl haben, es steuere auf den Untergang oder den Tod zu. Hältst du aber durch, wird das Ergebnis laut Sun Tsu ewiges Leben für das vereinte Selbst oder das Bewusstsein sein.

- Der General stellt den *vierten Grundsatz* dar. Er steht für »denjenigen, der sieht« und das Schlachtfeld im Blick hat. Er will die beiden Geister (intuitiv und Ego) zu einem Zustand der Harmonie leiten, der mit Weisheit, Aufrichtigkeit, Wohlwollen, Mut und Striktheit einhergeht. Dies wiederum wird Ordnung und Sieg mit sich bringen, was in diesem Fall Selbsterkenntnis und Einssein mit der gesamten Schöpfung (dem ständigen Wissen) bedeutet.

- Methode und Disziplin sind der *fünfte Grundsatz*. Gemeinsam bilden sie das Werkzeug, mit dem die Schülerin/Kriegerin absolutes Gleichgewicht sowie absolute Einheit und Harmonie mit ihren Sinnen erreicht, ohne dass die Lebensenergie darunter leidet (Lebensenergie unterstützt das bewusste Denken). Je mehr die Schülerin übt, desto versierter wird sie die Strategien anwenden und desto geringer wird das Risiko des Scheiterns. Sun Tsu verfolgt einen methodischen Ansatz, denn er/sie sieht voraus, wie die Schülerin scheitern kann, und bringt deshalb eine Methode ins Spiel, wie sich Scheitern umgehen lässt. Auf diese Weise wächst die Hoffnung, dass die Schülerin letztlich erfolgreich sein wird.

Und schließlich erinnert Sun Tsu in »Pläne schmieden« die Schülerin/Kriegerin an die Kraft der fünf Sinne (Sehen, Hören, Schmecken, Riechen und Tasten). Können wir diese *nicht* kontrollieren, ist unser Scheitern vorprogrammiert. Wenn wir eine formelle Verpflichtung eingehen und damit beginnen, die Übungen umzusetzen, die Sun Tsu uns an die Hand gibt, müssen wir verstehen, dass wir die Sinne überwinden müssen, um Selbsterkenntnis und Selbstbewusstsein (oder Nicht-Dualität) zu erreichen, denn Sinne können Gefühle auslösen.

Etwas zu *meistern*, geht in diesem Zusammenhang mit Verständnis und Sanftheit einher, nicht mit Unterdrückung und Härte. Ein anderer nützlicher Begriff ist *Aufgabe*. Wir lassen zu, dass unsere Gedanken ungehindert strömen, oder wir geben eine Angewohnheit auf. Das kann das Gefühl auslösen, man sei zu passiv oder zu schwach; tatsächlich jedoch ist es eine Entscheidung und Anweisung – eine Anweisung, die aus freiem Willen und nicht aus einer Position der Macht heraus gegeben wird. Im Grunde befreien wir uns aus dem Griff unserer Gefühle, Gedanken und Sinne, die beeinflussen, was wir tun und wie wir reagieren. Künftig verlassen wir uns auf die Intuition als unsere höchste Autorität.

Angenommen, du möchtest dich aus der Kontrolle befreien, die ein bestimmtes Lebensmittel über dich hat. Deine Sinneswahrnehmungen oder Gefühle werden einen Krieg in deinem Kopf anzetteln und dir einreden, du würdest etwas aufgeben und müsstest auf etwas verzichten. Nimm dir einen Augenblick Zeit und denke darüber nach, *warum* du überhaupt glaubst, du würdest etwas aufgeben. Häufig finden wir heraus, woher diese Angewohnheit stammt, und entwurzeln ihre Kontrolle.

Schmerzen und Krankheit sind andere Erfahrungen, die wir mit negativer Sprache und einer Abfolge von Angstgefühlen versehen. Wir erachten sie als schlecht, als etwas, das wir loswerden müssen,

denn beide Konzepte wurden mit negativen Assoziationen verbunden. Tatsächlich jedoch handelt es sich um Vorstellungen, über die
wir selbst entscheiden, die wir selbst wahrnehmen und aus denen
heraus wir unsere Realität erschaffen. Sie lassen sich also verändern,
neu gewichten oder neutralisieren, sodass wir uns aus ihrem Gefängnis befreien können.

Dass wir den ›Feind‹ (unsere Gedanken und Sinne) unterwerfen, hängt also davon ab, ob wir einen unerschütterlichen Willen haben. Wir werden ausführlicher darauf eingehen und sehen,
dass dieser Wille nicht aggressiv oder feindselig sein muss, sondern
scharfsichtig und fest.

LEKTION 3 (12): DENKE ÜBER DIE SCHWEREN FRAGEN NACH

Sun Tsu fordert den Schüler auf, über die schweren Fragen nachzudenken, und zwar noch bevor der Schüler auf seine Reise auf-
bricht. So kann er besser verstehen, wie hart der Kampf wird, auf
den er sich einlässt. Zunächst müssen wir uns fragen, was stärker
ist – unser intuitiver Geist oder der bewusst denkende? Welcher
wird sich wahrscheinlich durchsetzen?

Die Antwort auf diese Fragen wird davon abhängen, auf welchem Abschnitt des ›Pfades‹ du dich siehst. Entsteht bei dir gerade
erst ein Verständnis dafür, wie der Geist agiert, hat meist noch der
materielle Geist die Kontrolle, denn er ist in die täglichen Abläufe
involviert, wann immer Schwierigkeiten auftreten. Doch das kann
und wird sich mit der Zeit ändern.

Noch eine Frage, die Sun Tsu stellt: Wenn Schwierigkeiten auftreten und sich die Probleme mehren, wie wird dann aller Wahrscheinlichkeit nach deine Antwort ausfallen? Beginnst du gerade
erst, ein Bewusstsein für das Hier und Jetzt zu entwickeln, oder
arbeitest du bereits seit Jahren daran, den Geist in den Griff zu be-

kommen? In beiden Fällen kann der denkende Geist dominieren und Forderungen stellen, die dich daran hindern, den Zustand der Ganzheit zu erreichen. Übungen sollten nicht ausschließlich im Meditationsraum stattfinden, sondern im nächsten Augenblick und in jeder Situation. *Wie deine nächste Entscheidung ausfällt*, bestimmt letztlich die Antwort.

Wir können es *jederzeit* erneut versuchen.

Bleibe wachsam, während du auf Sun Tsus verborgenem Pfad zu Frieden und Ganzheit voranschreitest. Schiebe die Dinge nicht auf. Sun Tsu fordert dich auf, darüber nachzudenken, welche Seite bei welcher Aktivität reagiert. Mit der Zeit wirst du dich verändern und schrittweise Verbesserungen erkennen. Du wirst bemerken, ob der intuitive Geist die Kontrolle über den gewohnheitsmäßig denkenden Geist ergriffen hat oder dabei ist, es zu tun (und umgekehrt).

Das Wichtigste in dieser frühen Phase: Wir besitzen die Fähigkeit, vorherzusagen, ob wir in unserem Streben nach Einssein mit dem Ganzen triumphieren oder geschlagen werden.

LEKTION 4 (13–23): UMGANG MIT HERAUSFORDERUNGEN

Indem wir uns mit Sun Tsus Fragen befassen, können wir unsere Schwächen aufdecken und an unserer Entschlossenheit arbeiten, Veränderungen herbeizuführen und Dinge anders anzugehen, auch wenn die Reise schwierig wird. Sun Tsu fragt: Bist du bereit für die Herausforderung? Setzen wir die Lektionen in die Praxis um, können wir den Kurs beeinflussen, den unser Leben nimmt, und uns aus dem Griff befreien, in dem der denkende Geist uns gewohnheitsmäßig hält. Kennen wir unsere eigenen Schwächen, müssen wir uns mit ihnen befassen, um mehr über uns zu erfahren und als Mensch zu wachsen. Erzielen wir keinen Fortschritt, können wir immer noch einfach unser Vorgehen entsprechend verändern.

Ein weiterer Aspekt: Sun Tsu lehrt, dass die Schülerin/Kriegerin ihre eigene Täuschungsfähigkeit im Blick behalten soll, um die Illusion des irdischen Reichs (oder des tagtäglichen Umfelds) durchbrechen zu können. Die einzige Gegnerin auf der Reise lauert in unserem Innern. Es mag den Anschein haben, dass andere uns das Leben erschweren, aber du wirst schon bald feststellen, dass es *dein eigener Geist* ist, der die Störung verursacht.

Wenn uns ein äußerer Einfluss stört (ein bellender Hund, lauter Straßenverkehr oder was auch immer), könnte man glauben, dies sei der Grund für unsere Verärgerung, aber in Wirklichkeit ist es unsere eigene Wahrnehmung. Das mag auf den ersten Blick schwer nachvollziehbar sein, denn unsere Emotionen sorgen instinktiv dafür, dass wir uns gestört fühlen, wenn etwas Lärm macht oder wir in Konflikt mit Mitmenschen geraten. Aber wenn du der Sache ruhig auf den Grund gehst, wirst du früher oder später realisieren, dass es deine Entscheidung ist. Ursprung der Störung ist das Gefühl, das als Reaktion auf eine Erfahrung in dir aufsteigt.

Während wir Sun Tsus Lehren in die Praxis umsetzen, gewinnen wir neue Einsichten und schrittweise wird uns klar, dass es einzig *unser* Geist ist, der etwas als irritierend einordnet. Das ist *unnatürlich*. Je mehr wir daran arbeiten, den Geist und die Begierde zu disziplinieren, desto besser erkennen wir, wer tatsächlich wen stört, wenn wir uns über externe Faktoren wie vermeintlich schlechte Eltern, vermeintlich ungerechte Vorgesetzte, über Schmerzen und so weiter aufregen und ihnen die Schuld an unserem (von uns als solches wahrgenommenem) Leid geben.

Je früher wir die Verantwortung für *alles* in unserem Leben übernehmen und nicht länger anderen Schuldzuweisungen machen, desto rascher werden wir unser Bewusstsein verbessern und desto rascher können wir unsere Schwierigkeiten hinter uns lassen und dauerhafte Veränderungen einleiten.

Sun Tsu warnt, dass der rastlose Geist versuchen wird, den Krieger hinters Licht zu führen, wenn diesem Langeweile und Ermüdung zusetzen. Bleiben wir nicht wachsam, kann es rasch geschehen, dass wir unser Streben nach Weisheit aufgeben und in unsere alten Methoden und Angewohnheiten verfallen. Um die Schlacht um die Gedanken zu gewinnen, ist es entscheidend, das Streben aufzugeben. Wenn wir an jedem Tag und bei jeder Aktivität Sun Tsus Rat praktizieren, hängt viel davon ab, wie erfolgreich wir an unserem Geist arbeiten können, ohne dabei ein konkretes Ergebnis oder Ziel zu verfolgen. Wir dürfen uns nicht in die eine oder andere Richtung ziehen lassen, sondern sollen vielmehr dem Geist Raum geben, situationsunabhängig Gleichmut oder ein ruhiges Gleichgewicht zu erleben.

Unsere Ziele und unsere Ambitionen verschwinden nicht auf einen Schlag, aber wir können uns weiterentwickeln und aufhören, aus Angst oder Sorge zu handeln. Wir können uns von vermeintlichen Zielvorgaben lösen und zulassen, dass sich die Zukunft auf *natürliche* Weise und in Übereinstimmung mit unseren friedlichen Absichten entfaltet.

Zu diesem Zweck bittet Sun Tsu den Schüler/Krieger, jedem Augenblick mit Wachsamkeit zu begegnen, insbesondere dann, wenn der Körper beziehungsweise die Sinne Aufmerksamkeit einfordern (wenn man sich beispielsweise müde, faul, ängstlich und so weiter fühlt). Sun Tsu warnt: »Tu, was du tun musst, um das Selbst nicht anerkennen zu müssen.« Mehr noch: Wir müssen unsere Emotionen nicht unterdrücken, sondern es ihnen schlicht verwehren, sich festzusetzen – lass sie kommen und vorbeiziehen wie Wolken oder wie Autos, die mit uns auf der Autobahn unterwegs sind. Sind wir wütend, sollten wir uns das eingestehen, aber wir müssen uns deswegen nicht schlecht fühlen. Betrachten wir es schlicht als Teil unserer unperfekten Perfektion und machen weiter.

Schritt für Schritt werden wir diese Reaktionen als gewohnte Handlungen ansehen, die uns nicht länger von Nutzen sind und die wir mühelos abstreifen, um Raum für zentrale Harmonie zu schaffen. Erlebst du einen Augenblick, in dem »die Gefühle überkochen«, dann untersuche deinen Gefühlszustand und arbeite damit. Begreife ihn, bis er dich nicht länger kontrolliert.

LEKTION 5 (24-26): FINDE DEINE INNERE LEHRERIN

Aufgabe der Lehrerin ist es, die Schülerin/Kriegerin anzuleiten und vorauszuahnen, welchen Herausforderungen sie sich wird stellen müssen. In diesem Fall ist einzig unsere Intuition (intuitives Wissen) zuständig. Die innere Lehrerin ›versteckt‹ sich vor aller Augen und sie ist es, der wir etwas versprechen und der wir aus ganzem Herzen vertrauen dürfen.

Der Satz »Ist der Schüler bereit, erscheint der Lehrer« wurde falsch ausgelegt und hat dazu geführt, dass Schüler und Schülerinnen seit Generationen ihr Leben lang nach einer besonderen Lehrkraft suchen – extern. Dabei ist nur gemeint, dass wir uns der Lehrerin in unserem Inneren bewusst werden sollen. Sie mag verborgen sein, dennoch macht sich der Spruch aktiv für sie stark. Bist du bereit, wird deine innere Lehrerin – deine Intuition – erscheinen.

Aus diesem Grund fordert Sun Tsu uns auf, aktiv an unserem verborgenen Pfad zu Frieden und Ganzheit mitzuwirken und uns nicht von Ablenkungen in die Irre führen zu lassen. Wir sind aufgerufen, uns vorzubereiten, Pläne zu machen und der Herausforderungen gewahr zu werden, die von Beginn an auf uns warten, auf dass wir uns nicht abwenden.

Unser Ziel: Wir müssen präsent sein und aus einem Verständnis heraus agieren, das sich weder um Vergangenheit noch Zukunft sorgt. So können wir abschätzen (oder berechnen), inwieweit wir unseren Erfolg auf dem Weg zu einem regelmäßigen Zustand der

Selbsterkenntnis vorhersagen können. Wir arbeiten stets darauf hin, die innere Lehrerin – unsere Intuition oder intuitives Wissen – freizusetzen, damit sie uns ungestört anleiten kann.

VERSTEHE DEIN WAHRES WESEN

Auf unserer Reise zu unserem wahren Wesen reicht es nicht aus, Sun Tsu bloß zu lesen. Wir müssen die Lehren auch auf unseren Alltag *übertragen* und einen ständigen Zustand des Jetzt-Bewusstseins (konstantes Wissen) erfahren. Das ist unser ursprünglich natürlicher Pfad. Gelingt uns das nicht, werden unsere Gefühle oder Wahrnehmungen im Kriegszustand verharren.

Als Erstes können wir an der ›direkten Beobachtung‹ unserer Gedanken arbeiten und auf diese Weise versuchen, Harmonie und Frieden in unsere alltäglichen Augenblicke und unser Leben zu bringen. Wenn das geschieht, und sei es nur ein kleiner erster Schritt in diese Richtung, wird unsere Außenwelt reagieren und auf die Fürsorge antworten, die wir ihr entgegenbringen. Sanftheit und Freundlichkeit werden herrschen, wenn wir Liebe und Perfektion in alles einfließen lassen, was wir tun. Mit der Zeit wirst du keinen sorglosen Gedanken mehr achtlos in die Welt ziehen lassen, schließlich könnte er einen ›Krieg‹ auslösen oder die Welt in Schieflage bringen.

Wie können wir beginnen, die Lehren für tägliche Übungen zu nutzen?

In Kapitel 1 findest du alle vorbereitenden Schritte, um die Schwachstellen unseres Geistes aufzudecken. Sun Tsu ist als Lehrerin sehr erfahren und kennt viele Dinge, die uns auf den ersten Schritten des verborgenen Pfads zu Frieden und Ganzheit stolpern lassen können. Gleichzeitig weiß Sun Tsu, dass das Wissen der Schülerinnen und Schüler in dieser Frühphase noch begrenzt ist.

Kurzum: Hast du dich verpflichtet und kennst schon zu Beginn Aspekte, die dich einschränken werden, dann decke sie auf, damit du sie aus dem Weg räumen kannst. Konfrontiere dich mit diesen Problemen, zerre sie ans Tageslicht und sei neugierig. Sun Tsus Ratschlag, sich gründlich vorzubereiten, ähnelt dem afrikanischen Sprichwort: »Um einen Baum zu besteigen, musst du ganz unten anfangen.« Wenn wir Pläne schmieden und noch ganz am Anfang sind, liegt die gesamte Reise vor uns; ebenso das Wissen um jeden Schritt, den wir auf diesem Weg machen.

Übung:
Denke über deine Hürden nach

Erstelle auf einem Stück Papier oder am Computer eine Tabelle mit zwei Spalten. In die eine Spalte trägst du alle Hürden und Hindernisse ein, die dir einfallen. In die nächste trägst du einen Lösungsvorschlag ein. Zum Beispiel: Du möchtest regelmäßig spazieren gehen, aber irgendwie kommen dir im Alltag immer wieder Dinge dazwischen und halten dich davon ab. Deine Liste könnte dann aussehen wie das Beispiel in Abbildung 1.

Hürde	Lösung
Keine Zeit.	Ich stehe morgens eine halbe Stunde eher auf oder gehe abends eine halbe Stunde später zu Bett, damit ich Zeit habe, spazieren zu gehen.
Bin meistens zu müde.	Ich stelle meine Ernährung um und esse leichtere, energiehaltigere Lebensmittel, die mir mehr Durchhaltevermögen geben. Ich gewöhne mir eine Denkweise an, die Müdigkeit als Grund nicht zulässt.
Habe keinen Ort, wo spazieren gehen Spaß macht.	Ich sehe mir Parks oder Wanderwege in der Umgebung an. Ich bin offen für neue Möglichkeiten und suche mir einen Ort, den ich bequem erreichen kann. Wie wäre es mit einem Einkaufszentrum? Oder ich flitze durch die Gänge im Supermarkt.
Drei Tage lang geht alles gut, dann kommt mir etwas in die Quere.	Ich verpflichte mich, meinen starken Erfolgswillen wertzuschätzen und nicht aufzugeben. Kommt mir etwas dazwischen, gehe ich der Frage nach, warum ich das zulasse. Ist mir Gehen wichtig, muss ich *bewusst* einen Weg finden, erfolgreich zu sein.

Tabelle 1: Ein Beispiel für das Schmieden von Plänen

Identifizieren und beleuchten wir unsere (von uns als solche wahrgenommenen) Einschränkungen, übernehmen wir Verantwortung, anstatt sie unter den Teppich zu kehren oder zu versuchen, sie von uns zu stoßen. Wir akzeptieren, wer wir in diesem Augenblick sind. Gleichzeitig akzeptieren wir, dass wir bereit sind, uns möglichen

Hindernissen zu stellen; unseren Mustern und Angewohnheiten, von denen wir uns so lange haben dominieren lassen. Wenn du also von etwas weißt, das deinen Erfolg verhindert, lehrt uns Sun Tsu, Korrekturen vorzunehmen, die ein Scheitern verhindern.

Betrachten wir das Wesen eines vermeintlichen Hindernisses, befassen wir uns auch mit unserem eigenen dualen Denken. In der Theorie gibt es keine Hindernisse, einzig unsere Wahrnehmung sagt uns, dass sie existieren. Ein Beispiel: Du möchtest gerne abnehmen, schaffst es aber nicht, Diät zu halten. Du stehst vor einem Hindernis oder hast das Gefühl, gescheitert zu sein. Du fühlst dich ›schlecht‹. Anfangen solltest du mit dem ›Ich‹, das der Ansicht ist, dein aktuelles Gewicht sei zu hoch. Warum? Wenn du das Gefühl hast, nicht im Gleichgewicht zu sein (weil du dich beispielsweise zu schwer fühlst), kannst du den Körper *ins Gleichgewicht* bringen, indem du im nächsten Augenblick eine Entscheidung triffst, ohne Widerstand und ohne den Schaden, den es möglicherweise anrichtet, wenn du dich ›schlecht‹ fühlst, weil du zugenommen oder zu viel gegessen hast. Zudem erschaffst du auch keine Dualität, wonach irgendwo (meistens in der Zukunft) ein besseres, leichteres Ich existiert.

Können wir das mentale Hin und Her von hier/dort und schwer/nicht schwer abschütteln, legen wir auch die dualistische Betrachtungsweise unserer Realität beziehungsweise unseres Lebens ab. Wir machen uns frei und können essen, wann und was wir essen wollen. Wir können spazieren gehen, wann immer wir das möchten. Alles harmonisch, niemals in Dualität. Es ist dein Pfad – du bist der General oder die Generalin, du hast das Kommando über deine Reise. Also: Ein Gedanke nach dem anderen, mit Gleichmut! Sobald du dich entschieden hast, gilt aber auch: Nicht nachgeben! Wenn du das tust, übernehmen Körper und Sinne das Kommando, dein Geist ist dann abgemeldet.

Jetzt bist du dran. Fülle die Tabelle in Abbildung 2 aus, trage die (von dir wahrgenommenen) Hürden ein, die verhindern oder verhindert haben, dass du den verborgenen Pfad zu Frieden und Ganzheit einschlägst. Was hindert dich jetzt in diesem Augenblick daran, neues Gleichgewicht in dein Leben zu bringen? Welche Dinge haben dich in der Vergangenheit abgehalten? Schreibe sie auf und denke über mögliche Lösungen nach. Wie kannst du mit den vermeintlichen Hürden arbeiten, sie überwinden und Harmonie in dein Leben bringen? Such dir eine Hürde aus und fang an.

Vergiss nicht: *Zu üben* bedeutet nicht notwendigerweise, dass du eine bestimmte Zeit für eine Aktion wie beispielsweise Meditation, Beten oder Übungen vorsiehst. Natürlich kann das der Fall sein und es kann sich als ausgesprochen nützlich erweisen. Du kannst aber auch jede Aktivität des Tages zum Üben nutzen; jede Situation, die dir ermöglicht, mit deinem Geist und deinen Gefühlen zu arbeiten. Jeden Tag musst du dich mit Schwierigkeiten auseinandersetzen, jeden Tag musst du Entscheidungen treffen, die bei dir Gefühle auslösen, die nicht im Gleichgewicht sind. Vermutlich musst du nicht lange nach derartigen Auseinandersetzungen suchen.

Beginne doch mit einer Liste der Hindernisse, die dir an einem gewöhnlichen Tag begegnen. Ein Beispiel: Vielleicht hast du das Gefühl, dass dein Arbeitsplatz nicht dazu beiträgt, einen ausgeglichenen Geist zu bewahren. Vielleicht herrscht hier ein ständiges Hin und Her zwischen gut und schlecht, glücklich und traurig und so weiter, während du nach Gleichgewicht strebst. Welche Hindernisse stellen sich dir bei der Arbeit entgegen und wie kannst du regelmäßig und konstant zu mehr Gleichgewicht beitragen?

Hürde	Lösung

Tabelle 2: Hürden erkennen

Genauso entscheidend wie Organisation und Disziplin ist eine gründliche Vorbereitung, wenn man sich dauerhaft eine Praxis angewöhnen will, die einen natürlich ruhigen Geist und Selbstkontrolle herbeiführt. Unabhängig davon, ob wir unseren ersten Schritt tun oder unseren millionsten: es bringt uns viel, wenn wir uns mit den Dingen befassen, die uns bremsen. Je stärker wir uns unserem neuen Pfad widmen, desto mehr Mut und Disziplin werden wir besitzen.

Und je mehr wir üben, desto deutlicher werden unsere ›Feinde‹ zutage treten, sodass wir gegen sie ins Feld ziehen können. Wie Sun Tsu erklärt, können wir Pläne für unseren Erfolg schmieden, wenn wir wissen, welche Hindernisse vor uns liegen. So erweisen wir uns als weise Generalin auf dem Schlachtfeld des Lebens.

DER ERSTE SCHRITT AUF DEM VERBORGENEN PFAD ZU FRIEDEN UND GANZHEIT

1. Wende die Lehren aus *Pläne schmieden* so an, wie es dir am besten geeignet erscheint. Gehe ohne Furcht oder Einschränkungen vor.

2. Entwickle einen Plan für ein neues Lebensziel oder tägliche Praxis. Alternativ kannst du auch einfach einen Plan entwerfen, wie du dir als Priorität in deinem Leben vornimmst, den Geist in den Griff zu bekommen.

3. Benenne deine (vermeintlichen) Schwächen und alle Angewohnheiten, die zu Hindernissen werden könnten. Arbeite anschließend daran, sie aus der Welt zu schaffen, damit deinem Erfolg nichts im Weg steht.

Pläne schmieden ist der erste Schritt auf dem verborgenen Pfad zu Frieden und Ganzheit. Verlassen wir uns auf unsere Fähigkeit, Veränderungen herbeizuführen, können wir uns ernsthaft auf ein Ziel festlegen und daran arbeiten, unsere Denkweise so unerschütterlich zu machen, dass wir dieses Ziel erreichen.

Denkanstöße: Pläne schmieden

»Der Schüler, der vor Beginn des Kampfes zahlreiche Überlegungen anstellt, wird sich gegen den rastlosen Geist durchsetzen.« — Kapitel 1

1. Was sagt Sun Tsu dir persönlich? Vergiss nicht: Es ist *dein* verborgener Pfad zu Frieden und Ganzheit. *Du* musst anfangen, deiner inneren Lehrerin zu vertrauen und ihre Lektionen umzusetzen. Was könnte diese innere Weisheit auf die Frage antworten, an welchem Punkt deiner persönlichen Lebensreise du stehst?

2. Welcher der fünf Sinne (Sehen, Hören, Schmecken, Riechen und Berühren) lenkt dich zum jetzigen Zeitpunkt am meisten ab? Warum ist das so?

3. Welche Ängste halten dich davon ab, auf eine innere Reise zur Selbstkontrolle aufzubrechen?

4. Sieh dir Sun Tsus Fragen (12) zum Schmieden von Plänen noch einmal genau an und beantworte folgende Fragen:
   - Welches der beiden Selbst ist von Bewusstsein für das Hier und Jetzt durchdrungen, das höhere oder das niedere Selbst? Und bei welchem von beiden sind die Erfolgsaussichten größer?
   - Welches Selbst ist stärker im Gleichgewicht und befindet sich deshalb im Vorteil, wenn Hindernisse auftreten? Wie bringst du deinen Geist (Gedanken/Begierden) ins Gleichgewicht?
   - Auf welcher Seite wird Disziplin strenger umgesetzt? Welche Seite ist besser ausgebildet?
   - Welche Seite wirkt eher so, als würden Belohnungen und Bestrafungen sie nicht beeinflussen?

5. Kannst du Sieg oder Niederlage prognostizieren? Was sagt das über dein eigenes Wesen aus? Schreckt dich das ab oder ermutigt es dich? *Bist du bereit für die Herausforderungen, die vor dir liegen?* Warum beziehungsweise warum nicht?

6. Auf welche Weise hast du dir selbst etwas vorgemacht und dich von deiner eigenen Reise auf dem ausgewogenen Pfad abgehalten? Nenne Fälle, bei denen du anderen die Schuld an deinen Problemen gegeben hast. Wie kannst du anfangen, Verantwortung für ein Problem zu übernehmen, das seit Langem Teil deines Lebens ist? (Denk an das Beispiel mit dem bellenden Hund zurück.)

7. Welche anderen *Überlegungen* kannst du anstellen, bevor du deinen Geist für die täglichen Übungen vorbereitest?

8. Auf welche Weise bist du wachsam, wenn es darum geht, deinen Geist den Tag über vor rastlosen Gedanken und Begierden zu schützen?

9. Nenne ein Beispiel dafür, wann deine Gefühle oder Begierden *nicht* hochkochten und es dir gelang, deine Erfahrung zu analysieren und einen Ort aufzusuchen, an dem deine Gefühle dich beim nächsten Vorfall nicht kontrollierten.

10. Was ist deine größte (wahrgenommene) Schwäche? Wie kannst du mehr über sie herausfinden, bis du sie überwinden oder abschütteln kannst?

11. Welche Aktivitäten kannst du zum Bestandteil deines täglichen Pfads zu Frieden und Ganzheit machen, die zu einem besseren Verständnis deiner Verhaltensmuster führen? Wie kannst du Dinge integrieren, bei denen der Schwerpunkt darauf liegt, etwas Neues und anderes zu tun?

12. Welche kleine Veränderung kannst du heute vornehmen, die dich deiner eigenen Ganzheit und einer neuen Zukunft näher bringt?

KAPITEL 2

DIE KOSTEN DES (GEISTIGEN) KRIEGES

1. Sun Tsu sagt: Die Kosten, einen Krieg gegen den rastlosen Geist zu führen, sind so hoch, als würde man 1000 Goldstücke ausgeben. Die Schülerin sollte bereit sein, diesen Preis an irdischen Bestrebungen zu bezahlen, um ihre Anstrengungen voranzutreiben. Im physischen Krieg würde man 1000 rasche Streitwagen und 1000 gepanzerte Soldaten organisieren. Hinzu kämen die Vorräte, um die Streitmacht sowohl auf ihrem Stützpunkt als auch im Feld zu versorgen. Findet der Krieg im rastlosen Geist statt, sind die Gegenstücke zu diesen Dingen unsere Gedanken, Begierden, Gewohnheiten und Ablenkungen – Lasten (oder Kosten), die uns davon abhalten, erfolgreich zu sein.

2. Setzt sich der Schüler zum Üben hin und der Erfolg beim Beruhigen des Geistes (der Gefühle/Gedanken/Begierden) stellt sich nicht ein, lässt dies seine Sinne abstumpfen und schmälert seine Begeisterung. Nimmst du dir zu viel auf einmal vor, werden deine Kräfte dich verlassen.

3. Je länger du es herauszögerst, aktiv zu werden, desto stärker werden deine Ressourcen (inklusive deiner Lebensenergie) belastet und ein Ungleichgewicht verursacht, das einen Erfolg verhindert.

4. Gerätst du in einen Zustand, in dem du deine Kräfte verausgabt und deine Ressourcen aufgebraucht hast, deine Begeisterung den Tiefpunkt erreicht und dein Geist trüb ist, wirst du in Situationen (Begierden/Gedanken/Menschen/Ereignisse) geraten, die dich schwächen. Wenn das geschieht, wird es selbst dem Weisen schwerfallen, die Konsequenzen abzuwenden.

5. Wer sich überhastet darauf vorbereitet, aktiv zu werden (und die Kontrolle über den Geist zu übernehmen), wird langwierige Verzögerungen in Kauf nehmen müssen. Nicht so diejenigen, die klug sind und sich gründlich vorbereiten.

6. Es ist kein Fall bekannt, bei dem ein Schüler von einer längeren Vorbereitung auf die Übungen profitiert hat.

7. Die beste Vorgehensweise kann nur verstehen, wer gut mit dem Wesen des Geistes und allen darin verborgenen Hindernissen vertraut ist.

8. Wer die Übungen schon länger praktiziert, muss keine weitere Verpflichtung eingehen, da er bereits die erste in vollem Ernst eingegangen ist. Er muss seine Leidenschaft auch nicht neu anfachen, da er Vorkehrungen getroffen hat, die ihm helfen, seine Begeisterung aufrechtzuerhalten.

9. Wenn du dir deine Lebensenergie und deinen Eifer für das Üben bewahrst, wirst du dem ›Feind‹ immer mehr zusetzen. Du wirst die Gedanken/Begierden/Angewohnheiten, die deinen natürlichen Gleichmut ins Wanken bringen, überwältigen oder beruhigen. Dein Vorrücken führt dazu, dass du weniger benötigst und

entsprechend auch weniger Bedürfnisse hast. So hältst du durch, bis du erfolgreich bist.

10. Ein rastloser Geist bedeutet, dass dich das Trommelfeuer der Wünsche und Bedürfnisse schwächt. Es fühlt sich an, als sei stets alles zu weit weg und du würdest überhaupt keinen Boden gutmachen. Führt man einen physischen Krieg aus der Entfernung, schlägt das auf die Kasse. Genauso laugt es dich körperlich und geistig aus, wieder und wieder mit denselben ungesunden Mustern und Gewohnheiten zu kämpfen.

11. Umgekehrt gilt: Erkennst du bei der Arbeit mit dem rastlosen Geist deine Schwächen und wirkst ihnen entgegen, wirst du Stärke und Vitalität aufbauen, und sie werden dich nicht so einfach wieder verlassen.

12. Ist deine Lebensenergie erschöpft, stumpfen die Sinne ab und verlangen nach mehr.

13–14. Hält dieser Verlust an Lebensenergie an, wird dies nicht nur den ›Feind‹ (unruhige Gedanken und Begierden) stärken, sondern dem Körper Gesundheit und Ausdauer rauben. Es ist, als würden Truppen erschöpft ins Feld ziehen – ihnen drohen weitere Erschöpfung, Verwundungen, ein weiteres Schwinden der Mittel und sogar der Tod.

15. Eine weise Schülerin (oder Generalin) legt deshalb Wert darauf, die rastlosen Gedanken und Begierden des Geistes zu beruhigen. Einen Gedanken zu beruhigen, ist damit vergleichbar, dass deine Streitkräfte eine Wagenladung Nachschub in die Hände bekommen. Das stärkt Geist und Körper, anstatt sie zu schwächen.

16. Um diesen ›Angriff‹ fortzuführen und die Kontrolle über den Geist zu gewinnen, muss die Schülerin ermutigt werden zu erkennen, wie wichtig es ist, unnötige Gedanken/Wünsche zu besiegen, und worin ihre Belohnung besteht.

17. Ersetzt du einen schädlichen Gedanken/Wunsch/Brauch durch einen nutzbringenden, verschiebt sich die Wahrnehmung auf lohnende Weise. Alte Gedanken, Gepflogenheiten und Muster solltest du sanft durch neue ersetzen. Es ist wie bei einem Kriegsgefangenen: auch ihn solltest du gut behandeln.

18. Eroberte Gedanken werden dazu genutzt, die eigene Kraft zu mehren.

19. Im Krieg des Geistes sollte dein großes Ziel der Sieg sein, nicht das Zögern und Zaudern.

20. Daraus folgt, dass du selbst entscheidest, wohin dein Schicksal dich führen soll – zum Frieden oder zum Untergang des Geistes.

SUN TSUS LEBENDIGE WEISHEIT INTERPRETIEREN

Während wir auf dem verborgenen Pfad zu Frieden und Ganzheit voranschreiten, fordert Sun Tsu uns auf, darüber nachzudenken, was es uns kostet, die Kontrolle über den rastlosen, gestörten Geist zu übernehmen. Wir müssen über jene Art *Handlung* nachdenken, die uns beim ›Kampf‹ um Ganzheit unterstützt.[13] Pläne und Vorbereitungen müssen ganz genauso ablaufen, als würden wir in den

---

13 Bedenke: Dies ist bildlich gemeint. Wir leben im Wissen um das Hier und Jetzt, nehmen es aber als eingeschränkt wahr.

Krieg ziehen: Wir würden nicht einfach nur die Streitkräfte ernähren, sondern uns auch Gedanken machen, wie wir die Streitwagen warten, die Berater versorgen und uns um die Menschen kümmern, die daheim an unserer Seite stehen. Übersiehst du nur ein kleines Detail, wird die ganze Operation leiden.

Es wird ein langer Kampf bis zum Sieg, bis unser Geist ausgeglichen ist; und einer der Faktoren, die am meisten abschrecken, ist die Möglichkeit zu scheitern. Wir müssen wachsam auf störende Gedanken achten, die unserer Konzentration zusetzen. Tun wir das nicht oder übersehen wir unsere meist lange eingeschliffenen Reaktionen, werden wir schon sehr früh in eine ›Schlacht‹ der Schwierigkeiten beziehungsweise des persönlichen Konflikts hineingezogen. Möglicherweise wird uns das die Energie oder den Willen für eine lange Auseinandersetzung rauben. Das Resultat: Wir sind geistig und körperlich müde, geben auf und akzeptieren unser Scheitern.

Selbst wenn uns diese Gefühle befallen, müssen wir uns kein weiteres Mal verpflichten. Sun Tsu erklärt uns, dass keine Notwendigkeit besteht, ganz von vorne zu beginnen. Wir können vielmehr einfach an dem Punkt weitermachen, an dem wir uns befinden. Wir lassen das Gefühl der Niederlage fahren und beginnen erneut. So fühlen wir uns nicht, als hätten wir den Krieg verloren, sondern lediglich *eine* Schlacht. Und weil wir uns aus ganzem Herzen verpflichtet haben, können wir mit Zuversicht weiter voranschreiten.

Zugleich können wir über die Vorteile nachdenken, die in der Kontrolle über den rastlosen Geist liegen. In diesem Zusammenhang bedeutet Kontrolle, dass wir uns bewusst werden, was wir denken. Wir können beschließen, uns nicht länger von einem widerspenstigen Geist davontragen zu lassen, sondern stattdessen den ›Krieg‹ durch die nüchternere Betrachtung unserer Gedanken zu gewinnen. Ein Beispiel: Sind wir an unseren rastlosen Geist gewöhnt, werden wir ihm möglicherweise eher vertrauen als jeder anderen Erfahrung. Oder wir glauben, wenn wir nicht von Gedanken erfüllt sind, würden auch alle Emotionen verschwinden oder all das, was uns ausmacht. Dabei trifft das genaue Gegenteil zu: Lassen wir Raum für eine weitreichendere Unterscheidung oder für die Intuition, *gewinnen* wir an Freiheit.

Diese Verbindung reicht tiefer und ist allwissend. Sie wird zum inneren Kompass, auf den wir uns verlassen.

Sun Tsu sagt uns auch, dass selbst kleine Anstrengungen zu großen Ergebnissen führen können. Wenn du einen alten Gedanken oder eine alte Angewohnheit auf sanfte Weise – also nicht mit Gewalt oder Strenge – ersetzt, kann dies zu einer spürbaren Veränderung in unserem Bewusstsein führen, die länger Früchte trägt. Werden wir zum Meister unserer eigenen Gedanken und Gewohnheiten und führen wir mit Gelassenheit Veränderungen herbei, legen wir das Fundament für unseren Erfolg.

Übung:
Bereite deinen Geist vor

Sun Tsu möchte, dass wir Körper und Geist auf die bevorstehenden schrittweisen Veränderungen vorbereiten, und zwar sowohl körperlich als auch in Bezug auf unsere Wahrnehmung – Veränderungen, die, wenn wir in unseren Anstrengungen nicht nachlassen, zum Sieg führen (also zum Einswerden mit unserer inneren Sonne). Am besten schreibst du deine Antworten nieder, damit du dir ganz klar bist, wie sie lauten sollen. Um dich voll und ganz auf dieses Abenteuer einzulassen, frage dich:

- Kümmerst du dich so um deinen Körper, dass es ihm langfristig gut geht?
- Trennst du dich in deinem Leben von Dingen, die dir materiell oder emotional nicht länger von Nutzen sind?
- Führst du den Kreislauf von Stress, Sorgen und Erschöpfung fort, um Anforderungen gerecht zu werden, und beraubst dich dadurch gleichzeitig deiner Möglichkeiten zur Selbstkontrolle?
- Ist es im Rahmen des ›langen Krieges‹ für dich ein Thema, dich um dich selbst zu kümmern? In welcher Form?
- Wie agieren deine Gedanken und verleiten dich, weiter dieselben Muster und Denkweisen zu verfolgen, und wie erzeugen sie damit imaginäre Grenzen?

Kennst du die Antworten auf diese Fragen bereits im Vorfeld, kannst du dich auf unterschiedliche Hindernisse vorbereiten, die dich im weiteren Verlauf des Wegs erwarten werden. Du wirst eine Spanne an Gefühlen und Reaktionen durchlaufen: vom Gefühl, Fortschritte erzielt zu haben, über Freude bis hin zur Frustration, dem Gefühl der Niederlage und der Erschöpfung. Wenn du dich auf das Kommende einstellen kannst, stärkt das deine Entschlossenheit, durchzuhalten.

LEKTION 1 (1): VERPFLICHTE DICH DAZU, DEN VERBORGENEN PFAD ZU FRIEDEN UND GANZHEIT EINZUSCHLAGEN

Wenn wir uns dazu verpflichten, nach Selbstkontrolle zu streben, müssen wir Sun Tsu zufolge bereit sein, für unser Vorankommen auf unser ›Gold‹ zu verzichten. Anders gesagt: Wir müssen etwas aufgeben, das für uns echten Wert besitzt. Auf was kannst du verzichten, um dich voll und ganz der Aufgabe zu widmen, deinen rastlosen Geist zu befrieden und persönliche Freiheit zu erlangen? Bist du bereit, all deinen Glauben in deine neue potenzielle Zukunft zu stecken, oder kannst du dich nur zu einer halbherzigen Verpflichtung durchringen? Wenn du nicht mit vollem Einsatz dabei bist, wirst du aller Wahrscheinlichkeit nach sehr rasch wieder zu dem zurückkehren, was du kennst, was du dir angewöhnt hast und womit du vertraut bist.

Bist du *wirklich* bereit, all dein Gold aufzugeben, sprich, eine ernsthafte Verpflichtung einzugehen, dann wirst du dich unterwegs nicht mit ›Nachschub‹ versorgen müssen. Beginnst du dagegen halbherzig oder gibst nur einen Teil des Goldes auf, gerätst du unvermeidlich ins Stolpern und wirst nicht triumphieren, denn im Hinterkopf weißt du, dass dir weiterhin die Möglichkeit eines Rückzugs offensteht. Also schlägst du den leichteren Weg ein und kehrst ›nach Hause‹ zurück, soll heißen, du lebst dein Leben unverändert unter den gewohnten Umständen weiter.

Selbstverständlich steht das Gold symbolisch auch dafür, dass du den Glauben an den Wert der materiellen Welt aufgeben sollst. Wenn wir uns aus vollem Herzen verpflichten, verändern wir unseren Blick auf die äußere Welt (das ›Gold‹ ist nur eine Einbildung) und wenden uns ab von der Art und Weise, in der wir die Dinge bisher getan haben. Wir geben unsere hergebrachte Denkweise auf und gewinnen damit Freiheiten, etwas Neues zu erschaffen (und anders zu handeln). Unser Wille ist dabei unser Antrieb. Wird er nicht von Gedanken eingeschränkt, bremst nichts seine Energie; er kann ungehindert in Partnerschaft mit der Intuition handeln und alles erreichen, ohne dabei zu ermüden.

Geben wir die Illusion der materiellen Welt auf (symbolisiert durch das Gold), erhalten wir Zugang zum ›inneren Gold‹ (Ganzheit), das von Dauer ist.

LEKTION 2 (2-3): DIE KUNST, UNANGESTRENGT ZUZULASSEN

Sun Tsu spricht eine Warnung aus, die auf jede Art von Veränderung zutrifft und insbesondere auf Veränderungen, die beständiges Wiederholen erfordern: Unsere Begeisterung kann rasch wieder schwinden. Wenn das geschieht, fangen wir möglicherweise an zu drängen, uns zu bemühen oder Dinge zu erzwingen. Doch dies wird bloß dazu führen, dass wir ermüden und dem Körper Lebensenergie (der Wille) verloren geht. Dadurch wird es schwieriger, den Weg weiterzugehen.

Vergiss bitte nicht: Du hast es hier mit einem sanften Krieg zu tun, der Art Krieg, bei der du dich nach innen wenden und versuchen musst, mehr über die Funktionsweise des Geistes herauszufinden. Bei dieser Art von Schlacht muss nicht *gehandelt* werden; vielmehr benötigen wir das Gegenteil dessen, was man uns beigebracht hat, nämlich *unangestrengtes Zulassen*. Wenn sich die Schülerin/Kriegerin *anstrengt*, um mehr zu leisten, wenn sie mehr *erwartet*, sich mehr *abmüht*, dann wird sie schwächer oder entmutigt. Sie wird anfällig für die Verlockungen externer Einflüsse aus dem Alltag, von Mitmenschen oder Ereignissen. Ein geschwächter Wille kann ins Wanken geraten und es schwerer machen, den eingeschlagenen Kurs beizubehalten.

Wir alle kennen diese Situation: Wir stehen am Anfang von etwas Neuem und sind voller Eifer und Begeisterung; fest überzeugt, das Unterfangen zum Erfolg zu machen. Doch je länger wir dabei sind, desto leichter langweilen wir uns oder verlieren an Schwung. Vielleicht dauert es uns einfach zu lang, vielleicht stoßen wir auf externe Hürden oder haben Menschen in unserem Umfeld, die unsere Zweifel nähren und unseren Fortschritt blockieren. Anstatt voranzukommen, verfangen wir uns in einer Art Kampf zwischen unserem neuen Leben und dem alten, das wir doch aufgeben wollten.

Je mehr wir darum kämpfen, Boden gutzumachen, desto wahrscheinlicher ermüden wir und verlieren Energie und Entschlossenheit – zumal unser Gehirn darauf geeicht ist, das Programm zu wiederholen. Der ›Kampf‹ darum, ein neues Programm zu schreiben, ist dadurch praktisch unmöglich zu gewinnen. Gleichzeitig geht die externe Welt – das alltägliche Leben um uns herum – weiter ihren Gang und zieht uns zurück ins Vertraute. Wir laufen Gefahr, aufzugeben.

Selbst einem gut ausgebildeten Krieger kann es laut Sun Tsu schwerfallen, wieder ins Training zu kommen, wenn er erschöpft ist und sich wie ein Versager fühlt. Strengen wir uns mehr an, um voranzukommen, handeln wir aus der Illusion heraus, dass es in der Zukunft einen Punkt gibt, an dem wir perfekt sind und uns nicht länger abmühen müssen. Dieser Punkt jedoch existiert ausschließlich in der Gegenwart, wo er nicht von rastlosen Gedanken beschränkt wird. Erfahren wir einen ruhigen Geist, hören wir auf, gegen uns selbst Krieg zu führen. Das ist der Widerspruch, mit dem wir es in Sun Tsus Übungen zu tun haben.

Ein friedlicher Geist ist möglich, wenn wir die Soldaten der Sinne unter unsere Kontrolle bekommen. Platzen wir aber herein und brüllen uns im Befehlston an, endlich aktiv zu werden und etwas zu unternehmen, verpassen wir den Fortschritt und das Wachstum, das eine Verschiebung der Wahrnehmung mit sich bringt und das uns die Realität einer bestimmten Situation verstehen lässt – einer Situation, die weder das eine noch das andere ist, sondern die einfach *ist*. Dieser Zustand des Bewusstseins der Gegenwart entwickelt sich ständig weiter und lässt sich erfahren, aber nicht herbeizwingen.

Durch Stille *werden* wir.

LEKTION 3 (5-7): VORAUSPLANEN UND UMSETZEN

Sun Tsu empfiehlt der Schülerin, im Vorfeld darüber nachzudenken, was alles geschehen kann, wenn Probleme auftreten. Aber wir können nicht endlos planen, irgendwann müssen wir uns auch ans Werk machen. Dabei ist es unvermeidlich, dass Schwierigkeiten auftauchen. Wenn du deine Schwachstellen kennst und weißt, welche Hindernisse sich dir deshalb in den Weg stellen könnten, kannst du Strategien entwickeln, wie du Rückschläge vermeidest oder abschwächst. Auf diese Weise verbesserst du deine Erfolgsaussichten.

Nehmen wir zum Beispiel an, dass du süchtig nach Schokolade bist und dieses Laster gerne wieder in den Begriff bekämst. Du könntest beispielsweise planen, keine Schokolade mehr im Haus zu haben, weil du weißt: Wenn du sie siehst, wirst du sie vermutlich auch essen. Vorausplanungen wie diese verbessern deine Erfolgsaussichten. Dasselbe gilt, wenn ein Feiertag vor der Tür steht und du weißt, dass dir jemand gerne mit einer Packung deiner Lieblingspralinen eine Überraschung bereitet: Plane voraus und sag der Person, dass du keine Pralinen mehr isst. So kannst du ein Scheitern vermeiden.

Weise empfiehlt uns Sun Tsu, bei den anfänglichen Vorbereitungen uns selbst gegenüber vollkommen aufrichtig zu sein. Verharren wir mit unseren Gedanken in der Vergangenheit, fällt es uns eventuell schwer, einer neuen Idee oder einem neuen, Wandlung verheißenden Weg Vertrauen zu schenken. Genauso zaudern wir vielleicht zu lange, wenn wir zu viel Zeit darauf verwenden, Vorbereitungen zu treffen und Pläne zu schmieden. Das solltest du berücksichtigen, während du deine Absichten in Taten umsetzt.

Wir können uns ein Ziel stecken, wochenlang alles planen und uns sogar vorstellen, wie wir unsere Absichten wahr werden lassen – doch wenn die Zeit gekommen ist, verschieben wir das Ganze auf den nächsten Tag. Eine Woche voller Ausflüchte verstreicht und bevor wir uns versehen, haben wir uns bereits vor dem allerersten Schritt in Scheitern und Trägheit verloren.

Wenn wir wissen, wie unsere Gedanken uns auf dem Weg zum Erfolg Hindernisse in den Weg stellen, können wir rechtzeitig erkennen, wann Verzögerungen drohen. Achte gut darauf und handele entsprechend, um den Sieg herbeizuführen und dich nicht in althergebrachte Lebensweisen zu flüchten. Wir müssen *alles* geben. Verpflichte dich, triff deine Vorbereitungen, setze sie um.

Haben wir uns ernsthaft verpflichtet, werden wir es versuchen. Sollten wir scheitern, geben wir nicht auf und ziehen uns nicht zurück. Wir machen weiter. Dann werden wir auch Ergebnisse sehen.

LEKTION 4 (8–9): WARUM HINDERNISSE SO WICHTIG SIND

Wenn es darum geht, den Geist in den Griff zu bekommen, gehören Hindernisse unvermeidlich dazu. Treten sie auf, fühlen wir uns herausgefordert und fürchten zu scheitern. Das tun wir aber nicht. Es ist schlicht Teil der Entwicklung und gehört dazu, während wir mehr über das Wesen des rastlosen Geistes herausfinden.

Versagen ist ein Konstrukt, eine Illusion. Taucht ein Hindernis auf und stellt unsere Entschlossenheit in Frage, können wir uns verloren fühlen; umso mehr, wenn die Dinge nicht wie geplant laufen. Wenn wir unsere Ziele mit einem ruhigen Geist zentrieren, werden wir schrittweise all unsere kleinen Anstrengungen als eine einzelne große ansehen und unseren gegenwärtigen Einsatz als einen einzelnen langen Einsatz.

Nehmen wir noch einmal das Beispiel mit der Abhängigkeit von Schokolade. Vielleicht schaffst du es einen Monat lang, keine Schokolade zu essen. Doch dann bist du auf einer Feier im Büro und beschließt, dir einen Schokopudding zu gönnen. Am nächsten Morgen wachst du möglicherweise mit dem Gefühl auf, vom rechten Weg abgekommen zu sein und dich selbst verraten zu haben. Aber das ist nur eine andere geistige Haltung und du kannst sie ablegen, indem du dich einfach dazu entscheidest, deinen Weg fortzusetzen.

Im Laufe der Zeit wird sich deine Wahrnehmung erneut verlagern, und ob du Schokolade isst oder es lässt, wird überhaupt nicht von Bedeutung sein. Entweder tust du es oder du tust es nicht – beides wird dir egal sein. Wenn dich der Wunsch nach Schokolade und die mit Schokolade verbundenen Gefühle nicht länger bestimmen, hast du gewonnen.

Fallen wir beim Überwinden von Hürden wieder auf unseren Ausgangspunkt zurück, müssen wir uns nicht neu verpflichten – zumindest dann nicht, wenn wir unsere erste Verpflichtung in vollem Ernst eingegangen sind. Hast du dich aufrichtig auf den Weg zu deinem Ziel begeben, dann geh auch weiter, wenn es sich anfühlt, als habest du versagt. In Wirklichkeit hast du durch das Hindernis etwas verstanden, das dich weiter voranbringt. Möglicherweise fühlt es sich für dich nicht so an, aber wenn wir aufrichtig sind, wird unsere Bereitschaft nicht schwinden, sondern uns helfen, erneut auf die Beine zu kommen und mit Mut im Herzen weiter voranzuschreiten.

Die eigentliche Schwierigkeit ist der Pfad – das Hindernis –, das uns eine Gelegenheit eröffnet, Seite an Seite mit unserer Intuition zu handeln, unsere Wahrnehmungen zurückzudrängen und zu wachsen. Jede Auseinandersetzung bietet uns die Möglichkeit, unsere Gedanken/Wünsche/Gewohnheiten zu besiegen oder zu beruhigen. Haben wir das Hindernis überwunden, gewinnen wir wieder die Oberhand und beschreiten unseren Weg weiter. Mit der Zeit fällt uns auf, dass wir unser Leben anders führen und uns nicht länger von Gefühlen oder achtlosen Gedanken ins Wanken bringen lassen. Vielmehr stehen wir unter dem Oberkommando eines vereinten Geistes.

Im Laufe der Zeit ordnen wir unsere Gedanken und verstehen,

wie sie uns einsperren. Das führt dazu, dass wir weniger benötigen und weniger Bedürfnisse haben. So können wir unsere Praxis vertiefen. Stößt eine Schülerin im (metaphorischen) Wald gegen eine Mauer, wird sie vielleicht umdrehen, aber die Meisterin wird weitergehen, bis sie einen Weg entdeckt, der um die Mauer herumführt. Das Ziel ist es, uns nicht abschrecken zu lassen, sondern mit unseren Gedanken zu arbeiten und uns ihrer vermeintlichen Kontrolle zu entziehen.

LEKTION 5 (10-17): WILLENSSTÄRKE ÜBEN

Mangelt es uns an Konzentration? Schwächt uns der Dauerbeschuss durch Gelüste und Verlangen? Dann geht es uns wie Soldaten, die erschöpft in die Schlacht ziehen. Es drohen anhaltende Erschöpfung, Verletzungen, ein weiterer Raubbau unserer Ressourcen (finanzieller Art und was Nachschub anbelangt) und im schlimmsten Fall sogar der Tod. Lassen wir zu, dass unsere Wünsche und Gelüste unsere Aufmerksamkeit dominieren, können wir ungesunde Muster und Angewohnheiten entwickeln oder weiter stärken. Das wiederum kann uns körperlich und geistig schwächen und uns den Schwung rauben.

Unser Ziel ist es, eine weise Kriegerin zu sein und eifrig daran zu arbeiten, den Geist zu beruhigen, der rastlos vor Gefühlen und Wünschen überquillt, die uns aus dem Gleichgewicht zu bringen drohen. Verspürst du Zorn? Dann musst du offen sein und diesem Zorn auf den Grund gehen, anstatt um dich zu schlagen und aufzugeben. Sun Tsu sagt: »Einen Gedanken zu beruhigen, ist so, als würde einer Armee eine Wagenladung Proviant in die Hände fallen. Der Proviant wird Körper und Geist nähren und stärken, anstatt sie zu schwächen.«

Wir müssen uns selbst in unseren Bemühungen bestärken und den Nutzen dieser Übungen in Willensstärke verstehen. Auf diese

Weise steigt die Wahrscheinlichkeit, dass unsere positiven Eigenschaften wachsen und für einen gesünderen Körper und Geist sorgen. Wir ermüden nicht so leicht und verfügen über ausreichend Energie und Willenskraft, unseren Weg fortzusetzen. Belohnungen wie diese ermutigen uns, weiterzumachen. Gleichzeitig erleben wir ein ›befriedigendes Umdenken‹, wenn wir alte, negative Angewohnheiten (unsere übliche Denkweise) durch neue, nützlichere Gedanken ersetzen. Wir gehen dabei sanft vor, »wie bei einem Kriegsgefangenen, auch ihn solltest du gut behandeln«.

LEKTION 6 (18-20): WÄHLE DEINE ZUKUNFT

Sun Tsu sagt, wir sollen überwundene Gedanken dazu nutzen, unsere Kraft zu mehren, um so den Kampf gegen den Geist und seine üblichen Gewohnheiten zu gewinnen. Wir lassen das Zaudern fahren, schütteln Müdigkeit, Verwirrung, Enttäuschung und derlei Dinge ab und nehmen unser Schicksal selbst in die Hand, während wir auf Seelenfrieden und Selbstbewusstsein zusteuern.

Unser Kopf produziert Tag für Tag Millionen und Abermillionen Gedanken. Könntest du dich *auch nur von der Hälfte* befreien, würdest du, zumindest theoretisch, ausreichend Energie freisetzen, um die andere Hälfte in Schach zu halten. Was an Energie nicht länger für alte Gedanken verwendet wird, lässt sich zum Erreichen eines wertvollen Ziels nutzen. Sun Tsu erklärt: In jedem Augenblick und mit jedem Gedanken entscheidest du selbst über deinen künftigen Kurs: Steuerst du in Richtung Frieden oder Untergang? Jeder Gedanke entfaltet sich im nächsten Moment; du kannst bewusst eine neue Wahl treffen und den Sieg erringen.

Häufiger jedoch entscheiden wir ständig über unsere Zukunft und unser Schicksal, ohne uns dessen bewusst zu sein. Die meisten Menschen geben den Umständen, den Mitmenschen oder dem Staat – allen, bloß nicht sich selbst – die Schuld, dass sie es so schwer im Leben haben. Tatsächlich jedoch kannst du entscheiden, was im nächsten Augenblick geschieht. Und auch wenn du tausendmal zuvor gescheitert bist, können deine nächsten Entscheidungen dazu führen, dass sich deine Zukunft anders entwickelt.

Lass dich dazu ermutigen, den Schritten zu folgen, die Sun Tsu dir zeigt, und gewinne auf diese Weise Frieden für dich selbst.

RÜCKZUG IST UNDENKBAR

Wann immer du dich aktiv dazu entscheidest, dir deiner Gedanken stärker bewusst zu werden, bekräftigst du deine Verpflichtung zur Selbstkontrolle. Gewöhne dir nun an, dich täglich bei einer Aktivität (beim Gehen, Sitzen, Laufen, Meditieren, Kochen oder was auch immer) zu beobachten. Verpflichte dich dazu, dies einen Tag zu tun, dann eine Woche, dann einen Monat, dann drei Monate, dann ein Jahr.

Halte nichts zurück.

Plane, aber zögere nichts hinaus.

Nimm dir jeden Tag die Zeit zu betrachten, was funktioniert und was nicht. Frag dich selbst: Welche Gedanken verhindern, dass sich dein Geist beruhigt? Anstatt zu versuchen, diese Gedanken zwanghaft zu vertreiben, frage dich, wie du ihnen mit Neugier begegnen kannst und so etwas tiefergehendes in deinem Inneren herausfindest, das sich ändern muss.

Wenn du beginnst, dein Leben zu verändern, wirst du auch Hindernisse erkennen, die sich dir bei deinem Streben nach lebensbejahenden Erfolgen in den Weg stellen könnten. Machst du dir deine Gedankenprozesse bewusst, wird sich nach und nach eine tiefe Gelassenheit einstellen, die dich in den nächsten Augenblick trägt und eine neue Zukunft erschafft.

Wir entscheiden über die Zukunft. Wir entscheiden über unseren Einsatz. Wir entscheiden, ob wir aufgeben, wenn Hürden auftauchen. Aber: Je intensiver wir planen, vorbereiten, handeln und uns ermutigen, desto mehr Veränderungen werden wir Schritt für Schritt herbeiführen. Diese kleinen Schritte sind es, die uns zum Sieg führen!

Erneuere deine Hingabe

Wenn wir das erste Mal versuchen, den Geist zu meistern, ist es ganz natürlich, dass man aufgeregt ist und voller Energie an die Übung herangeht. Stoßen wir dann auf Probleme oder Hindernisse - wenn wir den Eindruck haben, jemand/etwas versucht uns vom Erfolgskurs abzubringen -, können wir leicht den Mut verlieren. Doch wir sind verantwortlich für unsere Entscheidungen. Gelangst du an einen solchen Punkt, musst du dich sammeln und es erneut versuchen. Sei immer bereit, einen weiteren Schritt auf deine Wünsche oder Träume, die du erfüllen möchtest, zuzugehen.

Zunächst kannst du dein Engagement überprüfen, mit dem du auf den verborgenen Pfad zu Frieden und Ganzheit aufgebrochen bist. Stell dir die folgenden Fragen und gehe damit den Rückschlägen, die du vielleicht in deinem Alltag erlebst, auf den Grund. Möglicherweise kannst du dir besser einen Überblick verschaffen, wenn du die Antworten in einem Journal festhältst.

- Gibt es in deinem Leben Bereiche, die dich daran hindern, deine Ziele zu erreichen? Benenne sie und plane Wege, wie du das, was du als Rückschlag wahrnimmst, überwinden kannst.
- Welche Schritte kannst du unternehmen, um »das Gold aufzugeben« und mit hundertprozentigem Einsatz vorzugehen?

- Welche kleinen Anstrengungen kannst du unternehmen, um dich um deinen Körper und deine Lebensenergie zu kümmern und für alle Härten gewappnet zu sein, die dich möglicherweise auf deinem Weg erwarten? Befrage hierzu deine Intuition und handele entsprechend.

- Kannst du deine Ernährung intuitiv so abändern, dass sie natürlicher oder mehr im Einklang mit dir ist? Kannst du mit einem Sport beginnen oder einer Aktivität wie Gehen, Malen oder Gärtnern, die dich stärkt? Welche körperlichen Hindernisse treten auf? Welche geistigen Hindernisse treten auf? Wie kannst du eingefahrene Denkmuster ablegen und ganz neu anfangen?

- Denkst du genügend darüber nach, wo und wie du Verbesserungen vornehmen kannst? Nutze dein Journal dafür. Ziehe am Ende jedes Tages ein Fazit: Welche Kämpfe hast du ausgetragen? Wo hat sich Weisheit gegen Schwierigkeiten durchgesetzt? Welche Veränderungen hast du erreicht? Diese Selbstbeobachtung wird dir helfen, deine Pläne am nächsten Tag erfolgreicher umzusetzen.

Es ist egal, welche Herausforderungen dir begegnen: Betrachte sie als Möglichkeit und versuche es erneut. Solange du es immer wieder versuchst, kannst du niemals besiegt werden.

DER ZWEITE SCHRITT AUF DEM VERBORGENEN PFAD ZU FRIEDEN UND GANZHEIT

1. Wende die Lehren aus dem Kapitel *Die Kosten des (geistigen) Krieges* auf die Weise an, die dir am besten dafür geeignet erscheint. Halte mit nichts zurück.

2. Welche Dinge kosten dich Energie, lenken dich ab, verleiten dich zum Aufgeben? Entwickle einen Plan, wie du Ja zu dem sagen kannst, was deinem Pfad dient und zu innerem Erfolg führt.

3. Überprüfe jeden Tag deine Anstrengungen und achte dabei auf alles (beispielsweise, wie du äußere Umstände oder Bekanntschaften wahrnimmst), was dich fortgeführt hat von deiner Kontrolle über den Geist.

Die Kosten des (geistigen) Krieges stellt den zweiten Schritt auf dem verborgenen Pfad zu Frieden und Ganzheit dar. Haben wir herausgefunden, was uns Lebensenergie raubt und Verlust und Leid beschert, können wir ernst gemeinte Anstrengungen unternehmen, diese Dinge zu vermeiden; wir können Ablenkungen, Personen und Umständen, die unseren Zielen und unserem Lebenszweck schaden, bewusst aus dem Weg gehen. Tun wir das, wird unsere große Stärke unseren Geist unbeirrbar und unaufhaltbar machen.

Denkanstoß: Die Kosten des (geistigen) Krieges

»Wer sich überhastet darauf vorbereitet, aktiv zu werden (und die Kontrolle über den Geist zu übernehmen), wird langwierige Verzögerungen in Kauf nehmen müssen. Nicht so diejenigen, die klug sind und sich gründlich vorbereiten.« – Kapitel 2

1. Sun Tsu warnt davor, sich zu viel gleichzeitig aufzubürden. Wie kannst du im Alltag deine ›Last‹ so verringern, dass sich die Lektionen schrittweise umsetzen lassen?

2. Auf welche Weise schiebst du die Vorbereitungen auf ein Ziel hinaus und zauderst? Wie kannst du damit beginnen, auf deinem verborgenen Pfad zu Frieden und Ganzheit Fortschritte zu erzielen?

3. Nenne einen Fall, bei dem du dir zu viel auf einmal aufgelastet hast und deine Kräfte nicht ausreichten. Wie kannst du die Empfehlungen Sun Tsus dafür nutzen, beim nächsten Mal etwas anders zu machen?

4. Nenne einen Fall, bei dem du dich dermaßen erschöpft hast, dass du dein Ziel aufgegeben hast, oder bei dem es dir dermaßen an Kraft und Ressourcen (Begeisterung) mangelte, dass du glaubtest, es gehe nicht mehr weiter. Wie kannst du die Empfehlungen von Sun Tsu dafür nutzen, eine derartige Situation künftig zu vermeiden?

5. Wir müssen uns zwischen geistigem Frieden und dem Untergang des Geistes entscheiden, sagt Sun Tsu. Auf welche Weise hast du Verpflichtungen gebrochen, die dir wichtig waren?

6. Sun Tsu sagt, wir müssen uns nicht erneut verpflichten, so-fern wir uns beim ersten Mal ernsthaft verpflichtet haben. Was kannst du unternehmen, um weiter voranzuschreiten? Wie kannst du das Gefühl, versagt zu haben, abstreifen und sanft, aber ernsthaft fortfahren?

7. Schon kleine Anstrengungen können große Ergebnisse zei-tigen. Welche kleine Sache kannst du heute anpacken, die zum Erfolg beiträgt?

8. Was bedeutet Selbstfürsorge für dich? Wie kannst du dir je-den Tag ein Zeitfenster schaffen, das dich beim Meditieren oder beim stillen Innehalten unterstützt?

9. Ersetzt man bloß *einen* alten Gedanken oder *eine* alte An-gewohnheit durch etwas Neues, ist das laut Sun Tsu bereits ein Schritt in Richtung Selbstkontrolle. Welchen einzelnen, etablierten Gedanken kannst du durch einen neuen erset-zen und welche Veränderung könnte dies auf dem Weg zu deinem neuen Ich bewirken?

10. Welche Gedanken schwächen dich, indem sie dir ununter-brochen mit Wünschen und Begierden zusetzen und dich am Erfolg hindern?

11. Könntest du eine Sache an dir ändern und damit ein neues Kapitel für die Zukunft aufschlagen, was wäre das für ein Schritt?

12. Nenne ein Beispiel, bei dem du *erfolgreich* versucht hast, in deinem Leben Veränderungen herbeizuführen. Was weißt du heute – aufrichtig betrachtet – über dich, das du bei dei-nem Erfolgsplan nutzen kannst?

KAPITEL 3

MIT KRIEGSLIST ARBEITEN

1. Sun Tsu sagt: Am besten eroberst du das Gebiet des Geistes vollständig zurück, bevor Ignoranz deine Aufmerksamkeit zu Fall bringt. Ebenso sollte dein Ziel sein, volle Kontrolle über die Gedanken zu erringen und nicht zuzulassen, dass sie nachhallen, zersplittern oder sich vermehren. Denn das macht es nur schwerer, sie aufzuhalten und in den Griff zu bekommen.

2. Beim Umgang mit Gedanken sollte man sich deshalb dem geistigen Widerstand stellen. Arbeite hier aber nicht mit Schuldzuweisungen, sondern nähere dich dem Thema besser mit Fragen.

3. Die höchste Form der Disziplin besteht darin, dem Sog der Gedanken nicht nachzugeben; das Zweitbeste ist, die Gedanken zu stoppen, bevor sie an der nächsten Kreuzung in einen anderen Gedanken abzweigen. Gut handelt, wer einen Gedanken schon beim Entstehen aufhält. Am schlimmsten ist es, wütend zu werden, weil du die Gedanken nicht kontrollieren kannst.

4. Mach es dir zur Regel, dich, so gut es geht, nicht über deine fehlende geistige Kontrolle zu ärgern. Es kann bis zu drei Monate dauern, den Geist vorzubereiten, und dann weitere drei Monate,

bis du so weit bist, einen einzelnen Gedanken zum Verstummen zu bringen.

5. Ein Schüler, der gereizt und ungeduldig wird, weil er seinen Geist nicht in den Griff bekommt, wird seine Gedanken voller Wut angehen, doch das führt bloß zu einem Schwarm weiterer Gedanken und Gereiztheiten. Infolgedessen schwinden Begeisterung und Ehrgeiz, gleichzeitig ist der Geist auch weiterhin rastlos. Das sind die verheerenden Folgen, die Wut und Ungeduld nach sich ziehen.

6. Ein geschickter Schüler bezwingt seine Gedanken ohne Widerstand. Der Schüler übernimmt und überwindet seine Gedanken ohne Wut oder Frustration und sorgt so dafür, dass sich Fortschritte nicht hinauszögern.

7. Mit konzentriertem Geist wird der Schüler auch weiterhin sein gesamtes Wesen beherrschen und triumphieren, ohne sich auf dem Weg zu verlieren. Das ist die Methode, den Geist mithilfe von Kriegslist zu bezwingen.

8. Beim Ringen mit unserem Geist gilt: Sind die Gedanken beschäftigt, können wir sie umzingeln, aufteilen und Schritt für Schritt die Kontrolle über sie übernehmen.

9. Sind uns die Gedanken ebenbürtig, arbeiten sie hart daran, uns abzulenken und uns daran zu hindern, einen Zustand der Konzentration zu erreichen. Dann können wir ausharren und darauf hinarbeiten, die Kontrolle zurückzuerlangen. Sind uns die Gedanken überlegen, sollten wir ihnen für den Augenblick aus dem Weg gehen. Wenn sie uns deutlich überlegen sind, lassen wir uns am

besten gar nicht erst mit ihnen ein, sondern versuchen es ein anderes Mal erneut.

10. Bist du jedoch starrsinnig und versuchst, die Kontrolle über Gedanken zu erringen, die dir weit überlegen sind, wirst du keinen Erfolg haben, sondern vielmehr von ihnen überwältigt werden.

11. Der Schüler ist der Hüter seines Geistes. Besitzt er die Kontrolle und Konzentration, wird seine Intuition (intuitives Wissen) wachsen und stark sein. Unzulänglichkeiten hingegen führen dazu, dass die Konzentrationsschwächen der Verbindung zusetzen.

12. Ein Schüler kann seinem Pfad beziehungsweise seiner Praxis auf dreierlei Weise Schaden zufügen:

13. 1.) Indem er versucht, den rastlosen Geist durch *Befehle* oder Zwang zu bestimmten Handlungen zu bewegen und dabei ignoriert, dass der Geist sich nicht durch Gewalt beugen lässt.

14. 2.) Indem er versucht, den rastlosen Geist auf dieselbe Weise zu *beherrschen*, wie er es mit seinem materiellen Leben tut. Er ignoriert dabei, dass Stärke eher aus *Untätigkeit* erwächst als aus Handeln.

15. 3.) Indem er *ohne Urteilsvermögen* handelt und ignoriert, dass der rastlose Geist sich an neue Umstände anzupassen vermag, was das Selbstvertrauen des Schülers nur weiter schwächt.

16. Sind die Gedanken des Geistes außer Kontrolle, kann dies die Sinne in einen Tumult stürzen und dazu führen, dass das ganze Wesen in Unordnung gerät. Der Sieg rückt dann in weite Ferne.

17. Fünf grundlegende Dinge führen zum Sieg über den aufgewühlten Geist:

a) Triumphieren wird derjenige Schüler, der weiß, wann er handeln muss und wann nicht.

b) Triumphieren wird derjenige Schüler, der sowohl mit überlegenen als auch mit schwächeren Gedanken und Ablenkungen umzugehen weiß.

c) Triumphieren wird derjenige Schüler, dessen Geist und Sinne einheitlich auf ein Ziel ausgerichtet sind.

d) Triumphieren wird derjenige Schüler, der sich vorbereitet hat, auf den rechten Zeitpunkt wartet, bevor er seine Gedanken beschäftigt, und der ihnen keine Macht lässt.

e) Triumphieren wird derjenige Schüler, der einen Körper besitzt,[14] der gesund ist und deshalb geeignet für den erforderlichen Übungsaufwand. Ein gesunder Körper wird sich auf dem Weg zum Fortschritt nicht als Hindernis erweisen.

Der Sieg über den rastlosen Geist liegt in der Kenntnis dieser fünf Grundlagen.

18. Daher stammt auch der Spruch: »Kennst du dich selbst und das Wesen deines Geistes (und gegen was du antrittst), kannst du ganz unbesorgt selbst in hundert Auseinandersetzungen gehen.« Kennst du dich selbst, aber das Wesen deines Geistes nicht, wirst du

---

14 Mit »gesundem Körper« ist hier auch gemeint, die Versorgung des ›einen Auges‹ mit Lebensenergie zu gewährleisten, damit Bewusstsein für das Ganze entstehen kann. Genauso steht dahinter der Gedanke, den Körper möglichst gesund und für ein langes Leben gewappnet zu erhalten, damit auch tatsächlich die Zeit bis zum Erreichen des Ziels vorhanden ist.

für jeden Sieg, den du erringst, auch Niederlagen erleben. Kennst du weder dich noch das Wesen deines Geistes, wirst du bei jeder Übung scheitern.

SUN TSUS LEBENDIGE WEISHEIT INTERPRETIEREN

Sun Tsu fordert die Schüler und Schülerinnen auf, bewusst daran zu arbeiten, für sich selbst Meister Sun zu werden. Um den Sieg zu erringen, müssen wir der Lehrerin (Intuition) vertrauen. Weder empfangen wir komplizierte Anweisungen noch verführt man uns mit der Aussicht auf ein besonderes Training, das garantiert unser Leben verändern wird. Stattdessen gibt man uns sehr einfaches, zeitloses Wissen an die Hand und fordert uns auf, dieses Wissen in die Tat umzusetzen.

Und was noch wichtiger ist: Unser neu entwickeltes Bewusstsein kann zu einem natürlichen Bestandteil des Lebens werden, das als Mittler zwischen unseren Wahrnehmungen (beispielsweise dualem Denken und Gefühlen) und der Ganzheit (konstantem Wissen) fungiert, das jederzeit für uns abrufbar ist.

Sind wir dafür bereit, zeigt uns Sun Tsu, wie wir nicht nur einen Teil des Geistes, sondern den *gesamten* Geist wieder unter unsere Kontrolle bekommen. Haben wir eine kleine Veränderung bewirkt, erliegen wir rasch dem Irrglauben, wir hätten es geschafft; aber wir kämpfen einen *fortwährenden* Kampf, der ständige Wachsamkeit gegenüber unseren Gedanken erfordert – es ist eine endlose Art zu leben, ein immer von Neuem beginnender Kreislauf.

Senden wir die ›Heerscharen‹ der Konzentration in den Kampf gegen rastlose Gedanken, können wir lernen, Gedanken im Keim zu ersticken und ihr Ausbreiten zu verhindern. Im Grunde kesseln wir auf diese Weise den Gedanken ein, verhindern sein Vorrücken (oder dass er im weiteren Verlauf noch mehr Emotionen produziert) und erringen dadurch den Vorteil des Friedens oder der Ruhe, der uns zum Sieg tragen wird.

Doch Sun Tsu warnt auch, dass wir anfällig für Frustrationen und Wut sein werden, sobald wir beginnen, unseren rastlosen Geist zu ordnen. Wir werden die Gedanken (›die feindlichen Truppen‹) für stärker halten und dürfen nicht zu Mitteln der Gewalt greifen oder Einschränkungen vornehmen, um die Gedanken aufzuhalten. Wir laufen Gefahr, Dinge zu verkomplizieren oder uns in einem Gefühl des Unwohlseins abzuwenden. Je mehr wir uns anstrengen, desto mehr werden wir Zeugen unserer eigenen Schwäche. Wir werden starrsinnig, und das führt rasch dazu, dass wir scheitern.

Bei dieser Schule des Geistes bedarf es der Übung, will man eine Fähigkeit erlernen. Kontrollierst du deinen Geist und bringst deine Gedanken in einen bewegungslosen Zustand der Konzentration, erfährst du dein reines Selbst und ›weißt‹, wer du *bist* – Punkt. Nicht, wer du *warst* oder wer du sein *wirst*, denn dadurch entstehen Beschränkungen. Du weißt, wer du in diesem Augenblick *bist*. Endlos und ohne Grenzen.

LEKTION 1 (1-6): DIE EIGENEN GEDANKEN KONTROLLIEREN

Sun Tsu sagt, beim Kampf geht es um das *gesamte* Gebiet, nicht nur um ein Stück – in diesem Fall also um unseren *gesamten Geist*. Wie auf dem Schlachtfeld gilt auch hier: Greifst du eine Armee an und kannst sie nicht endgültig bezwingen, kann sie sich aufspalten und neu gruppieren. Auf dem Schlachtfeld des rastlosen Geistes müssen wir die Waffe der Konzentration einsetzen, um den *kompletten* Gedanken aufzuhalten, ansonsten wird er sich weiter vervielfachen, was es schwerer macht, ihn zu überwältigen.

Wir müssen uns proaktiv mit dem auseinandersetzen, was unseren Verstand beschäftigt. Dabei dürfen wir dem Verstand nicht mit

Schuldzuweisungen begegnen, sondern mit Neugier. Ein Beispiel: Du betreibst Laufsport, gehst nachmittags joggen und zerrst dir den Oberschenkel. Dein Geist wird dich daraufhin sofort in einen Kampf der Gedanken verwickeln, in dessen Mittelpunkt die Frage steht, wie es nun weitergehen soll. Du gibst im Grunde den Sitz deiner Macht über Körper und Geist auf. Als Erstes wird sich der Körper auf das Gefühl des Schmerzes konzentrieren und deine Aufmerksamkeit auf sich ziehen. Anschließend wird dein Geist die Gedanken darüber, was denn nun zu tun sei, vervielfachen. Lässt du den Gedanken freien Lauf wie eigensinnigen Streitkräften, werden sie unablässig den Geist infiltrieren.

Sun Tsu fordert dich auf, diese Gedanken aktiv im Keim zu ersticken, bevor dieser unaufhörliche Krieg ausbricht und zu groß wird, als dass man ihn gewinnen könnte. Aus einem Gedanken werden innerhalb von Sekunden Zehntausende. Unser Ziel muss also sein, einen Gedanken zu stoppen, bevor er »an der nächsten Kreuzung in einen anderen Gedanken abzweigt«. Ah, das ist der perfekte Moment – aber *warum*? Weil zwischen den Unterbrechungen Ruhe liegt und in der Ruhe, unserem natürlichen Zustand, können wir mithilfe unserer geistigen Kraft die Ressourcen so einsetzen, wie es unsere Intuition (oder innere Sonne) vorgibt. Unsere Intuition ist das allsehende Auge, das ständig bewusst ist und weiß, was als Nächstes kommt.

Wir können *jederzeit* die *Ruhe wählen* und unsere Gedanken so ordnen, dass wir die Stimme unserer Intuition ›hören‹ und sie uns sagt, was als Nächstes geschehen wird.

Wenn du dir also beim Joggen einen Muskel gezerrt hast und nun befürchtest, dass sich die Verletzung wiederholt, kannst du deinen Geist trotzdem so disziplinieren, dass er sich nicht in eine Zukunft führen lässt, die möglicherweise niemals wahr wird. Stellen wir uns Szenarien vor, leben wir sie unnötigerweise als Realität aus. Nehmen wir Schwierigkeiten oder ein Hindernis wahr, sollten wir nicht zulassen, dass unsere Gedanken, beflügelt von Sorgen, Ängsten und Niederlagen (beim genannten Szenario würde das bedeuten, nicht mehr joggen zu können), in den Krieg ziehen. Stattdessen können wir den Gedankenstrom unterbrechen und das Gleichgewicht wiederherstellen.

Sun Tsu fordert uns auf, es erneut zu versuchen. Und scheitern wir wieder, versuchen wir es ein weiteres Mal. Schrittweise erkennst du, worin die höchste Form von Selbstkontrolle und Selbstdisziplin besteht: darin, sich von seinen Gedanken *nicht* aus der Bahn werfen zu lassen, sondern sie zu zügeln und an einer Kreuzung, an der ein Gedanke in einen anderen mündet, die Macht erneut zu übernehmen. Noch geschickter ist der Krieger, der den Gedanken gleich beim Entstehen aufhält, also noch bevor er überhaupt Gestalt annimmt. Handeln wir nicht, können wir den Krieg verlieren beziehungsweise unsere Fähigkeit einbüßen, unsere Gedanken zu kontrollieren. In diesem Fall werden wir von den Illusionen unserer eigenen Emotionen fortgespült.

Geistigen Frieden zu erschaffen, erfordert Meisterschaft und ist eine Kunst. Dazu sind Übung und Disziplin erforderlich.

Wirst du wütend, weil es dir in deinen tagtäglichen Erfahrungen nicht gelingt, die Kontrolle über deinen Geist zu übernehmen, führt das bloß zu einem »Schwarm weiterer Gedanken und Gereiztheiten«, durch den du deinen Schwung verlierst. Sun Tsu zeigt dir einen realistischen Zeitplan auf: Es dauert drei Monate, um sich geistig vorzubereiten, und weitere drei allein dafür, einen einzigen Gedanken zum Verstummen zu bringen!

Sechs Monate erscheinen nicht allzu lang, wenn es darum geht, sich eine neue Fähigkeit anzueignen. Stell dir vor, du könntest innerhalb eines Nachmittags ein Meisterwerk malen oder innerhalb von fünf Minuten mit dem Basketball den perfekten Sprungwurf hinlegen. Selbst nach zahllosen Gemälden oder Tausenden perfekten Sprungwürfen gibt es immer noch Dinge, die man dazulernen kann.

Den Geist zu beherrschen ist eine Übung, *eine Lebensweise* und eine Kunst, die meisterhaft ohne Widerstand ausgeübt wird, damit deine Fortschritte nicht unnötig lang auf sich warten lassen.

LEKTION 2 (7-11): VERBESSERE DEINE KONZENTRATION

Wie Sun Tsu erklärt, übernehmen wir die Kontrolle über Geist und Körper und erfahren schrittweise Ganzheit, wenn wir unseren Geist in einen Zustand höchster Konzentration bringen. Wir erreichen das durch Planen oder Regulieren, anstatt passiv so zu leben, als hätten wir keinerlei Kontrolle über unsere Zukunft. Egal, wo wir sind und in was für einer Situation wir uns befinden – wir können stets einen Gedanken nach dem anderen aufnehmen und so die Kontrolle über das Leben, das wir leben wollen, zurückerlangen.

Wenn wir unser Verhalten bewerten und strategisch planen, können wir aktiv werden, sobald unser Geist uns in die Irre führen möchte. Arbeitet unser Geist hart daran, uns von unserem Ziel fernzuhalten, müssen wir unsere Konzentration zurückerlangen. Das ist eine Übung. Sun Tsu benennt die Schritte, durch die wir zurück zum Gleichmut finden:

- Hat dich ein Gedanke von deiner Mitte fortgeführt, tust du gut daran, ihn ziehen zu lassen.
- Hat dich ein Gedanke überwältigt oder deine Konzentration zunichtegemacht, versuche nicht, ihn gewaltsam aufzuhalten oder es mit ihm aufzunehmen. Versuche es einfach später erneut.

Es ist, als hättest du deine Schlüssel oder deine Börse verloren. Die erste Reaktion ist möglicherweise Panik, gefolgt von Sorge. Rasch können sich deine Gedanken zu Hysterie, Wut oder Schuldzuweisungen auswachsen. Lass den Gedankenstrom vorüberziehen und versuche es erneut, wenn du dich beruhigt hast. Häufig findest du das Verlorengeglaubte innerhalb weniger Minuten und stellst fest, dass deine erste Reaktion albern war.

Augenblicke wie diese eröffnen dir die Möglichkeit, den Gedanken noch beim Entstehen aufzuhalten. Lass zu, dass deine eigene intuitive Weisheit dir den Weg nach vorne weist. So kannst du die Ruhe wiederherstellen und im Inneren mühelos nach der Antwort suchen. Das funktioniert allerdings nicht, wenn sich der Geist vehement gegen dich zur Wehr setzt. Dann wird es schwierig, die Kontrolle zurückzuerlangen. Tatsächlich kann es geschehen, dass du sogar noch wütender und noch frustrierter wirst und dich letzten Endes von deinen Gedanken überwältigen lässt.

Wir sind Hüter unseres Geistes und entweder lassen wir zu, dass sich unsere Unzulänglichkeiten durchsetzen, oder wir stärken unsere Konzentration so weit, dass wir sie in den Griff bekommen.

LEKTION 3 (12-15): DREI HINDERNISSE BEI DER KONZENTRATION

Sun Tsu zeigt der Schülerin/Kriegerin, welches die drei häufigsten Stolperfallen für die Konzentration sind. Der erste Weg, ins Unglück zu stürzen, besteht darin, dass man dem rastlosen Geist ›befiehlt‹ oder ihn anweist, auf diese oder jene Weise zu handeln. Du versuchst, ihn mit Gewalt zu etwas zu bewegen; aber wie Sun Tsu erklärt, lässt sich der Geist nicht mit Gewalt beherrschen.

Die zweite Falle ist der Versuch, den Geist auf dieselbe Weise zu ›regieren‹, wie wir es mit unserem alltäglichen Leben machen. Möglicherweise feilschst du mit deinem Geist oder versuchst ihm zu diktieren, was er tun oder lassen sollte. Auch hier ist der Schlüssel zum Erfolg das ›Nicht-Tun‹, das unangestrengte Zulassen, das den Geist beruhigt.

Die dritte Stolperfalle besteht schließlich darin, ohne Urteilsvermögen ›einfach zu tun‹, also zuzulassen, dass der Gedanke den Körper kontrolliert und ohne deine Aufmerksamkeit den Weg vorgibt. Diese Zurückhaltung mag wie Freiheit erscheinen, aber das ist nur eine Illusion, denn es ist unmöglich, sie zu meistern. Zurückhaltung ohne Urteilsvermögen ist einfach nur eine weitere schädliche Angewohnheit.

LEKTION 4 (16-18): FÜNF GRUNDLAGEN DES ERFOLGS

Damit wir Konzentration und Bewusstsein zurückerlangen, gibt uns Sun Tsu fünf erwiesenermaßen erfolgreiche Strategien an die Hand, mit denen wir die Kontrolle über die Sinne festigen können. Die Sinne werden zurückschlagen und für mehr Krieg und Tumult sorgen, und zwar so lange, bis ein kompromissloser und unaufhörlicher Zustand der Unordnung und der Unruhe erreicht ist. Bei einem solchen Kriegszustand ist ein Sieg weit entfernt – oder zumindest fühlt es sich so an.

Zunächst einmal müssen wir wahrhaftig verstehen, wie unser Geist uns betrügt. Dann müssen wir lernen, wann wir aktiv werden sollten und wann nicht. Im weiteren Verlauf beginnen wir, unsere Gedanken wie ein Schlachtfeld zu betrachten. Wir wissen, welche Gedanken von unserer Intuition (der Brücke zu unserer inneren Sonne) stammen und welche ›minderwertig‹ sind, weil sie uns in den Nebel der Illusion führen, in dem Sinne und Gefühle dominieren. Manche Gefühle lenken uns ab, andere nicht. Damit wir verstehen, welche Gefühle zu welcher Kategorie gehören, müssen wir unser Urteilsvermögen aktivieren und uns leiten lassen von unserem ganzheitlichen Ziel.

Nehmen wir an, du trainierst für einen Marathon und strebst an, die 42 Kilometer ohne Pause zu laufen. Dein Ziel wird in diesem Fall lauten, Geist und Körper so meisterhaft zu vereinen, dass du dies erreichen kannst. Lässt du dich vom Kurs abbringen, überprüfe deinen nächsten Schritt und korrigiere ihn gegebenenfalls, damit du weiter auf dein Ziel zusteuern kannst. Genauso musst du dafür sorgen, dass deine Sinne im Gleichgewicht bleiben und dich nicht emotional von deinem Vorhaben abbringen. Bemühe dich, Gedanken, die von Sinnen oder Emotionen geleitet werden, keinen Raum zu geben. Dann können sie dich auch nicht beeinflussen oder abschrecken.

Sun Tsu erinnert uns zudem daran, dass wir unseren Körper gesund halten müssen, damit wir die Übungen ein Leben lang fortsetzen können. Auf diese Weise schrecken uns körperliche Einschränkungen nicht oder lenken uns zusätzlich ab. Ist der Körper grundsätzlich gesund, können uns auch kleinere Beschwerden nichts anhaben.

Genauer gesagt: Wir sollten darüber nachdenken, wie viel Lebensenergie uns ein rastloser, unruhiger Geist raubt. Jeder Gedanke erzeugt und verbraucht Energie. Je mehr du dich geistig aktiv mit Gedanken, Menschen, Orten, Aktivitäten und so weiter verbindest, desto mehr Energie verbrauchst und baust du ab. Auch alle unsere materiellen Besitztümer entziehen uns Energie. Je mehr Kraft du ausscheidest, desto erschöpfter und möglicherweise auch gestresster wirst du. Je mehr du den Körper schwächst, deine Gesundheit aufs Spiel setzt und dich so anfällig für Unausgewogenheit (Krankheit oder vorzeitiger Tod) machst, desto mehr wird der Körper nach Ruhe verlangen und den Willen verlieren, sich standhaft dem Kampf zu stellen.

Sun Tsu bietet Strategien, die dir dabei helfen, weniger geistige Energie aufzuwenden, sie besser einzuteilen oder sogar zu stärken, damit Wille und Durchhaltevermögen nicht in Gefahr geraten. Die Energie-›Straßen‹, die diese Kraft durch deinen Körper leiten, werden widerhallen von einer starken Lebensenergie. Du wirst dich ganz leicht fühlen und dein Bewusstsein in die höheren Zentren des Geistes (und der inneren Sonne) verlagern. Das wird dein Bewusstsein zusätzlich schärfen.

Die fünf Strategien zeigen uns, was uns hindert, erfolgreich zu sein; gleichzeitig weisen sie uns den Weg zum Sieg. Einfach gesagt, erklärt Sun Tsu: Kennen wir das Wesen unseres Geistes, wissen wir genau, wodurch wir ins Straucheln geraten könnten. Aus diesem Grund sollten wir niemals eine Begegnung fürchten, wobei hier mit ›Begegnung‹ die Proben gemeint sind, auf die das Leben uns tagtäglich stellt.

Egal wie klein und unbedeutend – wir können jeder Situation mit einem ausgeglichenen Geist entgegentreten. Wir sitzen auf unserem Thron der geistigen Macht und niemand und keine Situation kann uns von dort vertreiben.

EIN STANDBEIN AUF DEM WEG ZUR GANZHEIT

Unsere Fähigkeit, den Geist unter Kontrolle zu bringen, beginnt hier und jetzt. Sie beginnt mit dem nächsten Gedanken, der um unsere Aufmerksamkeit buhlt. Anfangs mag es scheinen, als könnten wir nicht anders. Wir fühlen uns sehr anfällig für Ablenkungen, Sorglosigkeiten, Frivoles und Launen, denn uns fällt auf, wie rasch unser Geist Gedanken nachgibt. Aber das oder die Art, wie wir bisher gelebt haben, sollten wir nicht kritisieren, sondern einfach neue Strategien entwerfen, die uns helfen, ein Bewusstsein zu entwickeln, das auf Konzentration und Vertrauen aufbaut.

Vertrauen wir uns so, wie wir sind. Lassen wir uns nicht von anderen einreden, wir müssten besser sein; hören wir nicht auf unsere Selbstkritik, sondern feiern wir unsere natürliche Schönheit und wie einzigartig es in unserem Inneren aussieht. Tun wir das und lassen die Liebe für unser wahres Ich und unsere wahren Gaben in uns erklingen. Würdigen wir unser Leben, auch wenn wir noch weit vom Pfad entfernt sind, den wir einschlagen wollten. Dann werden wir uns auch Standbeine erschaffen, mit denen wir eine neue Zukunft aufbauen können; eine Zukunft, in der wir uns unserer eigenen Kraft und Ganzheit voll und ganz bewusst sind.

Es beginnt damit, dass wir uns eines Gedankens bewusst werden. Das bedeutet unter anderem, dass wir den Geist beobachten und ihn davon abhalten, die Gedanken zu vervielfachen. Aus unseren Sinneswahrnehmungen werden Gefühle entstehen, die uns immer weiter ablenken möchten. Doch es gibt Hoffnung: Wir können den Gedankenfaden auch dann durchtrennen, wenn wir mittendrin sind. Wir können sehr versiert darin werden, unseren Geist zu unterbrechen. Dazu müssen wir gleichzeitig voraussehen können, was wir sagen werden, wie wir es sagen werden und wie das Ergebnis aussehen wird. So wird der Geist machtlos. Tatsächlich sind wir Menschen sehr berechenbar, deshalb können wir durch Konzentration ein neues Muster einführen und uns fragen, warum diese Gedanken uns vom Erfolg abbringen.

Sun Tsu sagt: Wenn wir über die fünf Grundsätze meditieren, können wir anfangen, uns auf einen Plan einzulassen, der den Verstand überlistet. Die fünf Grundsätze sind dazu da, Weisheit und Disziplin zu entwickeln. Wir können sie wie die Kontrollfragen nutzen, die wir uns zu Beginn und zum Ende jedes Tages stellen. Fällt uns dabei auf, dass wir die Grundsätze nicht befolgt haben, dann ist das so. Gehen wir offen und neugierig anstatt voller Zurückhaltung an unsere Rückschläge heran. Durchsuchen wir die Lehren aus vorangegangenen Kapiteln nach Ansätzen, wie wir unsere Anstrengungen neu ausrichten.

Je mehr wir uns bewusst sind, was wir denken und *wann* wir es denken, desto besser können wir darauf eingehen und unseren Geist in einen friedlichen Zustand bringen, anstatt einen ständigen Krieg mit unserem unmittelbaren Umfeld, unserem Körper und der Welt zu führen. Wir können einen Zustand erreichen, in dem wir uns unserer Gedanken bewusst sind und uns nicht von ihnen davontragen lassen. Je mehr Boden wir gutmachen, desto ruhiger wird der Geist und desto mehr Freiraum hat unsere innere Sonne, der Sitz unserer Intuition, uns anzuleiten.

Das ist die Brücke zwischen der höheren und der niedrigen (wahrgenommenen) Ebene des Bewusstseins. Die eine Ebene ist intuitiv und nach innen gerichtet, die andere wird von der Umwelt, den Sinneswahrnehmungen und Gefühlen dominiert. Beherrschung durch Konzentration beruhigt die eine Ebene und gibt der anderen Macht und Freiheit. Auf diese Weise kannst du Angst und Furcht im Keim ersticken und dir die Macht zurückholen. Wird der Geist zügellos und vervielfacht Gedanken, kannst du die Kontrolle durch fokussierte Aufmerksamkeit zurückerlangen. Dein Geist ist bereits in diesem Augenblick Meisterin Sun, die Erleuchtete. Scheue also nicht davor zurück, den Geist zu nutzen und an deiner Konzentrationskraft zu arbeiten – und zwar nicht nur dann, wenn du dir Zeit zum Meditieren nimmst, sondern immer. Heute! Jetzt!

Denk daran: Dein Leben ist deine Feier und deine Übung. Pendelst du regelmäßig zwischen Leben mit und ohne Bewusstsein, trainiere deinen Geist darauf, das konzentrierte Bewusstsein zurückzuerlangen. Letztlich kennen nur wir uns selbst, unsere Reaktionen und Blockaden so gut, dass wir mit weiteren Plänen und Taten ein Scheitern verhindern können und weiter Kurs auf Frieden und Ganzheit halten.

Fang jetzt sofort an, indem du darauf achtest, was dir Lebensenergie raubt, und kappe Verbindungen. Sind dir externe Dinge nicht länger wichtiger als dein innerer Zustand, kannst du deine

Lebensenergie zu dir ›zurückrufen‹, damit sie sich wieder auflädt. Fühl dich nicht schlecht, wenn du nicht mehr an bestimmte Personen oder Situationen denkst, an die du normalerweise denken würdest. Je besser du darin wirst, Verbindungen zu Dingen in deinem Leben zu kappen, die dein Durchhaltevermögen schwächen und dir Willenskraft rauben, desto mehr Vitalität kannst du für deine eigenen Ziele und deine eigene Zukunft aufwenden.

Versuch es ruhig. Gehe im ersten Schritt deinen Tag durch. Wann hast du deine Zeit damit verbracht, über Dinge nachzudenken, die unnötig sind oder nur deine Zeit fressen? Nimm dir vor, diese Zeit für stilles Reflektieren zu nutzen oder für eine andere Übung, die deine Akkus wieder auflädt. Spaziergänge oder Bastelarbeiten beispielsweise können zu geistiger Stille und mehr Konzentration beitragen.

DER DRITTE SCHRITT AUF DEM VERBORGENEN PFAD ZU FRIEDEN UND GANZHEIT

1. Wende den verborgenen Pfad zu Frieden und Ganzheit so an, wie er sich dir am besten erschließt. Sperre dich nicht mit bewussten Handlungen gegen Veränderungen.

2. Um deine Gedanken zu meistern, musst du zu ihren Wurzeln vordringen. Gelingt dir das, befindet der rastlose Geist sich häufiger in einem Zustand der Einheit anstatt in der Dualität. So sparst du Energie, bewahrst deinen mentalen Sitz der Macht und näherst dich deinen Lebenszielen.

3. Halte deinen Geist für jeden kommenden Augenblick in einem Zustand des Bewusstseins, damit du einen starken Willen bewahrst

und verhinderst, dass du überwältigt wirst. Kommt es zu einer Störung, stell deine Ruhe wieder her.

Mit Kriegslist arbeiten ist der dritte Schritt auf dem verborgenen Pfad zu Frieden und Ganzheit. Wenn wir bewusst für den nächsten Augenblick planen, können wir abschätzen, wie wir reagieren und unseren Gleichmut bewahren.

Der Geist lässt sich trainieren. Strategisches Planen ist eine Übung, die uns darauf vorbereitet, den Willen zu stärken und unsere Anstrengungen zu intensivieren.

Pläne verschaffen uns einen Vorteil gegenüber denjenigen, die sich im Vorfeld keinerlei Gedanken machen und den Geist nach Belieben schweifen lassen. Pläne helfen uns, in jedem Fall unsere eigenen Siege zu erzielen.

Denkanstöße: Mit Kriegslist arbeiten

»Beim Umgang mit Gedanken sollte man sich deshalb dem geistigen Widerstand stellen. Arbeite hier aber nicht mit Schuldzuweisungen, sondern nähere dich dem Thema besser mit Fragen.« – Kapitel 3

1. Du solltest täglich üben, rege Gedanken und Emotionen in den Griff zu bekommen. Stellst du bei deinen Übungen fest, dass du dich gegen Veränderungen sperrst? Wie kannst du beim Umgang mit wiederkehrenden oder starken Gedanken und Emotionen sanfter auftreten?

2. Sun Tsu sagt, dass allein schon die einfache Aufgabe, den Geist zu wappnen, bis zu drei Monate dauern kann – und anschließend brauchst du weitere drei Monate, um nur *einen einzigen* Gedanken zum Verstummen zu bringen. Ermutigt dich das in deinen Übungen oder möchtest du lieber aufgeben? Im letzteren Fall: Wie kannst du im Hinblick auf deine Fortschritte an deiner Erwartungshaltung arbeiten?

3. Welche Strategien Sun Tsus, die dir beim Umgang mit Frustration oder Wut helfen, kannst du in deinen Alltag oder deine Übungen integrieren, ohne dabei zu streng mit dir selbst zu sein?

4. Um die Kontrolle zu erlangen, empfiehlt Sun Tsu, dass wir unsere Gedanken aufteilen und Stück für Stück an ihnen arbeiten; uns einen nach dem anderen vornehmen. Schreibe drei Szenarien auf, bei denen du genau weißt, wie du reagieren wirst. Schreibe dazu, wie du den Gedanken abzufangen gedenkst, bevor er sich vervielfältigt, und du dein

Streben nach mehr Konzentration und einem erfüllteren Leben fortsetzen kannst.

5. Wie kannst du es in deinem Alltag möglich machen, jeden neuen Gedanken und jede Handlung bedacht anzugehen, anstatt dich von Gefühlen und Sinneswahrnehmungen fortspülen zu lassen?

6. Sieh dir die Liste der fünf Grundlagen für Erfolg an. Was erscheint dir jetzt gerade als der beste Weg? Warum? Was erscheint dir am schwierigsten? Warum?

7. Warum fühlst du dich ungeduldig oder gereizt, wenn du deine Gedanken nicht kontrollieren kannst?

8. Führe ein Beispiel an, wann du die Kontrolle über deinen Geist oder deine Gefühle verloren und dich selbst nicht wiedererkannt hast? Wie würdest du heute, mit Blick auf Sun Tsus Strategien, in dieser Situation reagieren?

9. Sun Tsu sagt, die höchste Form von Disziplin besteht darin, dem Sog der eigenen Gedanken nicht zu erliegen. Nenne ein Beispiel, wann es dir gelungen ist, diese Form der Meisterschaft an den Tag zu legen.

10. Wann hattest du den Eindruck, dass sich dein Geist ganz und gar in einem Zustand des Friedens und Gleichmuts befindet? Was hält dich jetzt gerade von diesem Zustand ab?

11. Wie kannst du für einen gesünderen Körper sorgen, der dich bei den Übungen für deine lebenslangen Ziele unterstützt?

12. Wie würde es sich anfühlen, den Ausgang von hundert Auseinandersetzungen *nicht* zu fürchten?

KAPITEL 4

DAS EIGENE WESEN BERECHNEN

1. Sun Tsu sagte: Als Erstes haben die alten Meister für sich jede Möglichkeit des Scheiterns oder Zurückweichens (beim Kampf um die Hoheit über den rastlosen Geist) ausgeschlossen, dann haben sie begonnen, alle Ablenkungen auszuschalten. Sie wussten, sie würden nicht scheitern.

2. Wir können uns unverwundbar gegen unkontrollierte Gedanken und Emotionen machen. Es kommt dabei auf unsere Fähigkeit an, den Geist zu kennen.

3. Der durchschnittliche Schüler kann dafür sorgen, dass ihn unkontrollierte Gedanken und Emotionen nicht berühren, aber er kann sich seines Erfolgs nicht sicher sein.

4. Deshalb sagt man auch: Ein Sieg über den Geist kann erwartet, aber nicht erzwungen werden.

5. Du kannst Vorsichtsmaßnahmen treffen, die deine Erfolgsaussichten verbessern. Viel kommt darauf an, wie gut du deinen Geist schützen kannst.

6. Verfügt eine Schülerin über einen starken Willen, arbeitet sie am rastlosen Geist. Ist ihr Wille schwach, wird sie der rastlose Geist überwältigen.

7. Der Schüler mit schwachem Willen wird versuchen, sich in der materiellen Welt zu verbergen, anstatt sein Ego zu verkleinern. Der Schüler mit starkem Willen wird auf dem Pfad zur Ganzheit voranschreiten. Ersterer schirmt sich davor ab, Fortschritte zu erzielen, Letzterer nähert sich dem Erfolg.

8. In einem Zustand der Erwartung zu verharren, wird dir nicht helfen, deinen eigenen Geist besser zu verstehen.

9. Und übermäßiges Lob für dein Ego zeugt ebenfalls nicht von Größe.

10. Es spricht auch nicht für Meisterschaft, wenn du an den Wundern festhältst, die du in einem höheren Bewusstseinszustand erfahren hast.

11. Wenn die Alten von einem weisen Schüler sprachen, meinten sie jemanden, der nicht nur seinen Geist so gut beherrscht, dass er immun gegen sämtliche Ablenkungen ist, sondern der dies auch möglichst ohne Anstrengung schafft.

12. Insofern bringen der Schülerin Siege (über den Geist) weder Ruhm noch Weisheit noch eine Auszeichnung für Tapferkeit ein.

13. Erfolgreich wird eine Schülerin durch unbeirrte Anstrengungen. Auf diese Weise erlangt sie Selbstvertrauen und Gewiss-

heit darüber, wie sie den Geist meistern kann. *Den Geist zu erobern, bedeutet zu verstehen, dass es von Anfang an nichts zu erobern gab.*

14. Der versierte Schüler bleibt deshalb wachsam. Er lässt sich nicht in eine Position drängen, in der er Verlockungen ausgesetzt ist und von seinem Erfolg abgehalten werden könnte. Genauso wird er weiterhin üben, bis er es zur vollständigen Meisterschaft gebracht hat.

15. So ist es auch beim Beobachten. Die *erfolgreiche* Schülerin strebt niemals nach einem Ergebnis, während die *erfolglose* Schülerin ein bestimmtes Ergebnis anstrebt und es zu erzwingen sucht.

16. Ein in der Ganzheit ruhender Schüler kultiviert sein Bewusstsein und hält sich (beim Üben) strikt an Organisation und Disziplin. Dadurch liegt es in seiner Macht, den Erfolg zu kontrollieren und zu erreichen.

17. Wenn wir achtsames Organisieren praktizieren, müssen wir zunächst einmal *unseren Geist bewerten*. Als Nächstes verschaffen wir uns einen *Überblick über unsere Schwächen*. Im dritten Schritt *schätzen wir unsere Stärken ein*, im vierten *bringen wir unsere innere und äußere Welt in Einklang und Harmonie* (beziehungsweise unsere Wahrnehmung dieser beiden Welten). Im fünften Schritt erreichen wir die *Meisterschaft*.

18. All diese Schritte sind Abschnitte auf dem Weg zu einer höheren Bewusstseinsebene. Um den jeweils nächsten Schritt zu erreichen, muss die Schülerin zunächst den aktuellen Schritt beherrschen.

19. Ist ein Schüler achtsam organisiert und erfolgreich, wiegt dies so schwer wie ein Ein-Pfund-Sack Mehl auf der Waage im Vergleich zu einem einzelnen Getreidekorn.

20. Warum ist das so? Weil der Ansturm der Gedanken und Emotionen innerhalb des Geistes vergleichbar ist mit aufgestautem Wasser, das in einen tausend Fuß tiefen Abgrund stürzt. Und damit beschließen wir unsere Erörterungen zu dem Thema, wie man sein Wesen einschätzt.

SUN TSUS LEBENDIGE WEISHEIT INTERPRETIEREN

Sun Tsu fordert uns auf, den Pfad der Meister zu beschreiten, die sich auf eine höhere Bewusstseinsebene begaben, indem sie ihren Geist schützten und ihre Gedanken vorwegnahmen. Das ist gemeint, wenn es darum geht, das eigene Wesen zu berechnen, um sich von ihm nicht täuschen zu lassen. Der Hinweis auf einen erhabenen, höheren Zustand sollte dich allerdings nicht auf falsche Ideen bringen. Gemeint ist damit nur ein ruhiger, geregelter Geist, wie er auf zahlreichen Wegen erreicht werden kann; unter anderem durch Konzentration, wie wir in späteren Kapiteln sehen werden.

Je besser wir unseren rastlosen Geist kennen, desto besser können wir abschätzen, was wir tun werden, und so beschließen, Gedankenstränge bereits im Keim zu ersticken. Gewohnheitsmäßige unbewusste Gedanken vervielfältigen sich. Bist du verärgert oder besorgt, können leicht zehn Minuten vergehen, in denen du das Thema immer wieder und wieder im Geist durchgehst und dich fragst, was du hättest anders machen oder sagen sollen oder eben nicht. Sun Tsu sagt, wenn du imstande bist, dein eigenes Wesen abzuschätzen, kannst du auch die Kontrolle darüber zurückerlangen.

Je besser organisiert und aufrichtig wir die Frage beantworten können, wo wir hier und heute stehen, desto besser können wir daran arbeiten, Schwierigkeiten zu überwinden. Wie uns Sun Tsu erklärt, müssen wir fokussiert und realistisch bleiben. Werden wir wie ein General, der nach einem Schlachterfolg im Lob badet, leidet unsere Konzentration – und unser Ziel geht verloren. Das Ziel besteht nicht länger darin, die Schlacht zu ›gewinnen‹, sondern darin, ein Ergebnis zu erzielen, für das wir Lob verdienen.

Sun Tsu beendet seine Erläuterungen entmutigend, wenn er die Schüler und Schülerinnen daran erinnert, dass es nur die wenigsten ins Ziel schaffen. Gleichzeitig sieht er das als Herausforderung: »Was wirst du sein – das einzelne Korn oder das Pfund Mehl?«

LEKTION 1 (1-6): ERAHNE DEINE GEDANKEN

Wir sollen unseren Geist zu unserem besten Freund machen, sagt Sun Tsu. Wer seinen Verstand kennt, *kennt sich selbst*. Diese Botschaft erinnert an diejenigen Weisheiten des Orakels von Delphi im alten Griechenland. Sie hat Bestand bis heute und soll uns dazu ermutigen, uns selbst zu erforschen und unserer selbst gewahr zu werden. Wenn wir den nächsten Augenblick vorausahnen, wappnen wir uns gedanklich für den Kampf – wobei ›Kampf‹ hier das nächste Gespräch meint oder den nächsten Gedanken, der in unseren Geist einsickern will.

Ob du es glaubst oder nicht, aber täglich eine Stunde (oder sogar schon fünf Minuten) konzentrierte Aufmerksamkeit tragen dazu bei, die Ablenkungen durch die Sinne abzuschwächen. Phasen der Stille sind befreiend. Du kannst die Welt beobachten, ohne zu denken und sie einfach erfahren. Wir sprechen hier nicht über eine besondere Fähigkeit der Meister und Meisterinnen. Alle, die sich darin üben, den Geist einzuschätzen, können dies erreichen.

Die Möglichkeiten, *den Geist einzuschätzen*, sind endlos. Während du in den Supermarkt gehst, kannst du dein Wesen beobachten. Du kannst dazu auch Technologie nutzen. Vor dem Zubettgehen, vor dem Essen, bei der Arbeit – egal, wo du bist: Du kannst deinen Geist in einen Zustand der Ruhe versetzen, vorausahnen, was er als Nächstes tun wird, und entsprechend handeln.

Hattest du jemals wichtigen Besuch bei dir zu Hause? Einen besonderen oder wichtigen Gast, eine ältere Person oder Großeltern, die zum Abendessen gekommen sind? Dann weißt du, wie es ist, sein Wesen einzuschätzen. Du wirst den Tisch mit großer Sorgfalt und möglichst perfekt decken. Du wirst dafür sorgen, dass die Mahlzeit pünktlich zubereitet ist. Du wirst tun, was du kannst, damit sich dein Gast wohlfühlt und die beste Portion bekommt. Du wirst darauf achten, was du anziehst, wie du sprichst, wie du dich benimmst und welche Gesten du machst. Du bist alles gründlich angegangen und hast versucht, nichts Falsches zu sagen oder zu tun, sondern dich möglichst ehrenhaft zu benehmen.

Wenn wir auf diese Weise unser Wesen einschätzen, können wir in unserem Alltag mit dieser Art Bewusstsein leben. Wo auch immer wir hingehen, sind wir unser einheitliches und harmonisches Selbst. Wir können uns auf unseren höchsten Geist einstimmen, den Geist unserer wahren Natur, den Geist, der wahrhaftig ist und der sich nicht versteckt, der nicht unsicher ist oder sich verstellt. Wir können authentisch sein und sanft, ruhig und friedlich sprechen und auftreten.

Auf diese Weise schützen wir den Geist.

Tun wir das, verlieren wir nicht unnötig Lebensenergie, was uns ermüden würde. Stattdessen stärken wir unsere Willenskraft, was zu der tiefen Entschlossenheit führt, bis zur Perfektion weiterzumachen. Perfektion heißt in diesem Fall, dass wir aus unserem einheitlichen Selbst heraus handeln, nicht überstürzt agieren oder uns ablenken lassen, sondern voll und ganz mit der vor uns liegenden Aufgabe beschäftigt sind. Wir handeln liebevoll und bewusst, es bleibt nichts unerledigt. Bei allem, was wir tun, handeln wir mit sorgfältiger Perfektion, Harmonie und Ausgewogenheit. So werden wir niemals überwältigt und wenn dies doch einmal zu geschehen droht, können wir uns auf unser Wesen einstimmen und anfangen, es achtsam zu beobachten. Auf diese Weise nehmen wir unseren nächsten Gedanken und den nächsten Augenblick vorweg.

LEKTION 2 (7-12): VERMEIDE ES, DICH ZU VERSTECKEN

Auf dem verborgenen Pfad zu Frieden und Ganzheit läuft die Schülerin Gefahr, an Kraft zu verlieren. Der Geist ist nicht fähig, Kämpfe für sich zu entscheiden, vielleicht ist er ständig widerspenstig oder bleibt unharmonisch und abgelenkt. Mangelt es dir an Entschlossenheit, wirst du dich in der materiellen Welt ›verstecken‹. Es kann geschehen, dass wir Niederlagen erleiden und uns das ständige Ringen so anstrengend erscheint, dass wir einfach wieder in unsere alten, gewohnten Muster verfallen und zulassen, dass uns die äußeren Umstände groß und mächtig erscheinen.

Sun Tsu mahnt die Schülerin, nicht aufgeben; sie sollte aber auch nicht arrogant annehmen, sie habe etwas Besonderes erreicht oder sei weiter als andere, nur weil sie erste Fortschritte verzeichnen konnte. Wenn wir uns so aufführen, laufen wir Gefahr, eine Dualität heraufzubeschwören. Wir bilden uns ein, wir hätten etwas erreicht, seien vorangekommen, hätten eine Hürde bewältigt, und klopfen uns dafür selbst auf die Schulter. Sun Tsu sagt, die alten Meister hielten eine Schülerin für weise, wenn sie den Geist ohne große Anstrengung von Ablenkungen befreien konnte. Das Ganze ist knifflig: Du weißt, du hast dich verändert, tatsächlich jedoch entwickelst du dich einfach weiter und trittst ein in die nächste Entfaltung deiner menschlichen Erfahrung.

Wie bereits erwähnt, mag es sich für dich anfühlen, als hättest du wie in einem Videospiel ein Level abgeschlossen, den Schlüssel zum Verlies gefunden und kannst nun von Level 1 auf Level 2 vorrücken. Vielleicht ist dir dann nach Prahlen zumute – möglicherweise hast du Klarheit gewonnen oder ›Wunder‹ erlebt, als du deinen Geist auf eine höhere Bewusstseinsebene geführt hast. Möglicherweise fühlst du dich gut, weil du deine eigenen Grenzen überwunden hast, vielleicht sogar so weit, dass du deine Leistung angeberisch heraustrompetest, auch wenn das gar nicht deine Absicht war. Das ganze Leben ist eine auf Gegenseitigkeit beruhende Beziehung zu deiner inneren Lehrerin. Das bedeutet: Was auch immer du sagst und/oder denkst, ist auch an deine eigene Intuition gerichtet und du kannst darauf reagieren.

Wenn wir durch neue Gedanken eine neue Zukunft erschaffen, gilt der Spruch »Wähle deine Worte mit Bedacht« ganz besonders. Eine Läuferin, die sagt, sie habe noch nie eine Verletzung gehabt, könnte eine Verletzung erleiden. Jemand, der sich das Keksessen abgewöhnt hat und nun vollmundig verkündet, er könne sich gar nicht vorstellen, jemals wieder einen Keks zu essen, hat möglicherweise schon bald das Hemd wieder voller Kekskrümel. Eine Person, die stark abgenommen hat, betont vielleicht, wie viel mentale Disziplin das erforderte. Weil sie sich ihrer selbst sicher ist (innerlich oder auf andere Weise), wirft sie all die Kleidung fort, die nicht mehr passt, und nimmt dann doch wieder stark zu. Situationen, in denen wir prahlen und den Bumerangeffekt zu spüren bekommen, lehren uns möglicherweise Bescheidenheit, denn wir müssen aktiv werden und unseren Körper wieder unter das Kommando des disziplinierten Geistes stellen. Gelingt uns das, sinkt die Wahrscheinlichkeit, dass wir denselben Fehler erneut machen, denn wir haben erfahren, wie schwierig es ist, das Gleichgewicht zu erreichen. Letztlich sind wir stets nur einen einzigen Gedanken davon entfernt, der Arroganz oder dem Prahlen zu erliegen.

Augenblicke wie diese stärken zudem unsere Empathie für Mitmenschen, die eigene Probleme haben, Einschränkungen zu überwinden.

Ziel ist es, diese wechselseitige Beziehung zu erkennen, diese innere Lehrerin, die uns ohne Anstrengung zur nächsten intuitiven Entfaltung führt, zu unserem natürlichen Zustand. Je mehr wir jeden Augenblick – sei er nun schwierig oder nicht – als sich entwickelndes Bewusstsein verstehen, desto mehr bleiben wir in der Mitte, anstatt ständig zu starten und wieder anzuhalten, anstatt erst zügig voranzuschreiten und dann zu stolpern. Sun Tsu mahnt: »Siege des Schülers (über den Geist) bringen ihm weder Ansehen durch Weisheit noch Ruhm durch Mut.« Anders gesagt: Nur weil du deinen Geist kontrollieren kannst, macht dich das nicht zu etwas Besonderem und du bist auch nicht tapferer als andere. Du wirst dir einfach nur deines Geistes bewusst und entfaltest dich in den nächsten Moment hinein.

LEKTION 3 (13-20): DER KREISLAUF DES KAMPFES

Den Glauben an unsere Fähigkeiten gewinnen wir dadurch, dass wir standhaft und ›unbeirrbar‹ agieren. Überstehen wir Schwierigkeiten und überwinden Hindernisse, lässt das unser intuitives Wesen hervortreten, das *stets da ist, stets präsent*, und das uns mit einem steten Strom reinen Wissens versorgt. Schätzen wir unser Wesen ein, werden wir dieses Wissen öfter ›hören‹ und entsprechend handeln. Wir sind uns auf eine zuvor unbekannte Weise sicher. Wir werden entschlossen. Unsere Stimme, unsere Intuition (intuitives Wissen), wird zur lautesten Stimme. Zweifel, Sorgen, Furcht oder Zukunftsängste verblassen, während wir im Gleichgewicht stehen und aus dieser Mitte heraus agieren. Sehen wir Resultate, lassen wir die äußere Welt (die immer um unsere Aufmerksamkeit buhlt) fahren und tauchen tiefer in uns selbst ein. Das wiederum lässt uns erkennen, dass es nichts zu erobern gibt, denn du stehst nicht in Konkurrenz zu Menschen und Umständen. Dir wird klar, dass du ins Feld gezogen bist gegen die Art und Weise, wie dein Geist dein Leben wahrnimmt. Wendest du dich nach innen und gewinnst Kämpfe gegen den Geist, beseitigst du den Feind im Inneren und erlebst Harmonie. Dann wirst du, wenn du handelst oder etwas unternimmst, nicht extern nach dem Resultat Ausschau halten, sondern dich automatisch nach innen wenden und erneut erkennen, dass deine Bemühungen friedvoller geworden sind, weil du dich auf deine Intuition verlassen hast.

Der Kampf verläuft in Zyklen. Vergiss nicht: Hast du einen Gedanken, eine Angewohnheit, ein Muster ausgemerzt, wendest du dich natürlich dem nächsten zu, bis dein Geist zu allen Zeiten (zu Beginn reicht *häufiger*) ungestört ist. Verwandelst du also Unwürdigkeit in Mut und ergreifst die Gelegenheit, die Unwürdigkeit in deinem Geist zu ›besiegen‹? Bist du mutig und triumphierst, hast du gewonnen. Es handelt sich jedoch immer nur um eine einzige Herausforderung; du musst wachsam bleiben für die nächste sich bietende Gelegenheit, mutig zu sein. So geht es weiter und weiter, bis es dir zur zweiten Natur geworden ist.

Je mehr du den Geist regulierst, desto weiter entwickelt sich deine Beziehung zur unsichtbaren Lehrerin – der *verborgenen Kriegerin* –, die die Zeit, in der du wach und bewusst bist, dazu nutzen wird, deine Schwächen zu überwinden. Irgendwann wirst du Meister Sun sein, bist vollendet und kannst Ganzheit und die gesamte Schöpfung erfahren, ohne mit ihr im Krieg zu stehen. Es eröffnen sich Gelegenheiten, unsere inneren ›Heerscharen‹ darauf vorzubereiten, die Muster unseres Lebens zu überwinden. Gewinne einen Kampf und du wirst, in einem anderen Zyklus zu einem anderen Zeitpunkt, erneut Gelegenheit haben, dich der Herausforderung zu stellen. Haben wir unseren inneren Feind offiziell ›besiegt‹, erfahren wir üblicherweise eine Veränderung oder stellen fest, dass Energie in unserem Körper freigesetzt wird. Dann gewinnen wir verloren gegangene oder eingebundene Lebensenergie zurück. Damit verfügen wir über eine neue Ressource auf unserem weiteren Weg und für den nächsten Kampf, den wir an einem anderen Tag austragen. Genauso beginnst du vielleicht, Wiederholungen oder Muster zu bemerken, die uns auf die Probe stellen und an denen wir beweisen können, dass wir stärker sind, als es unsere physischen (illusorischen) Einschränkungen erscheinen lassen. (Sie zu erkennen ist ein Beispiel dafür, wie man den Geist einschätzt!) Meistern wir diese sich wiederholenden Gewohnheiten, wird unsere Willenskraft über ihre üblichen Einschränkungen hinauswachsen. Das beschert uns einen Halt, der uns das Gefühl vermittelt, wir kämen mit der Lektion voran – wir betreten sozusagen die nächste Sprosse der Leiter, während sich in Wirklichkeit unsere innere Wahrnehmung schlicht in Richtung unserer wahren Natur bewegt.

Wiederholt erinnert uns Sun Tsu daran, dass wir uns nicht anstrengen oder ein Ergebnis erzwingen müssen. Man lehrt uns, dass wir in der physischen Welt konkurrieren müssen. Doch wenn wir innerlich in Harmonie mit unserem natürlichen Ich arbeiten, können wir zulassen, dass dieses Ich uns lehrt, mit uns spricht und uns anleitet. Wenn wir uns auf diese Weise öffnen, überwinden wir unsere wahrgenommenen Einschränkungen mit viel mehr Leichtigkeit.

Ein Beispiel: Weil du Geld benötigst, nimmst du einen Job an, der nicht der richtige für dich ist. Vielleicht glaubst du, keinen besseren zu verdienen, oder dein Handeln basiert auf finanzieller Not. Wie auch immer: Du hast diese Entscheidung getroffen und selbst, wenn du aus mangelndem Mut heraus falsch entschieden hast, bleibst du bei dem Job. Monate, ja sogar Jahre können vergehen, bevor du endlich einen Schlussstrich ziehst und die Lektion erkennst: Wäre ich so mutig gewesen, darauf zu vertrauen, dass ich einen Job finden kann, der besser zu mir passt, hätte ich diese Erfahrung nicht machen müssen.

Was uns Sun Tsu lehrt: Es ist nicht von Belang, ob du diese Arbeit antrittst oder nicht, du wirst in jedem Fall lernen, welches Hindernis du überwinden musst. Es wird wieder und wieder auftauchen, bis du es geschafft hast. Je mehr du dir deiner Entscheidungen bewusst bist – und deinen Geist antizipierst –, desto seltener wirst du straucheln. Du kannst Gelegenheit und Schwierigkeit als gleichwertige Lektionen betrachten und die Zeit verkürzen, die es braucht, bis du deine Einschränkungen gemeistert hast. In diesem Fall heißt das: Hättest du auf deine dir angeborene Intuition gehört und Nein zu einem Job gesagt, von dem du wusstest, dass er nicht das Richtige für dich ist, wärst du auf Mut gestoßen. Du wärst rascher vorangekommen und, von deiner Intuition geleitet, zu einer passenderen Wahl gelangt.

Zum Schluss bietet Sun Tsu der Schülerin/Kriegerin einen Überblick über den Kreislauf, der sich im Geist abspielt, wenn wir für uns das Oberkommando in Anspruch nehmen. Der Geist ist organisiert und wir können ihn bewerten, unsere Schwächen bestimmen, unsere Stärken einschätzen, uns dann einklinken und Harmonie erreichen. Aber der Geist ist in ständiger Bewegung, deshalb wiederholen wir diesen Prozess häufig.

SO SCHÄTZT DU DEIN EIGENES WESEN EIN

Ganz bestimmte Schritte gibt uns Sun Tsu an die Hand, damit wir in unserer Entschlossenheit, Ganzheit zu erfahren, ›unfehlbar‹ sind. Während wir an unserer Intuition feilen, müssen wir wachsam bleiben und – *ständig!* – die Schwächen und Stärken unseres Geistes einschätzen. Gleichzeitig müssen wir darauf hinarbeiten, jene Konflikte zu befrieden, die natürlicher Harmonie und einem einheitlichen Wesen im Weg stehen. Überlege dir, während du deine Bemühungen überarbeitest, ob du das Ego womöglich durch Selbstbeweihräucherung oder Lob von außen stärkst. Bist du auf ein bestimmtes Ergebnis fokussiert oder praktizierst du ungehemmt?

Geh alle Schritte des »achtsamen Organisierens« (17) durch, um dein eigenes Wesen einzuschätzen. Kehre regelmäßig zu diesem Kapitel zurück und überprüfe auf diese Weise deinen Fortschritt.

Ebenso zeigt dir Sun Tsu, dass du deine Gedanken meistern kannst, indem du ohne Unterlass dein Wesen betrachtest. Du bist Kriegerin auf einer lebenslangen Reise und deine Pflicht, dich selbst zu beherrschen, währt ewig. Beginnst du, den rastlosen Geist zu regulieren, wirst du automatisch das Bewusstsein bewahren. Selbst wenn du dich nur ein wenig anstrengst, wird das Früchte tragen. Die Vorstellung von ›für immer‹ ist nur eine stetige Entwicklung und nichts, was du beginnst und unterbrichst – das würde ohnehin nur zu mehr Dualismus in deinem Denken führen. Achtsamkeit wird genauso zu einem Automatismus wie das Atmen, ein geschärftes Bewusstsein, auf das du dich verlassen kannst.

Wenn wir ohne Anstrengung, mit Verständnis und Übung unser Wesen einschätzen, beobachten wir, dass sich unser Kampf nicht gegen andere Menschen oder äußere Umstände richtet, sondern gegen unseren inneren Zustand. Das bedeutet, wir müssen *uns selbst* gegenüber Rechenschaft ablegen. Unser Fokus verlagert sich, weg vom Blick nach außen und hin zu der Erkenntnis, dass der wahre Kampf in unserem Inneren stattfindet und dass wir bestimmen können, wer wir sind und wer wir *werden*.

Häufig neigen wir dazu, uns mit anderen zu vergleichen, wenn wir Veränderungen durchlaufen. Sun Tsu ruft uns auf, vorsichtig mit Urteilen zu sein, da wir (auch wenn es sich anders anfühlen mag) nichts erreichen, sondern schlicht die uns angeborene Natur stärker respektieren. Während sich unsere wahrhaftigste Natur entfaltet, wird sie unser innerer Berater in allen Belangen. Es ist, als stünde uns ständig ein Mentor zur Seite, der uns dazu anleitet, in sämtlichen Situationen in Harmonie, Sanftheit, Perfektion, Einheit, Kooperation und Liebe zu agieren.

Auf diese Weise bestimmen wir unsere Zukunft und unser künftiges Denken. Abhängig davon, wie wir denken und handeln, organisieren wir unser Leben neu, Augenblick für Augenblick. Wir werden andere nicht mehr übertrumpfen oder mit ihnen konkurrieren wollen, und ein tieferer Sinn eröffnet sich uns. Wir fühlen uns leichter und sind begierig darauf, voranzuschreiten.

Kreisläufe wiederholen sich und wir ziehen immer wieder aufs Neue in den ›Krieg‹. Wir werden auch weiterhin unsere Schwächen und Stärken bewerten und erkennen. So sorgen wir für geistige Harmonie und geistiges Gleichgewicht, die uns letztlich zum Sieg führen.

DER VIERTE SCHRITT AUF DEM VERBORGENEN PFAD ZU FRIEDEN UND GANZHEIT

1. Beschreite den verborgenen Pfad zu Frieden und Ganzheit so, wie du selbst auf diesem Weg am besten zu Harmonie und Gleichgewicht gelangst.

2. Erforsche dein Wesen, damit du Defizite bereits im Vorfeld erkennst. Achte darauf, in welchen Situationen Hindernisse auftauchen, damit du lernst, diese Beschränkungen zu überwinden.

3. Hast du einen Sieg errungen, bewerte auch weiterhin deine Schwächen und Stärken, sodass du auch künftig mehr Harmonie und geistiges Gleichgewicht in deinen Alltag bringst.

Das eigene Wesen berechnen ist der vierte Schritt auf dem verborgenen Pfad zu Frieden und Ganzheit. Erkennen wir bewusst an, wie verlässlich und kompetent das innere Wesen unser Leben anleitet, bauen wir in allem, was wir tun, Vertrauen und Gewissheit auf. Das führt zu Harmonie und Frieden.

Je mehr wir unserer Intuition (dem intuitiven Entfalten) die Führung überlassen, desto mehr werden wir unser wahres Wesen ehren und wünschen, dass uns nichts davon trennt.

Wie die Gezeiten des Meeres in stetigem Wechsel sind, kommen und gehen auch die Lektionen. Mühelos schreiten wir weiter voran zum Sieg.

Denkanstöße: Das eigene Wesen berechnen

»Wir können uns unverwundbar gegen unkontrollierte Gedanken und Emotionen machen. Es kommt dabei auf unsere Fähigkeit an, den Geist zu kennen.« – Kapitel 4

1. Auf welche Weise versucht sich der Geist deiner Meinung nach zu *verstecken* oder zu *schützen*? Welche Strategien kannst du im Alltag anwenden, um dich von Ängsten zu befreien?

2. Welche Vorsichtsmaßnahmen hast du ergriffen, um den Geist zu schützen und auf diese Weise Vertrauen und Willensstärke aufzubauen? Wie kannst du weiterhin offen und bescheiden mit den Fortschritten umgehen, die du erzielst?

3. Wann hast du zum wiederholten Mal dieselbe Lektion erfahren? Hast du daraus gelernt oder ist die Lektion wieder aufgetaucht (hast du dich womöglich zu intensiv damit beschäftigt)?

4. Welche deiner aktuellen Schwächen oder Einschränkungen solltest du am dringendsten ablegen? Welche würdest du wählen und warum?

5. Was hältst du für deine größte Stärke? Ist es vielleicht etwas, das du für eine Gabe hältst oder für dein wahres Ich? Warum hältst du es für deine größte Stärke, wie wirst du damit umgehen und sie pflegen?

6. Welche Praxis kannst du in deinen Alltag übernehmen, um deinen Geist, deine Muster und Angewohnheiten regelmäßig einer Bewertung zu unterziehen?

7. Beschreibe einen Fall, bei dem du ein Ergebnis erzwungen hast. Welche Folgen hatte das? Was wäre nötig, damit du beim nächsten Mal deiner Intuition mehr Vertrauen entgegenbringst?

8. Auf welche Weise arbeitest du organisiert und aktiv mit deinem Geist? Welche Methoden könntest du noch effektiver anwenden?

9. Nenne eine Situation, in der du besonders wachsam warst (in Bezug auf deine Gedanken/Emotionen) und sich dies bezahlt gemacht hat. Oder nenne eine Situation, in der du dir gewünscht hättest, wachsamer gewesen zu sein. Was kannst du beim nächsten Mal tun, um ein anderes Ergebnis herbeizuführen?

10. Nenne eine Situation, in der du deiner Intuition vertraut hast, und zu welchem Ergebnis das geführt hat.

11. Wie stimmst du dich auf deine Intuition (intuitives Wissen) ein und schenkst ihr Vertrauen?

12. Wie sieht dein äußeres, alltägliches Leben aus, wenn deine Intuition von Harmonie und Gleichgewicht erfüllt ist?

KAPITEL 5

FEST VERWURZELTE KONZENTRATION

1. Sun Tsu sagt: Sehr starke Gedanken, Emotionen und Sinneswahrnehmungen zu kontrollieren ist im Grunde nichts anderes, als Kontrolle über schwächere auszuüben – es geht nur darum, sie zu separieren.

2. Die Aufgabe, sehr starke Gedanken und Emotionen zu beruhigen, unterscheidet sich überhaupt nicht von der Arbeit mit schwächeren. Es ist nur eine Frage der Organisation und Auswahl.

3. Dein ungeteilter Geist beziehungsweise dein ungeteiltes Bewusstsein soll dem Ansturm von Gedanken, Emotionen und Sinneswahrnehmungen standhalten, ohne davon erschüttert zu werden. Hier wirken sich indirekte und direkte Handlungen aus.

4. Es geht darum, die schwachen und starken Punkte jedes Gedankens und jeder Emotion herauszuarbeiten.

5. Bei sämtlichen Bemühungen, den Geist zu kontrollieren, kannst du Gedanken durch direkte Handlungen angehen, aber um erfolgreich zu sein, kommt es auf die indirekten Handlungen an.

6. Ist ein Schüler fähig zu indirekten Handlungen, ist er so unerschöpflich wie Himmel und Erde. Indirekte Handlungen lassen

die Gedanken uneingeschränkt wie Ebbe und Flut fließen, niemals endend wie das Wasser der Flüsse und Ströme. Sie sind wie Sonne und Mond, die nur untergehen, um von Neuem aufzugehen, und wie die Jahreszeiten, die vergehen, um wiederzukehren.

7. Es gibt nur wenige Musiknoten, aber aus ihnen entstehen mehr Melodien, als man jemals hören könnte.

8. Es gibt nur wenige Primärfarben, aber kombiniert ergeben sie mehr Schattierungen, als man jemals sehen könnte.

9. Es gibt nur wenige Geschmacksrichtungen, aber kombiniert ergeben sie mehr Geschmäcker, als man jemals schmecken könnte.

10. In der philosophischen Auseinandersetzung gibt es nur zwei Methoden, sich auf den Geist zu konzentrieren – direkt und indirekt. Kombiniert ergeben diese beiden jedoch eine unendliche Vielfalt an Möglichkeiten.

11. Direkte und indirekte Handlungen führen abwechselnd zueinander. Es ist, als würde man sich im Kreis drehen und niemals zum Ende kommen. Wer kann die Möglichkeiten dieser Kombination überblicken?

12. Indirektes Handeln vertreibt sogar die mächtigsten Gedanken aus dem Geist. Es ist wie ein Sturzbach, der in seinem Bett schwere Steine vor sich hertreibt.

13. Zu entscheiden, wann du besser indirekt und wann direkt handelst, ist wie der gut getimte Angriff eines Falken, der seine Beute mit einem Schlag tötet.

14. Die gute Schülerin und der gute Schüler werden sich deshalb bei ihrem Vorgehen nicht hetzen lassen und setzen ihre Entscheidung umgehend um.

15. Die Handlung (der Geist mit fester oder fest verwurzelter Konzentration) lässt sich mit dem Spannen einer Armbrust vergleichen, mit der Entscheidung, den Pfeil auszulösen.

16. Inmitten des Aufruhrs und Durcheinanders im Geist glaubst du vielleicht, es würde keinerlei Ordnung herrschen und gleichzeitig auch keine wirkliche Unordnung. Inmitten dieser Verwirrung und des Chaos mag es deinem geistigen Gleichgewicht an allem fehlen, dennoch wird es sich als Schutz vor einer Niederlage erweisen.

17. Simulierte Unordnung führt zu perfekter Disziplin. Simulierte Angst führt zu Mut. Simulierte Schwäche führt zu Stärke.

18. Es ist eine Frage der Entscheidung, ob du Ordnung unter dem Deckmantel der Unordnung verstecken willst. Wer seinen Mut hinter Furchtsamkeit verbirgt, geht davon aus, über einen endlosen Vorrat an Lebensenergie zu verfügen. Wer seine Stärke durch Schwäche kaschiert, suggeriert, von seiner berechnenden Natur beeinflusst zu sein.

19. Der Schüler, der den Geist aktiv zu halten vermag, ist dementsprechend auch zu Täuschungen imstande: Er erlaubt seinen Gedanken, zurück zu kreisen und sich zu revanchieren; er opfert etwas, an das sich seine Gedanken klammern werden.

20. Ködert er den Geist, hält der Schüler ihn damit aktiv und geschäftig. So schlägt er dem Ansturm der Gedanken eine Bresche, durch die sie hereinstürmen können.

21. Der kluge Schüler wägt ab, welche Folgen seine kombinierte Kontrolle hat, und setzt keine zu hohen Erwartungen in einzelne Handlungen. Das befähigt ihn, den rechten Augenblick für kombiniertes Handeln zu wählen.

22. Mit kombiniertem Handeln kann sich der Schüler gegen die Flut von Gedanken und Emotionen stemmen. Es liegt nämlich im Wesen des Gedankens, sich nicht zu rühren, bis er dazu veranlasst wird; bis er ungehindert vorüberziehen und von sich aus enden kann.

23. Was durch gute Konzentration an Kontrolle entwickelt wird, ist wie der Schwung, den ein runder Stein aufnimmt, der einen Tausende Fuß hohen Berg hinabrollt. Und damit endet das Thema der fest verwurzelten Konzentration.

SUN TSUS LEBENDIGE WEISHEIT INTERPRETIEREN

Sun Tsu gibt uns das Werkzeug der Konzentration an die Hand, um den rastlosen Geist zu beherrschen, Gleichmut herzustellen und uns von Gedanken, Sinnesempfindungen und Gefühlen nicht aus der Bahn werfen zu lassen. Nutzen und stärken wir die uns von Geburt an innewohnende Konzentration, werden Gedanken kommen und gehen wie die Ozeanwellen bei Ebbe und Flut. Manchmal werden die Gezeiten stark sein, ein anderes Mal schwach. Doch in fest verwurzelter Konzentration können wir unsere geistige Ausdauer behalten und uns nicht beirren lassen. Sun Tsu erklärt die unterschiedlichen Arten von Gedanken, die entstehen werden. Er erklärt auch, wie sie *zersplittern*, wie sie uns scheinbar so sehr umgeben, dass wir Gefahr laufen, überwältigt zu werden und aufzugeben – wie eine Armee, die die Flucht ergreift.

Bauen wir eine fest verwurzelte Konzentration auf, können wir die Wahrhaftigkeit unserer Gedanken beschreiben und sehen sie nicht als gespalten (dual), sondern als *ganzen Ausdruck*, als Wahrnehmung, die wir Leben und unsere Reise nennen. Wenn wir diesen Wandel vollziehen, können wir sämtliche Erfahrungen als gleichwertig wahrnehmen und betrachten sie nicht länger durch die Brille der Dualität (beispielsweise schwierig/leicht). Nur wir treffen Entscheidungen und nur wir sind der Organisator, der die Realität erkennt. Entsprechend können nur wir selbst uns befreien.

LEKTION 1 (1-14): KAMPF GEGEN DIE DUALITÄT DER GEDANKEN

Um eine fest verwurzelte oder fixe Konzentration aufzubauen, können wir sofort beginnen, darüber nachzudenken, wie wir unsere Gedanken unterteilen und auf diese Weise Dualität erzeugen. Gut/schlecht, richtig/falsch, fröhlich/traurig, hübsch/hässlich, Chance/Schwierigkeit – Dualitäten wie diese erschaffen in unserem Geist eine Hierarchie und geben vor, wie wir in einer bestimmten Situation handeln. Häufig sind wir darauf trainiert, nur ›gute‹ Gedanken wahr- und anzunehmen. Das führt dazu, dass wir überwältigt reagieren, erscheint einmal ein ›schlechter‹ Gedanke. Vielleicht verlieren wir unsere Willenskraft angesichts des Ansturms der Emotionen, der entsteht, wenn wir etwas für schwierig oder unbequem halten.

Wir bestimmen darüber, wie wir unsere Gedanken bewerten (gut/schlecht und so weiter), insofern liegt es definitiv in unserer Hand, wie wir uns in einem bestimmten Augenblick fühlen. Sun Tsu sagt: Wir sollen uns *bewusst* machen, wie wir durch duales Denken unseren Erfahrungen ein Etikett anhängen. Wir sollen schwache von starken Gedanken trennen und uns dann aktiv mit ihnen befassen, um ihre Wahrheit zu erkennen; um zu verstehen, welche Autorität sie über unsere Gefühle haben – und sie dann als gleichwertig erfahren. Gleichwertiges Erfahren führt zu Harmonie und ermächtigt uns, als Schöpfer der sich entfaltenden Gegenwart (Realität) zu agieren.

Sun Tsu lehrt uns eine Methode, der Wahrnehmung von Dualität entgegenzutreten. Dazu führt er eine Technik ein, mit der wir das direkte und indirekte Wissen um den Einfluss meistern, den ein Gedanke über Körper, Geist und Gefühle hat. Sind wir aufmerksam, können wir leicht erkennen, wie ein Gedanke weitere Gedanken und Emotionen nach sich zieht; wie eine Armee, die dir eine Falle stellt, dich einkreist und dir auf diese Weise eine Niederlage beibringt. Sun Tsu möchte, dass wir den Gedanken einkreisen, um mehr über den gedanklichen Feind (und sein an Anspielungen reiches und indirektes Wesen) zu lernen. Das erhöht die Wahrscheinlichkeit, dass wir nicht von ihm überwältigt werden.

Ich möchte diesen Punkt mit einem Beispiel verdeutlichen: Du kaufst ein und stehst seit einer halben Stunde in der Schlange vor der Kasse. Es wäre ein Leichtes, frustriert und wütend zu reagieren. Das ist der direkte Gedanke, den du unmittelbar zerstreuen kannst. Ohne fixe Konzentration lassen wir uns in einer derartigen Situation jedoch häufig aus der Ruhe bringen und halten nicht dagegen, wenn aus diesem ersten immer weitere weitschweifige Gedanken erwachsen.

Beim genannten Beispiel könnten Wut, Frustration oder Ungeduld der Ausgangsgedanke sein. Unbeobachtet wird dich der weitschweifige Gedanke in das Gefühl verwickeln, dass du immer Pech hast und die ganze Welt gegen dich ist – warum musst du auch immer die mit Abstand langsamste Schlange erwischen?! Auf diese Weise kannst du dir problemlos den ganzen Tag vermiesen. Du lässt den Gedanken zu, einen Tag ohne Probleme gar nicht zu verdienen, und machst dich genau damit zur Zielscheibe derartiger

Schwierigkeiten. Aber weißt du was? Die Entscheidung, ob es sich um einen guten oder schlechten Tag handelt, triffst du mehr oder weniger allein – es liegt an deinem Geist, wie das Urteil ausfällt: Ist das Warten frustrierend? Ist tatsächlich die ganze Welt gegen dich?

Wenn du Sun Tsus Empfehlung befolgst und deinen Gedanken nachgehst, indem du sie umkreist, wirst du feststellen, dass sie weder real noch konkret sind, sondern flüchtig. Genauer gesagt: Sie sind im Wandel begriffen und hängen vom jeweils nächsten Gedanken ab, der aufsteigt. Du könntest genauso gut in der Warteschlange stehen und die Verzögerung als Geschenk des Himmels ansehen, als etwas, an dem du Gefallen findest. Du kannst innehalten und atmen, du könntest dich auch mit jemandem unterhalten. Vielleicht entgehst du auch, ohne es zu wissen, einem Unfall an anderer Stelle. Die Verzögerung kann zu einem wertvollen Augenblick werden, in dem du feststellst, dass du lebst und imstande bist, zu stehen und zu warten.

Um den Geist ins Gleichgewicht zu bringen, solltest und musst du stets die zirkuläre Natur der dualen Wahrnehmung erkennen. *Du* bestimmst, wie du jede Situation betrachtest. Eine Situation ist nicht genau so oder so, das wird sie erst durch deine Entscheidung. Nur der Gedanke gibt das Gefühl vor und der nächste Gedanke kann – mit der Überzeugung eines Willens, der die Zügel in der Hand hält – einen Wandel oder eine neue Realität herbeiführen. Je mehr Dualitäten (dies/jenes im Gegensatz zu dem, was einfach *ist*) wir erschaffen und zuweisen, desto mehr werden wir uns auf und ab bewegen und unser eigenes (und künftiges) Leid heraufbeschwören. Währenddessen schwankt die Auseinandersetzung auf dem Schlachtfeld der Gefühle hin und her.

Eine Entweder-oder-Stimmung oder einen Gedanken, der im Krieg mit seiner Umgebung steht, können wir jederzeit ziehen lassen. Sun Tsu fordert uns auf, diesen Gedanken einzukreisen und so zu verhindern, dass er sich ausbreitet und in unser normalerweise friedliches Königreich eindringt. Wir dürfen nicht zulassen, dass dieser Gedanke unser Handeln beziehungsweise unsere Reaktion bestimmt. Treten wir jedem Augenblick ausgeglichen gegenüber, wird der Gedanke aufkommen und wieder versinken, ohne dass er neue Emotionen weckt oder bestehende aufwühlt.

LEKTION 2 (15-23): WECHSLE DIE PERSPEKTIVE

Wir haben nun beide Methoden kennengelernt: den direkten Gedanken, der uns aus dem Sattel reißt, und die indirekten/kreisenden Gedanken, die uns umzingeln und überwältigen. Jetzt können wir entscheiden, mit welcher Strategie wir das Wesen des ›Kampfes‹ verstehen und die Wahrheit hinter dem Gedanken erkennen, der uns glauben lässt, wir seien machtlos. Sun Tsu sagt, dass sämtliche Handlungen uns in einem endlosen Kreis verbinden: ob gut oder schlecht – wir entscheiden, wie wir den nächsten Augenblick deuten möchten.

»Nicht das schon wieder« – hast du so etwas oder Ähnliches schon einmal gesagt? Dann kannst du dir sicher sein, dass du eine lange Abfolge gewohnheitsmäßiger Gedanken und wiederkehrender Umstände erschaffen hast, die dich vorsätzlich ärgern wollen. Wenn du deine Konzentration lang genug verwurzeln kannst, um zu verstehen, warum diese Gedanken deine Gefühle aufwühlen und du die Situation als ›negativ‹ einstufst, könntest du den Kampf gewinnen. Dazu musst du deine Wahrnehmung verlagern und erkennen, dass einzig du und dein Geist diese Festlegung treffen und zur eigenen Realität machen. Gedanken sind neutral. Wenn wir verstehen, wie wir das mit ihnen verbundene Urteil und Objektivität erschaffen, können wir ihre Macht brechen.

Wir drehen uns im Kreis, weil der von Emotionen entfachte Geist unsere Reaktion bestimmt. Erreichen wir in einem Punkt den

Sieg, blicken wir nicht selten zurück und stellen fest: Jede Begegnung, jede Situation, jeder Gedanke (Sorge, Angst, Mut) und jedes Gespräch führten letzten Endes zur Ganzheit. Momente, in denen wir uns für unfähig hielten, weil uns so viel Widerstand entgegenzustehen schien, waren in Wahrheit nur ein weiterer Entwicklungsschritt auf dem Weg zu Ganzheit und Harmonie.

Das ist der weise Gedanke hinter dem Laotse zugeschriebenen Spruch, wonach eine Reise von 1000 Meilen mit dem ersten Schritt beginnt. Gemeint ist, dass eine einzige vom Geist erdachte Handlung mit Hunderten aufeinander aufbauenden Erfahrungen zusammenhängt, die das gewöhnliche Bewusstsein gar nicht überblicken kann und die sogar mit anderen Menschen zusammenhängen. Ein Beispiel: Du willst dir eine Tasse Tee machen (Schritt eins). Das hängt mit allem anderen im Universum zusammen. Und genauso kann ein einzelner Gedanke eine lange, niemals endende Gedankenkette erschaffen.

Herrscht hingegen Frieden im Geist, erlebst du die Realität nicht länger als erfüllt von Unterschieden (oder Dualitäten), sondern lässt zu, dass sie sich mühelos entfaltet. Dadurch können Gedanken kommen und gehen; und alle Phänomene und Momente werden zu einem einzigen Moment. Mit diesem Wissen darfst du entspannen. Du hast keine Eile. Du musst dich nicht anstrengen und an einem anderen Ort sein. Du gibst die Idee eines besseren Anderswo auf und erkennst, dass die Verzögerung in deiner Geschäftigkeit perfekt ist und du weiterhin die Kontrolle hast. Du musst nicht angestrengt nachdenken und kannst aus fest verwurzelter Konzentration heraus aktiv entscheiden, mit Leichtigkeit zu verweilen. Du handelst mühelos, denn egal, für welche Richtung du dich entscheidest: Du weißt, das Ergebnis wird perfekt sein. Unordnung/Ordnung gelten dir völlig gleich, Verwirrung und Chaos sind für dich der zirkuläre Pfad zur Ruhe. Deine Praxis ist im Gleichgewicht, du kämpfst nicht länger mit dir selbst. Was auch immer dir begegnet, du wirst es als weitere Gelegenheit nutzen, deine Perfektion zu erreichen. Jeder neue Augenblick ist eine neue Chance, Disziplin, Mut und Stärke zu üben.

Doch bleibe achtsam und sei auf der Hut. Sun Tsu erinnert uns daran, dass wir so tun können, als hätten wir unsere Gedanken und Emotionen im Griff; dabei verstecken oder unterdrücken wir sie in Wirklichkeit und haben uns eigentlich nicht verändert (ein Thema, auf das wir im nächsten Kapitel eingehen). Alles kann in Ordnung sein, aber wenn du deine Emotionen verbirgst oder dich nur scheinbar bescheiden gibst, während du in Wahrheit arrogant bist (jedes andere gegensätzliche Emotionenpaar ist an dieser Stelle denkbar), dann betrügst du dich. Das wiederum führt dazu, dass der Geist (dein intuitives Selbst) sich weiter und weiter im Kreis drehen wird. Es ist dann unvermeidlich, dass mehr Gedanken auftreten und dich auf die Probe stellen. Du erlebst keine Ganzheit, sondern wirst weitere (geistige) Kämpfe ausfechten müssen, um das innere Königreich des Friedens zu errichten.

BAUE DEINE FEST VERWURZELTE KONZENTRATION AUF

Wie fängst du an, eine fest verwurzelte Konzentration aufzubauen? Durch einen Gedanken nach dem anderen, sagt Sun Tsu. Wir erkennen schnell, dass ein Gedanke eine Störung oder ein Ungleichgewicht verursachen kann, das Stunden, Tage, Wochen oder ein Leben lang Bestand hat. Aber wenn du anfängst, dich zu konzentrieren – gemeint sind ein sanftes Bewusstsein und Präsenz in jedem Moment –, und dir ein wenig Mühe gibst, wird es dir immer leichter fallen. Du beginnst dich danach zu sehnen und wirst diesen Zustand problemlos erreichen.

Das Urteil, das wir über unsere Gedanken fällen, erschafft unseren Zustand. Anfänglich mag es schwierig sein zu erkennen, wie unser Geist Schlachten gewinnt und uns glauben lässt, unsere Gefühle und Wahrnehmungen seien starr, seien konkret, seien das Gesetz. Aber das einzige Gesetz ist unsere Fähigkeit, mit unserer eigenen geistigen Kraft auf den nächsten Augenblick einzuwirken. Geistige Gesetzgeber sind wir nur selten, viel häufiger sind wir Sklaven der Illusion, die unser Geist erschafft, wenn er etwas kategorisiert oder sich eine Meinung bildet.

So kann es beispielsweise eine Chance sein, wenn du deine Arbeit verlierst. Vielleicht warst du dermaßen überarbeitet, dass du die dringend benötigte Erholungszeit gut gebrauchen kannst. Eine Verletzung kann eine Gelegenheit sein, durch einen Rückschlag Mitgefühl für das Selbst zu lernen. Ein Scheitern kann unsere Leidenschaft in eine Richtung lenken, in die wir ansonsten vielleicht nicht gegangen wären.

In all diesen Fällen können wir letztlich in ein mentales Gleichgewicht kommen, einen Zustand, in dem kein Platz ist für Entweder/Oder, sondern der neutral und vollständig ist. Wir erleben den Augenblick nicht mehr in geistigem Auf und Ab, gestört von äußeren Einflüssen, sondern von unserem Sitz konzentrierten Bewusstseins aus, unserer inneren Sonne, die unberührt bleibt.

Wir alle leben unser eigenes Leben und machen unsere eigenen Erfahrungen. Auch was wir lernen und wie wir unsere Wahrnehmung verlagern, ist unterschiedlich. Jeder Augenblick eröffnet uns die Gelegenheit, eine Strategie anzuwenden, mit der wir unsere individuellen (wahrgenommenen) Einschränkungen erkennen, sie ans Tageslicht zerren und eine nach der anderen in Angriff nehmen. Ein Gedanke, ein Gefühl ist häufig mit weiteren verbunden; wenn wir also an einem einzelnen arbeiten, sollten wir Sun Tsus Rat beherzigen und uns auch die anderen Gedanken und Gefühle bewusst machen. Wir sollten uns mit ihnen befassen, sie nicht verstecken und uns nicht von ihnen in die Irre führen lassen.

Fängst du an, deinen Geist zu beobachten und zu verstehen, welche Gedanken dir Einschränkungen auferlegen, kannst du sie untersuchen, bis die wahrgenommene Dualität verschwindet und du deine eigene Ganzheit wiederhergestellt hast. Dafür brauchst du nicht allzu viel Zeit, sondern vielmehr die Bereitschaft, ehrlich zu sein. Ehrlich genug, um zu erkennen, wenn du dich in eine bestimmte Sichtweise verrannt hast, die du für die einzig richtige hältst – und auf diese Weise deinen eigenen Kampf und dein eigenes Abmühen erschaffst.

Schreib eine Weile, vielleicht einen Tag oder eine Woche lang, alle Zeiten auf, zu denen du auf Schwierigkeiten gestoßen bist. Frage dich, warum du dich so fühlst. Betrachte den auslösenden Gedanken und jene, die ihn umkreisen oder womöglich sogar in der Vergangenheit verwurzelt sind. Was verraten sie über die Dinge, die du über dich und das Leben im Allgemeinen (Realität) zu glauben beschlossen hast? Mit welcher Strategie kannst du die Ganzheit jedes Moments erkennen? Wählst du ›glücklich‹, wird es ein glücklicher Moment sein; wählst du ›traurig‹, ein trauriger. Tatsächlich ist er jedoch weder das eine noch das andere, sondern einzig ein *vollständiger* Moment, der sich in den nächsten entfaltet.

Wir dürfen uns weder auf die eine oder andere Weise beeinflussen lassen, noch dürfen wir glauben, dass wir überhaupt keine Emotionen mehr spüren, wenn wir in die unendliche Gegenwart eintreten, die kein wertendes Etikett trägt. Wir fangen an, mühelos zu leben, im Einklang mit unserer Umwelt, auf kein Ergebnis fixiert. Auf diesem Weg erringen wir den Sieg. Unabhängig von der Situation bewahren wir unseren Gleichmut und lernen eine neue Art Frieden und Einheit kennen.

Um erfolgreich zu sein, ist fest verwurzelte Konzentration unerlässlich. Sie stärkt unseren Willen, an der immerwährenden Erkenntnis teilzuhaben und so über den nächsten Augenblick zu entscheiden. Und ob wir es wahrnehmen oder nicht – diese Erkenntnis erschafft tatsächlich die Welt um uns herum.

Unser Bewusstsein und unsere Fähigkeit, in der Konzentration verwurzelt zu sein, bedeuten, dass wir jeder entstehenden Situation mit Widerstandskraft und Meisterschaft begegnen können. Unsere Emotionen kochen nicht über, denn unser Bewusstsein erinnert uns daran, im Zustand der Harmonie zu bleiben und den nächsten kongruenten Augenblick zu erschaffen.

DER FÜNFTE SCHRITT AUF DEM VERBORGENEN PFAD ZU FRIEDEN UND GANZHEIT

1. Wende den verborgenen Pfad zu Frieden und Ganzheit so an, wie es dir zum jetzigen Zeitpunkt am besten erscheint, um dir fest verwurzelte Konzentration anzueignen.

2. Schätze in jedem Augenblick die Möglichkeiten ab, fest verwurzelte Konzentration beizubehalten oder aufzubauen, sodass deine Gedanken wie die Gezeiten kommen und gehen können. Gerät deine Konzentration ins Schlingern, verfalle nicht in Selbstkritik oder kapituliere aus Angst vor dem Versagen. Das führt nur dazu, dass sich die Gedanken weiter vermehren.

3. Achte auf Begegnungen, bei denen du deine Gefühle beschneidest oder sie unter dem Vorwand, du hättest sie im Griff, verbirgst, anstatt diese Gefühle und Gedanken frontal anzugehen und dich mit ihnen zu befassen. Achte dabei darauf, dass dich deine Fort-

schritte nicht arrogant machen. Denn das wäre ein weiterer falscher Erfolg.

Fest verwurzelte Konzentration ist der fünfte Schritt auf dem verborgenen Pfad zu Frieden und Ganzheit. Gib niemals auf, lass niemals in deinem Bestreben nach, bei allem, was du tust, stark fokussiert zu sein. Je besser du deinen Willen auf Perfektion und Harmonie einstellst, desto mehr davon wird dich umgeben.

Denkanstöße: Fest verwurzelte Konzentration

»Die gute Schülerin und der gute Schüler werden sich deshalb bei ihrem Vorgehen nicht hetzen lassen und setzen ihre Entscheidung umgehend um.« – Kapitel 5

1. Wähle ein Ereignis, bei dem du eine vermeintlich negative Emotion wie Wut, Frustration oder Angst erlebt hast, und befasse dich mit der anderen Seite. Drehe das Ereignis so, dass du einen positiven oder neutralen Blick darauf werfen kannst. Kämpfen in einem Krieg zwei Parteien, sind beide der Ansicht, sie wären im Recht. Wie kannst du zu dem Verständnis gelangen, dass es keine zwei Seiten gibt, sondern nur eine einzige (Ganzheit)? Nutze deine Erfahrungen und gehe dem Ergebnis auf den Grund.

2. Wähle etwas, das heute geschehen ist. Beschreibe es ausführlich und mit dem Schwerpunkt darauf, was du gedacht und wie du reagiert hast. Kreise im Anschluss all die Augenblicke ein, bei denen du erkennst, dass du sie dualistisch wahrgenommen hast. Wie kannst du solche Momente künftig ganzheitlich erfahren?

3. Mit welchen Strategien willst du in Zukunft deine Konzentration verbessern? Ein Beispiel: Du besuchst ein Familienmitglied, in dessen Gegenwart du dich oft wertlos fühlst. Wie kannst du dieses Gefühl so betrachten, dass du erkennst, dass du selbst es erzeugst und es deine Macht untergräbt?

4. Nimm dir am Ende des Tags Zeit, Augenblicke Revue passieren zu lassen, in denen du deine Gefühle mühelos hast kommen und gehen lassen; in denen du sie nicht aufgehal-

ten oder versucht hast, sie loszuwerden. Wie hast du dich im Anschluss gefühlt?

5. Welche Gedanken und Gefühle haben dich heute zwar nicht beherrscht, aber wiederholt versucht, deine Aufmerksamkeit zu erringen? Wie bist du mit ihnen umgegangen? Hast du dich konzentriert oder hast du dich von deinem Sitz der (mentalen) Macht stoßen lassen?

6. Schildere eine beispielhafte Situation, in der dein ursprünglicher Gedanke oder deine ursprüngliche Emotion eine überwältigende Vielzahl an anderen Gedanken/Emotionen in Gang gebracht hat. Was hast du in der Vergangenheit unternommen, um die Situation zu lindern? Wie bist du mit dem Gefühl der Überwältigung oder Hilflosigkeit umgegangen? Was kannst du künftig tun?

7. Was ist einfacher zu erkennen: wenn unsere Gedanken direkt auf uns einwirken oder indirekt? Wie kann es dir gelingen, beides als einheitliche Methode anzusehen, deine Konzentration zu bewahren?

8. Was bedeutet es für dich, dass Handlungen sanft und geschmeidig sind wie ein Bogen, der sich biegt? Wie kannst du allen Situationen mit weniger Widerstand entgegentreten?

9. Hast du einmal eine Phase des Chaos oder der Unordnung erlebt und warst im Rückblick dankbar für diese Erfahrung? Egal, wie ›schlimm‹ es damals schien – war diese Phase letzten Endes doch von Vorteil? Wie kannst du auch künftig Siege dadurch erringen, dass du sämtliche Schwierigkeiten als Chance begreifst?

10. Sun Tsu sagt, wir sollen uns nicht zum zirkulären Denken verleiten lassen und nicht zulassen, dass der Geist uns entgleitet oder wir uns auf eine Abzweigung versteifen. Rufe dir

einen Augenblick des heutigen Tags oder der laufenden Woche in Erinnerung, in dem du dich selbst zum Glauben verleitet hast, proaktive Gedanken zu haben, während du in Wahrheit bloß den ›Kampf‹ verlängert hast. Übernimm die Verantwortung dafür.

11. Schreibe zum Ende des heutigen Tags die Gedanken auf, die deinen Geist weiterhin beschäftigen. Sun Tsu erinnert uns: Klammern wir uns an den Gedanken (und machen ihn bewegungslos), wird er weiter schwelen und einen Krieg verursachen. Können wir ihn dagegen loslassen, wird er verschwinden. Versuche es jetzt. Halte die Ergebnisse fest.

12. Für Sun Tsu ist gute Konzentration »wie ein runder Stein, der einen Tausende Fuß hohen Berg hinabrollt«. In welchen Augenblicken hast du fest verwurzelte Konzentration praktiziert und die Gedanken fortrollen lassen?

KAPITEL 6

SCHWÄCHEN UND STÄRKEN AUSGLEICHEN

1. Sun Tsu sagt: Ist der Geist der Schülerin bereit und abwartend, wenn der gedankliche Feind eintrifft, wird er voller Energie in die Auseinandersetzung gehen. Die Schülerin, die verspätet zum geistigen Kampf kommt, wird erschöpft eintreffen.

2. Aus diesem Grund zwingt die kluge Schülerin dem gedanklichen Feind ihren Willen auf und lässt nicht zu, dass ihr der Gedanke, die Sinneswahrnehmung oder das Gefühl aufgezwungen werden.

3. Kontrolliert die Schülerin also den Strom der Gedanken, ist es unmöglich, dass er sie kontrolliert.

4. Ist der Geist (Wille) faul, kann die kluge Schülerin rasch durch Konzentration in die Störung einfallen, den Gedankenstrom stoppen und dafür sorgen, dass keine weiteren Handlungen (oder Multiplikationen) stattfinden. Steckt der Geist in der Ablenkung fest, kann die Schülerin den Gedankenstrom vertreiben.

5. Wenn du einen starken Willen hast, die Konzentration aufrecht erhältst und die Gedanken vorbeiziehen lässt, ohne dich auf sie ein-

zulassen, hält das den Geist beschäftigt wie eine Armee, die marschiert und keine Bresche findet, durch die sie in das Königreich eindringen kann.

6. Wenn der Geist ohne Anstrengung fließt und sich nicht in Gedanken verfängt, wird er sich auch nicht mit Ideen/Emotionen beschäftigen, die die Schülerin ansonsten auf natürliche Weise aufhalten, ablenken oder ihr Leid bescheren würden.

7. Lässt er seine Gedanken ungehindert fließen, kann der Schüler sicher sein, das geistige Gleichgewicht erfolgreich zu bewahren. Sorgt ein starker Wille für Ganzheit, ist der Geist wie eine Armee, die ihre Stellung hält und es dem Feind unmöglich macht, erfolgreich anzugreifen.

8. Der Schüler sollte fähig sein, jene Gedanken zu erkennen, die schwach sind und von denen man sich leicht trennen kann. Gleichzeitig sollte er darauf vorbereitet sein, dass ein Gedanke Fuß fasst (angreift) und eine geistige Bresche schlägt.

9. Oh, du Kunst, den Geist subtil zu stören und abzulenken! Durch dich lernen wir, unseren Geist zu beruhigen, unbeeinflusst, und auf diese Weise haben wir Macht über dich.

10. Du kannst in unserem Geist vorrücken und dich vervielfachen, bis wir es unwiderstehlich finden, ohne Unterlass zu denken. Das gilt umso mehr, wenn du auf unsere Schwachstellen abzielst, auf unsere Gefühle und unser Verlangen. So rasch kannst du vorrücken, dass es uns davonträgt und wir nicht imstande sind, dich einzufangen.

11. Will die Schülerin den mentalen Gedankenstrom unterbrechen und dem umwälzenden und ungeordneten Denken Einhalt gebieten, kann sie auf der Stelle Konzentration einsetzen; und zwar unabhängig davon, wie sehr sie vom Ansturm der Gedanken überwältigt zu sein scheint. Sie muss sich nur auf etwas anderes konzentrieren und die Gedanken in eine andere Bahn lenken. Das Bewusstsein wird folgen.

12. Auch wenn die Schülerin zu erschöpft ist, um Konzentration aufzubauen, kann sie den Geist daran hindern, den ›Kampf‹ oder die geistige Tirade fortzuführen – gemeint sind Augenblicke, in denen es unmöglich erscheint, an etwas anderes zu denken. Dazu muss sie dem Verstand einfach etwas Ungewöhnliches und Verblüffendes vorsetzen. Das verlangsamt den Geist und lenkt ihn ab.

13. Unsere Aufmerksamkeit kann fest verwurzelt bleiben, wenn wir das Wesen des Geistes erkennen und in einem Zustand tiefer Konzentration verharren, der unbewegt bleibt, während wir gleichzeitig aktiv die verschiedenen Gedankenstränge voneinander trennen.

14. Der Schüler kann seine Konzentration einsetzen, um die Gedankenkette, die seine Aufmerksamkeit gefangen hält, zu betrachten und in ihre Einzelteile zu zerlegen. Die Konzentration ist vollständig, die Gedankenkette ist unterteilt und damit schwach. Das beschert der Konzentration einen Vorteil.

15. Gelingt es dem Schüler, mithilfe tiefer Konzentration die kleinen oder bedeutungslosen Gedanken zu kontrollieren und ungehindert passieren zu lassen, verschafft er sich eine mentale Festung, in der Frieden herrscht. Der gedankliche Feind wird nicht triumphieren.

16. Entfaltet sich der Geist mühelos und ohne seine Position aufzugeben – soll heißen, er verharrt nicht in der Vergangenheit oder schaut in die Zukunft –, wird er seinen ruhigen und friedlichen Zustand beibehalten. Er wird nicht zulassen, dass sich ein Gedanke festsetzt, sich vervielfacht und für Unruhe im Geist sorgt.

17. Wenn der Geist zu lange an einem Ort bleibt, lädt die Schülerin dadurch ihre Gedanken zur Invasion ein. Bleibt der Geist flexibel und verharrt nie zu lange bei einem einzelnen Gedanken, stärkt das den ganzen Willen. Zersplittert der Geist unter dem Ansturm der Gedanken, wird es dem bewussten Geist schwerfallen, auf Verstärkung – seine Konzentration – zuzugreifen. Es droht ein chaotischer geistiger Krieg.

18. Kann die Schülerin/Kriegerin die Unruhe aus dem bewussten Geist vertreiben, wird sie Gleichmut bewahren, sodass kein Gedanke ihre Entschlusskraft und ihren Willen schwächt.

19. Kennen wir unseren Geist und verstehen, wie leicht er sich in einen geistigen Krieg mit unserer Umwelt hineinziehen lässt, können wir unsere Konzentration fest verwurzeln und müssen sie gar nicht erst einsetzen.

20. Doch Vorsicht: Wenn der zersplitterte rastlose Geist an einen Ort rast und du es trotz aller Bemühungen nicht schaffst, ihn zu kontrollieren, dann stelle die Bemühungen ein. Anderenfalls schwächst du nur deine geistige Konzentration an vielen Stellen. Es wäre besser gewesen, in deinem geistigen Mittelpunkt zu verharren und jeden Gedanken einzeln anzugreifen, sobald er sich zeigte!

21. Durch Erfahrung lernt der Schüler: Selbst wenn Gedanken, Sinneswahrnehmungen oder Emotionen scheinbar die Kraft der fest verwurzelten Konzentration übersteigen und undurchdringlich wirken, sind sie es dennoch nicht. Es *ist* möglich, den bewussten, rastlosen Geist zu bezwingen.

22. Zahlenmäßig mögen die Gedankenstränge überlegen wirken, aber du kannst verhindern, dass sie sich weiter vermehren. Dabei musst du raffiniert und clever vorgehen, um dich nicht geistig ausmanövrieren zu lassen. Durch die genaue Betrachtung verhinderst du, dass sich die Gedanken noch weiter vermehren und eskalieren.

23. Wecke deinen rastlosen Geist, damit du klar erkennen kannst, was deine Konzentration fortspült. Finde die Schwachstelle der Gedanken. Sie haben keine echte Macht über dich.

24. Vergleiche deinen ungeordneten Geist mit dem Geist, der fest in Konzentration verwurzelt ist. Beide zeigen sich gleichzeitig und du wirst erkennen, welcher Geist stark ist und welcher von Natur aus schwach.

25. Verstehe, wenn du das Wesen des Geistes bewertest, dass die Kraft darin liegt, erneut deine Mitte zu bewahren, deine tiefe, unerschütterliche Konzentration. Stellst du Frieden und Gleichgewicht wieder her, wird der Geist klar sein und neue Gedanken tauchen nicht so leicht wieder auf.

26. Der Sieg wird durch diese ›Kämpfe‹ errungen. Dazu unterbrichst du die Gedanken und Wahrnehmungen/Emotionen, die zyklisch kommen und gehen. Sie können erobert werden, wenn

du entschlossen bist, dich nicht unterkriegen zu lassen und auch künftig daran arbeitest, sie zu meistern.

27. Alle Schülerinnen/Kriegerinnen erfahren, wie ihr Geist versucht, mentale Disharmonie heraufzubeschwören, das Bewusstsein zu unterwerfen und zu versklaven. Was jedoch niemand erkennt: Eben dieses Wissen um die Funktionsweise des Geistes (und die Kämpfe) führt zum Sieg und zur Ganzheit.

28. Hast du deine schlechten Angewohnheiten identifiziert, wiederhole sie nicht; erst recht nicht, nachdem du sie schon einmal besiegt hast. Wende stattdessen die Methode, mit deren Hilfe du dich selbst besiegt hast, auch in künftigen Situationen an.

29. Geistige Kämpfe sind wie Wasser, das, wenn es nicht behindert wird, ganz natürlich seinen Weg von oben nach unten findet.

30. Damit du im Kampf um geistige Ruhe und Haltung nicht von starken Gedanken überrannt wirst, musst du sie ungehindert fließen lassen, bis sie schwach werden und verschwinden, anstatt sich festzusetzen und zu vermehren.

31. Wasser sucht sich seinen Weg abhängig von der Beschaffenheit des Bodens, über den es fließt. Genauso kommt der Schüler/Krieger durch kontinuierliche Anstrengung zum dauerhaften Sieg, sodass Ruhe und Harmonie in den Geist einziehen.

32. Und so wie Wasser keine beständige Form hat, kennt auch der vollständige Geist (ganzheitliches Bewusstsein) keine Einschränkungen und keine Grenzen. Er ist grenzenlos.

33. Kann die Schülerin ihre Angewohnheiten anpassen und ihren starken Willen gegen den rastlosen Geist durchsetzen, wird es ihr gelingen, vollständig zu werden und erfüllt von Gleichmut zu leben. Eine solche Schülerin steht im Einklang mit ihrer inneren Sonne.

34. Aber Achtung: Das Bewusstsein unterliegt ständigem Wandel. Genauso wie die Jahreszeiten nicht von Dauer sind, sondern sich ständig von einer zur nächsten entwickeln, tun dies auch die Wahrnehmungen des Geistes. Mal wachsen und expandieren sie, um dann wieder zu schrumpfen und zu schwinden. Der weise Schüler tut gut daran, unabhängig von der Jahreszeit geschmeidig und flexibel zu bleiben.

SUN TSUS LEBENDIGE WEISHEIT INTERPRETIEREN

Sun Tsu sagt: Wir sollen darüber nachdenken, warum es so wichtig ist, sich einen flexiblen Geist zu bewahren. Sobald wir anfangen, den Gedankenstrom, der ansonsten auf natürliche Weise strömen würde, zu beschneiden, werden die Gedanken Wurzeln schlagen. Die gute Nachricht: Selbst wenn unsere rastlosen Gedanken Wurzeln schlagen, sich vermehren und eine endlose Gedankenkette erschaffen, können wir noch immer die Kontrolle zurückerobern, und zwar mithilfe der Konzentration. Wir können unseren Geist in einen Zustand des Gleichgewichts bringen, möge die Aufgabe auch noch so schwierig erscheinen.

Wir alle wissen, welche Situationen, Menschen und Umstände bei uns bestimmte Reaktionen auslösen. Im Grunde können wir bereits im Vorfeld sagen, was wir in jeder möglichen Situation denken werden. Sun Tsu sagt, wir sollen uns nicht forttragen lassen, sondern den Gedankenstrom unterbrechen und ihm damit einen Teil seiner Wurzeln kappen. Wir können sogar so weit gehen, unsere Aufmerksamkeit auf etwas Ausgefallenes oder Albernes zu lenken, damit die Gedanken nicht weiter vorrücken wie eine Streitmacht, die ihre Zelte aufschlägt und unseren Frieden und unsere geistige Gelassenheit belagert.

Je mehr wir uns mit unseren Gedanken befassen, sie aufbrechen und die Gedankenketten verkürzen, desto mehr Macht verlieren sie. Dennoch ist Vorsicht geboten: Jagt unser Geist hektisch von einem Ort zum nächsten, können wir uns leicht übernehmen, geistige Erschöpfung erleiden und schließlich aufgeben. Es mag den Anschein haben, als würden unsere rastlosen Gedanken gewinnen, tatsächlich jedoch geben sie uns Gelegenheit, mehr über die Art und Weise zu lernen, wie wir denken. Im Grunde werden sie dadurch, dass wir sie regulieren, zu exakt dem Schlüssel, den wir für unsere Freiheit benötigen.

Je sanfter wir vorgehen und es unseren Gedanken unangestrengt erlauben, ungehindert vorbeizuziehen, desto leichter kehren wir in den Zustand des Gleichmuts zurück und behalten ihn bei.

LEKTION 1 (1-8): DEN GEIST NICHT ERSTARREN LASSEN

Sun Tsu gibt uns fachkundig Ratschläge an die Hand, wie wir ein Gleichgewicht zwischen den schwachen und starken Punkten unseres Geistes herstellen. Zunächst einmal sollten wir jedem sich entfaltenden Augenblick sanft gegenübertreten, ohne geistige Einschränkung, ohne zu urteilen (denn das erschafft Dualitäten), sondern ganz offen und flexibel. Sind wir bereit, beobachten unsere Gedanken und lassen aktiv zu, dass sie sich ganz ohne Einschränkung entfalten, werden wir über die erforderliche Energie verfügen, uns in die nächste Situation zu begeben. Stellen wir uns dem nächsten sich entfaltenden Augenblick allerdings zu spät (reaktiv), schwächen wir unsere geistigen Kräfte und sind nicht flexibel genug. Wir laufen Gefahr, unsere geistige Ruhe zu verlieren.

Setzen wir unseren Willen (Willenskraft) durch und konzentrieren uns fest verwurzelt auf den Augenblick, können die rastlosen Gedanken unmöglich eine Bresche in unseren Frieden schlagen. Die angreifende Armee wird an den Grenzen des Königreichs zurückgedrängt. Je flexibler unser geistiger Zustand ist, desto weniger wird sich der Geist an einen Gedanken klammern und zulassen, dass er uns beherrscht. Der Erfolg hängt davon ab, dass die Gedanken frei fließen. Wenn du einen Gedanken festhältst, wird er ›angreifen‹ und dein geistiges Gleichgewicht stören.

Wir lernen zu erkennen, welche Gedanken schwach sind und welche stark; beziehungsweise welche uns stören und kräftig genug werden könnten, uns zu überwältigen, und welche nicht. Unser Ziel ist es, stets das Gleichgewicht zu bewahren, damit ein schwacher Gedanke nicht stark werden und das Königreich des Geistes erobern kann.

LEKTION 2 (9-16): FINDE DEINE STÄRKEN UND DEINE SCHWÄCHEN HERAUS

Um uns abzulenken, agiert der rastlose Geist sehr subtil. Es beginnt damit, dass wir annehmen, unsere Gedanken seien etwas jeweils Einzelnes, auf das wir innerhalb unseres Kopfs (oder Gehirns) zeigen können. Tatsächlich sind sie jedoch im Grunde grenzenlos und existieren als Teil dieses (bildlichen) Felds. Wenn du ›hörst‹ oder dein Geist spürt, dass sich gleich eine bestimmte Person bei dir melden wird, zeigt das deine grenzenlose Intuition (oder zumindest gewinnst du einen ersten Eindruck). Es zeigt, wie einfach sich deine Intuition in das Energiefeld deiner Mitmenschen einklinken kann; in jenes Feld, das ungehindert an Geist und Körper vorbeiströmt. Unsere Gedanken sind im Wesentlichen ein natürlicher Prozess und nichts, was wir verteufeln oder unbedingt loswerden müssten. Gedanken sind etwas Natürliches und wir können durch Neugier und Aufmerksamkeit offen für diesen Prozess bleiben. Jeder entstehende Gedanke bietet die Grundlagen dafür, in einem Zustand des Gleichmuts zu verweilen, unbewegt und unberührt, und einen neuen Zustand des Bewusstseins herbeizuführen, in dem wir nicht länger wie Kriegsgefangene versklavt, sondern frei sind.

Unser Geist (oder unser Bewusstsein) leert sich schrittweise, der Lärm verklingt und wir spüren eine innere Präsenz. Anfangs unterbrichst du diese Ruhe möglicherweise, weil dir auffällt, dass du tatsächlich aufgehört hast zu denken! Aber diese Ruhe, dieser Frieden ist der wahre Normalzustand. Der ungeübte Geist reagiert jedoch einfach und gibt Gewohnheiten nach. Sun Tsu sagt, je mehr du deinen rastlosen Geist beruhigst und seine Gewohnheiten ›eroberst‹, desto mehr wird seine Macht schwinden. Mit der Zeit gibt er die Kontrolle ab und öffnet den Weg zu Gelassenheit und Frieden.

Hattest du jemals das Gefühl, dass dein Geist ›vor dir weglief‹ oder ›die Macht übernahm‹? Dann weißt du, wie unwiderstehlich es ist, ein und denselben Gedanken wieder und wieder abzuspielen und zu wiederholen. Es kann sogar sein, dass wir dies gar nicht mitbekommen. In diesem Fall empfiehlt Sun Tsu, deine Aufmerksamkeit auf etwas anderes zu lenken. Egal, wie tief sich der Gedanke eingegraben hat, »richte den Zug der Gedanken auf etwas anderes aus«. Wenn du das tust, verschwindet der Gedanke und das Bewusstsein folgt.

Ein Beispiel: Dein rastloser Geist denkt ohne Unterlass. Konzentriere dich auf deinen Atem (eine weitverbreitete Methode zur Beruhigung des Geistes) und das Bewusstsein wird folgen. Vielleicht braucht es mehrere Anläufe, bis du den Geist aus dem Griff eines Gedankenstrangs befreien und in eine neue Richtung steuern kannst, aber mit Konzentration kannst du es schaffen. Du kannst sogar versuchen, deinem Geist etwas wirklich Ungewöhnliches oder Verblüffendes vorzusetzen, um ihn zu verlangsamen.

Auf diese Weise lernst du deine Schwächen und Stärken kennen und kannst am Gleichmut arbeiten, dem wahren Wesen deines Geistes. Hast du deine Konzentration zurückerlangt, kannst du dich dem Gedankenstrang zuwenden und daran arbeiten, seinen Griff zu lockern, ein Glied nach dem anderen, bis er seine Macht verliert und du wieder das Sagen hast. Gelingt es dir, die kleinen, belanglosen Gedanken zu meistern und sie passieren zu lassen, ohne dich an sie zu klammern oder ihnen mehr Stärke zu verleihen, nimmt die Wahrscheinlichkeit zu, dass du deine geistige Ruhe aufrechterhalten kannst.

LEKTION 3 (17–24): DIE FLEXIBILITÄT DER GEDANKEN

Sun Tsu zeigt uns: Erzeugt der rastlose Geist im Frieden Gedanken, kann er so flexibel bleiben, dass er sich in jedem entfaltenden Augenblick seinen freien oder leeren Zustand bewahrt. Sobald wir jedoch zulassen, dass unser Geist an einer Stelle, bei einem Gedanken verweilt, laden wir zu einer ›Invasion der Gedanken‹ ein, die leicht in zahlreiche Gedanken zersplittern und unzählige Abzweigungen erzeugen kann. Das macht es nahezu unmöglich, sie unter Kontrolle zu bekommen, und kann sogar zu einem ausgesprochen chaotischen, von Störungen beherrschten Geist führen.

Es obliegt der begabten Schülerin, das Bewusstsein ins Gleichgewicht zu bringen. Je besser du deinen eigenen Geist kennst und weißt, wie er wieder und wieder kleine Scharmützel anzettelt und in dieselben alten Denkmuster verfällt, desto mehr Hürden wird er auf dem Weg zum Frieden aufwerfen. Jagt dein Geist ohne Konzentration von einem Ort zum nächsten, kannst du leicht überwältigt werden. Gedanken spalten sich problemlos auf, sorgen für störende Ablenkung und Unruhe, während sie danach streben, die Kontrolle über deinen Geist zu übernehmen. Aus diesem Grund musst du zur Konzentration zurückfinden, um wieder ins Gleichgewicht zu gelangen.

So weit sollte es niemals kommen, empfiehlt Sun Tsu. Vielmehr solltest du, sobald starke Gedanken aufsteigen, ›angreifen‹ und mit fest verwurzelter Konzentration vorgehen. Die gute Nachricht: Selbst wenn der Gedanke oder das Gefühl sehr stark wirkt – undurchdringlich und scheinbar unaufhaltsam dabei, dich zu überwältigen –, kannst du immer noch die Oberhand zurückerlangen. Um jeden Gedanken klar zu erkennen und zu verhindern, dass er sich vermehrt und die Kontrolle übernimmt, musst du clever handeln.

Identifiziere die schwachen und starken Gedanken, die entweder problemlos vorbeiziehen oder sich festsetzen. Handele entsprechend und gelange auf diese Weise zum Sieg.

LEKTION 4 (25-28): GEDANKENZYKLEN

Wir sind jederzeit in der Lage, das Wesen des Geistes zu bewerten und durch tiefe Konzentration unser Zentrum wiederherzustellen. Wenn wir das tun, kommt unser Geist wieder ins Gleichgewicht und findet zu seiner Stärke zurück. Das wiederum bedeutet allgemein gesprochen, dass störende Gedanken eine geringere Chance haben aufzutauchen. Unser Geist arbeitet in Zyklen; und während du dein Bewusstsein aufbaust, verschaffst du dir Zugang zur Intuition, deiner inneren Sonne, die als Lehrerin und Führerin für deine Zukunft und dein Leben fungiert. So wirst du selbst auferlegte Einschränkungen abschütteln können.

Angenommen, du bist mutlos oder du scheust vor Konfrontationen zurück. Im Laufe der Zeit wirst du, vor allem rückblickend, die immer wiederkehrenden subtilen äußeren Scharmützel erkennen, die entweder deinen Mut wecken oder denen du ausweichst. Vielleicht warst du dein ganzes Leben lang sehr ängstlich, aber wenn du dir deiner Gedanken bewusst bist, kannst du solide

Veränderungen herbeiführen und mutig auftreten. Häufig erleben wir, dass die ›Lektionen‹ oder ›Prüfungen‹ zyklisch auftreten und sich ein Muster erkennen lässt.

Aus diesem Grund sagt Sun Tsu auch, dass es unsere Gedanken sind, die uns in die Freiheit führen. Diese geistigen Kämpfe fechten wir nicht mit der Außenwelt aus, sie finden vielmehr im Inneren statt. Durch sie können wir den Eindruck zerstören, wir seien schwach und in unserem Körper gefangen. Denn in Wahrheit machen uns Einheit und Ganzheit grenzenlos und unbesiegbar. Je mehr wir auf die Zeichen, Symbole und Vorkommnisse in den Zyklen unserer Gedanken achten, desto klarer können wir uns bewusst machen, mit welchen Methoden wir uns von ihnen befreien können.

Wir müssen verstehen, wie der Geist Gedankenstränge erschafft, von denen wir etwas darüber erfahren können, wie wir das Leben wahrnehmen. Dann müssen wir lernen, die Gedanken ziehen zu lassen. So machen wir immer weitere Fortschritte bei der Neuausrichtung unserer Wahrnehmung und auf dem Weg zu unserem wahrsten Ich. Sollte dir bewusst werden, dass du dich viele Male in Situationen befunden hast, in denen du Mut unter Beweis stellen musstest, wirst du nach der nächsten suchen. Es ist, wie Sun Tsu zu Beginn des Kapitels erklärt: Du wirst darauf warten, dich auf den Gedanken einzulassen, und reagieren, indem du eine andere Wahl triffst und auf diesem Weg zum Sieg gelangst.

Eine Schwierigkeit wird zur Möglichkeit. Während wir unsere Denkmuster aufgeben und nach einer höheren Bewusstseinsebene streben, werden unsere rastlosen Gedanken zu Leitern, die uns zu unserer grenzenlosen Natur führen. Der Geist schweift nicht umher oder muss geführt werden, sondern übernimmt wie ein General das Kommando. Durch fest verwurzelte Konzentration zügeln wir ihn.

Nur wenige Schüler und Schülerinnen nehmen sich ausreichend

Zeit, um sich darüber bewusst zu werden, wie der Geist funktioniert, sagt Sun Tsu. Dabei braucht man genau dieses Wissen, um den Sieg und Ganzheit herbeizuführen. Wer geistige Harmonie und die größeren Zyklen der Einschränkung erkennt, geht mit mehr Aufmerksamkeit in den nächsten ›Kampf‹. Anders gesagt: Wiederholen sich bestimmte Situationen in deinem Leben? Sagst und tust du dieselben Dinge wieder und wieder? Trotzdem kannst du das Oberkommando über den Geist und die Gedanken übernehmen und auf einem neuen Weg in die Zukunft schreiten.

Hast du deine Angewohnheiten und wesentlichen Einschränkungen identifiziert, wiederhole sie nicht. Arbeite daran, deine Konzentration fest zu verwurzeln, um dich nicht mehr überrennen zu lassen. Tritt die Situation dann wieder auf, sei gewappnet und lass nicht zu, dich wieder von demselben geistigen Manöver ablenken zu lassen.

LEKTION 5 (29–34): LASS DIE GEDANKEN FLIESSEN

Gedanken, die auf das Terrain des Geistes eindringen, solltest du ihren natürlichen Lauf nehmen lassen, ganz so wie Wasser, das uneingeschränkt von oben nach unten strömt. Befassen wir uns mit einem Gedanken und versuchen, ihn zu unterdrücken oder aufzuhalten, widmen wir ihm Aufmerksamkeit und machen ihn realer und mächtiger. Je ungestörter wir die Gedanken fließen lassen, desto größer ist die Wahrscheinlichkeit, dass wir unsere natürliche Konzentration bewahren und ungestört bleiben.

Sun Tsu sagt: Je ungehinderter deine Gedanken fließen können, desto häufiger wirst du einen natürlichen Zustand der Harmonie erschaffen, bis er schließlich konstant herrscht. Das Gegenteil trifft genauso zu: Schränkst du den Gedankenstrom ein, kommt es zu Störungen. Um einen Zustand der Ruhe und Ausgeglichenheit zu erreichen, können wir unsere Denkweise verändern und die Art und Weise beeinflussen, wie unser zyklischer Geist stark besitzergreifend auf unser Bewusstsein einwirkt und unseren natürlichen Zustand der Ruhe stört.

Sun Tsu schließt das Kapitel mit einer Mahnung ab: Schüler und Schülerinnen müssen die Kreisläufe erkennen und wissen, wann es scheint, als würden sie wachsen. Dann müssen sie ihre Perspektive verlagern und Hindernisse überwinden; wissend, wann sie sich genauso wie im Verlauf der Jahreszeiten in einem Übergangszustand befinden. Durch sorgfältige Beobachtung können wir die Zyklen erkennen, im einheitlichen Bewusstsein verharren und ständig das Gleichgewicht bewahren.

Sun Tsu erklärt: Unser Geist mag manches Mal sehr tief in einen Gedankenstrang verwoben sein; wir werden noch oft Wiederholungen erliegen, uns verlocken lassen, diesen Gedankensträngen zu folgen und uns von ihnen forttragen zu lassen – und dennoch werden wir fähig sein, den Strom der Gedanken zu meistern. Wir müssen weder einen besonderen Ort aufsuchen noch eine besondere Zeit dafür vorsehen, um über die Lektionen und ihre Umsetzung nachzudenken. Die Arbeit beginnt *in diesem Augenblick*. Es ist uns ein Leichtes, unsere Gedanken einer Prüfung zu unterziehen und zu erkennen, was uns ärgert und was nicht – schwach und stark.

Schwache Gedanken sind solche, die wir ohne große Anstrengung ziehen lassen können. Starke Gedanken sind üblicherweise mit einem – oftmals alteingesessenen – Gefühl verbunden und können uns in eine dieser endlosen Gedankenabzweigungen zerren. Erstelle hier und jetzt ein Inventar deiner Gedanken und entscheide, welche Gedanken sich klein anfühlen und welche mehr Halt haben. (In späteren Kapiteln gehen wir darauf ein, wie uns schwache und starke Gedanken in der Wahrnehmung erscheinen und wir mit ihnen ›kämpfen‹, um die Harmonie der inneren Sonne zu bewahren.)

Sun Tsu zeigt uns, dass auch für einen schwachen Geist Hoffnung besteht. *Immer*! Egal, wer du bist, wie dein Leben bislang verlaufen ist, wie überwältigt und für Störungen und Chaos anfällig dein Geist erscheinen mag – du *kannst* siegreich sein. Wir sind aufgerufen, jedem sich entfaltenden Augenblick *bereit, achtsam und flexibel* gegenüberzutreten, damit unsere Gedanken dank fest verwurzelter Konzentration kommen und gehen können.

Und rate mal, was dann geschieht – wir erschaffen tatsächlich das Gefühl eines ungestörten Stroms als neuen Weg und sanfte Methode zu leben (zu sein/zu werden). Selbst ein wenig Verständnis dafür, wie ein starker Gedanke deine Aufmerksamkeit fesseln kann, vermag einen Unterschied zu bewirken. Schon die kleine Anstrengung, deine Aufmerksamkeit sanft ein wenig anders auszurichten und einen Gedanken passieren zu lassen, kann zu einem ruhigen Geist als natürlichem Dauerzustand beitragen.

Was geschieht, wenn unsere Gedanken mitgerissen werden? Sun Tsu bietet uns Wissen, das wir *sofort* in der Praxis anwenden können, um den Gedankenstrang zu stören und ihn in kleinere Gedanken zu zerlegen. Hast du den Gedankenstrom unterbrochen, vervielfacht er sich auch nicht mehr. Hat dich mal jemand mitten im Satz unterbrochen und du wusstest nicht mehr, was du gesagt hast? Genau so. Mit dem Unterschied, dass du dies jetzt mit deinem eigenen Geist machen wirst. Um den Fokus nicht zu verlieren und deine zentrierte Konzentration und Gelassenheit zu bewahren, unterbrichst du deine eigenen Gedanken.

Nehmen wir beispielsweise an, dass du an einem ruhigen Sonntagnachmittag daheim bist und ein leckeres Essen genießen möchtest. Doch gerade, als du die erste Gabel zum Mund führst, beschließt dein Nachbar, mit viel Getöse den Rasen zu mähen. Frustration macht sich in deinen Gedanken breit. Das Gefühl kann von schwach zu stark anschwellen und wird kreisen und kreisen und kreisen; denn du glaubst, dass die externen

Handlungen deines Nachbarn (der Krach) in deine geistige Ruhe eindringen.

Sun Tsu zeigt uns, wie leicht dein Geist dich dazu bringt, eine vermeintliche Einschränkung anzunehmen (beispielsweise eine Handlung, mit der dir jemand Schaden zufügt), da es sich um eine der stärksten Wahrnehmungen handelt. Als solche erkannt, lässt sie sich jedoch überwinden, sodass der Weg zu geistigem Frieden frei wird. Theoretisch handelt es sich um eine Person, die ihren Rasen mäht. Nur der Geist/Gedanke beschließt, dass er sich davon stören lässt. Möglicherweise bist du der einzige Mensch, der den Krach hört (und zweifelsohne wird der mähende Nachbar seine eigenen Gedankenstränge haben). Meisterschaft über den Geist erringst du nicht, wenn du die (wahrgenommene) Außenwelt bekämpfst und Gefühle provozierst, die zu einer emotionalen Achterbahnfahrt führen. Stattdessen solltest du flexibel bleiben und deinen in Konzentration verwurzelten Geist beibehalten, denn er führt zur Ganzheit.

Viele unserer Gefühle wurzeln in der Vergangenheit; in Episoden und Erfahrungen, die wir bereits durchgemacht haben (das gilt umso mehr, wenn wir anfangen, uns unserer Gedankenstränge bewusst zu werden). Waren wir als Kind schüchtern und ruhig? Dann sind wir es als Erwachsene möglicherweise auch. Beim Beispiel mit dem lauten Nachbarn sollte der Schwerpunkt auf den inneren Zustand der beobachtenden Person gelegt werden, nicht auf den äußeren. Innen erschafft Außen. In der Theorie mag es weder das eine noch das andere geben, sondern nur eine Wahrnehmung oder eine beobachtende Person, die sie als zwei Wahrnehmungen deutet. Unser Ziel besteht darin, mithilfe von Sun Tsus Weisheit den Gedankenstrom zu unterbrechen, bevor wir das Labyrinth endloser Emotionen und unproduktiver Gedanken betreten, die unsere Wahrnehmung versklavt haben.

Angenommen, die Situation mit dem Rasenmähen tritt in der

nächsten Woche erneut auf. Der Gedankenstrom würde sich in diesem Fall vermutlich wiederholen und verstärken. Wahrscheinlich wird es dir nicht schwerfallen, Menschen und Situationen zu benennen, die bei dir unmittelbar einen Strang gewohnter geistiger Antworten hervorrufen. Sun Tsu sagt: Wenn du bereits im Vorfeld weißt, wie du reagierst, kannst du den Strom an Gedanken unterbrechen und die Abfolge der Reaktionen durchtrennen, um deine Konzentration nicht zu verlieren. Gerne glauben wir, unsere Gedanken seien gerechtfertigt, und möglicherweise ist das auch tatsächlich der Fall. Doch dabei übersehen wir häufig, dass wir durch unsere Gedanken die Außenwelt und damit unsere Erfahrung kontrollieren.

Was wäre, wenn dein Geist seine Überlegungen beenden und still werden würde? Wie würde die Außenwelt dann erscheinen? Keineswegs störend, sondern *still* und friedlich.

Haben wir das Gefühl, der Nachbar sei ein Störenfried, wird er es auch sein, und wir werden diese Meinung weiterhin als absolut maßgeblich und real beibehalten. Wir werden sie (gefühlt) niemals ablegen und uns davon befreien. Natürlich kann es immer sein, dass im Lexikon unter ›Störenfried‹ *tatsächlich* ein Foto von deinem Nachbarn abgebildet ist, aber deine Reaktionen, deine Gedanken und dein Urteil hängen trotzdem nur von dir ab. Kontrollierst du sie oder ziehst du in den Krieg? Intuitive Führung hilft dir, deinen Frieden zu bewahren; zentriert, das Steuerrad in der Hand.

Lassen wir uns dagegen von unseren Gedanken fortspülen, bleibt uns immer noch die Möglichkeit, den Strang zu unterbrechen und ein anderes Resultat herbeizuführen. Wir lieben es, im Recht zu sein. Wir lieben es, unsere Überzeugungen zu äußern; und dank der Weisheit von Sun Tsu können wir erkennen, dass sich die Gedanken durch unser Zutun vermehren. Auf diese Weise werden die Welt und unsere Emotionen *unveränderlich* und wir geben unser

Geburtsrecht auf, frei und grenzenlos zu sein. Beschließen wir, uns nicht über unseren Nachbarn zu ärgern (oder über eine der zahllosen anderen externen Störungsquellen), verlieren unsere lang gehegten Vorstellungen ihre Kraft und unsere Welt ordnet sich neu. Sie kann nicht länger so bleiben wie bisher.

Sun Tsu zeigt uns, wie wir die Gedanken unterbrechen, damit sie schrumpfen und sich leichter handhaben lassen. Wenn das nicht funktioniert, müssen wir kreativ werden und dem Geist etwas Schräges oder Absurdes auftischen. Wenn du beispielsweise den Gedankenstrang über den nervigen Nachbarn nicht durchtrennen kannst, stell dir doch mal vor, dass es Kühe sind, die da draußen diesen Lärm veranstalten. Versuchen deine Gedanken sich tiefer einzugraben und wollen sich vermehren, dann stell dir vor, wie sich draußen die Kühe dicht an dicht drängeln und immer mehr Krach machen. Sie könnten muhen, während ihre Glocken klingeln, vielleicht sind es aber auch blaue Kühe oder sie klettern aufs Dach, um von dort über den Mond zu springen.

Wie auch immer – was geschieht wohl, während du über die Kühe nachdenkst? Du unterbrichst deinen Gedankenstrang (und bringst sogar eine humorvolle Note in die Situation) und kannst wieder beginnen, deine Konzentration zurückzuerlangen.

Genauso erklärt uns Sun Tsu, dass wir geistige Ruhe durch Konzentration und Aufmerksamkeit erreichen. Meistern wir dies, können wir unsere Welt neu gestalten. Nimmst du dir die Zeit, fest verwurzelte Konzentration aufzubauen, werden dich deine Gedanken und Gefühle nicht fortspülen und du kannst beginnen, dich selbst und deine (wahrgenommenen) Einschränkungen zu kontrollieren. Es können Lösungen erscheinen, aber vor allem wirst du dein Leben in einem neuen Licht sehen.

Hat der nervige Nachbar aus dem Beispiel keinerlei Einfluss mehr auf dich, verändert sich dein Leben. Weil unsere Lektionen zur Wahrnehmung oftmals zyklisch verlaufen, werden wir höchstwahrscheinlich auch andere Möglichkeiten erkennen, wie wir in vergleichbaren Situationen durch Konzentration vorgehen können. Vielleicht stellst du, nachdem du Veränderungen an deinen Denkmustern vorgenommen hast, schon bald fest, dass dich Angehörige oder Kollegen nicht mehr so schnell stören. Bewahrst du deine verwurzelte Konzentration und geistige Gelassenheit, wirst du verstehen, dass niemand dich stört. Es war dein Geist, der diese Einschätzung hervorgebracht hat, aber nun hast du die Situation neu bewertet und wieder die Kontrolle übernommen.

Bist du *frei* – frei vom Gedankenstrang oder dem starren Bild der Realität, das deine Gedanken erschaffen haben –, dann befreist du auch alle anderen, die du involviert hattest. Anders gesagt: Dein Gedanke, der Nachbar sei nervig, ist nur durch deine vorgeformte Wahrnehmung entstanden. Von deinem Gedanken befreit, ist auch er frei und kann ebenfalls sein natürliches Selbst entfalten. (Das gilt für sämtliche Wahrnehmungen, die du dir über die Außenwelt erschaffen hast.) Wenn sich deine Gedanken ändern, wandelt sich auch deine Wahrnehmung (häufig durch Empathie), und die Außenwelt erscheint weniger separiert, stärker von Harmonie geprägt. Mit der Zeit wirst du möglicherweise verstehen, dass du die Welt um dich herum prägst. Kommst du ins Straucheln und geistig aus dem Tritt, wird die Außenwelt ebenfalls diese verworrene Perspektive einnehmen. Genauso andersherum: Findest du zur Ruhe zurück, wird auch die äußere Welt harmonischer. Verstehe, welche Kreisläufe und welche Gewohnheiten du überwinden musst. Die innere Sonne wird da sein und dich führen. Das ist eine wunderbare Erfahrung, denn es fühlt sich an, als habest du eine Zwillingsfreundin, die dich anleitet, die dein Bestes möchte und die dir mit Situationen und Möglichkeiten zeigt, dass dir keine Grenzen gesetzt sind. Arbeitet ihr gemeinsam als großes Ganzes, wirst du dich mit der Zeit ausdehnen und dein Blick auf die ganze Welt wird von Liebe durchflutet.

Im Laufe der Zeit wirst du dankbar für deine (wahrgenommenen) Schwierigkeiten werden, denn du erkennst, dass du ohne sie niemals erfahren hättest, wie eingeschränkt deine Betrachtungsweise ist. Du wirst nach und nach einen geistigen Zustand erschaffen, der ganz natürlich im Gleichklang und im Gleichgewicht ist; so wie sich Wasser, das sich ungehindert seinen Weg bahnen kann, eine Furche in der Erde erschafft. Vergiss nicht: Lässt du dich von deinem Geist beherrschen und dich ohne Bewusstsein durch die Welt führen, betrügst du dich darum, ein Leben ohne Einschränkungen zu leben.

DER SECHSTE SCHRITT AUF DEM VERBORGENEN PFAD ZU FRIEDEN UND GANZHEIT

1. Wende den verborgenen Pfad zu Frieden und Ganzheit so an, wie es dir am besten für die Aufgabe erscheint, unverzüglich Ausgleich in deine schwachen und starken Gedanken zu bringen.

2. Wenn sich der nächste Augenblick entfaltet, erkenne Möglichkeiten, einen starken, in Konzentration verwurzelten Willen (Willenskraft) zu etablieren, bevor es zu einer Situation kommt, die deine Macht gefährdet. Auf diese Weise sorgst du bereits im Vorfeld für das gewünschte Ergebnis! Denke wirklich vor jeder Auseinandersetzung darüber nach, welche Möglichkeiten existieren, deinen starken Willen zu behaupten.

3. Achte auf Situationen und Gedankenprozesse, bei denen du es Gedanken erlaubst, sich zu vervielfältigen, und die dich tief in

›Feindesland‹ führen, bis du in Gefangenschaft endest. Hast du die Gedanken und Gefühle identifiziert, die dich schwächen, kannst du an deinem Willen arbeiten, bei den Übungen standhaft zu bleiben.

Schwächen und Stärken ausgleichen ist der sechste Schritt auf dem verborgenen Pfad zu Frieden und Ganzheit. Unsere gewohnheitsmäßigen Gedankenstränge sind nicht zementiert, auch wenn es den Anschein haben mag. Je öfter wir diese ›gedanklichen Feinde‹ aus dem Sattel heben, desto wahrscheinlicher werden wir Freiheit finden und es öffnet sich ein neuer Lebensweg.

Denkanstöße: Schwächen und Stärken ausgleichen

»Die Schülerin, die den Strom der Gedanken kontrolliert, macht es also unmöglich, dass der Strom sie kontrolliert.« – Kapitel 6

1. Wann hast du heute zugelassen, dass ein Gedanke ungehindert kommen und gehen konnte? Was war das für ein Gedanke und wieso hatte er keine Gelegenheit, sich festzusetzen?

2. Wann hat dich heute ein starker Gedanke überwältigt und dazu geführt, dass dein Geist sich chaotisch und ungeordnet fühlte? Was waren die Gründe dafür, dass sich der Gedanke festsetzte?

3. Wie groß ist die Wahrscheinlichkeit, dass der Gedankenstrang aus Punkt 2 in der Zukunft erneut auftritt? Kannst du abschätzen, wie du dann reagieren wirst? Welche Strategie könntest du versuchen, um beim nächsten Mal den Gedankenstrom zu unterbrechen?

4. Kannst du zyklische Gedanken oder Augenblicke identifizieren, bei denen es schien, als würde deine innere Sonne dich lehren, ohne Mühe auf dem verborgenen Pfad zu Frieden und Ganzheit zu wandeln?

5. Was möchtest du an deinem Leben ändern? Wie kann dir fest verwurzelte Konzentration dabei helfen, einen neuen Weg in die Zukunft zu öffnen?

6. Nenne Beispiele, wie du dich kreativ selbst unterbrechen kannst, wenn du in den Bann eines Gedankenstrangs gerätst.

7. Nenne Beispiele, wie du deinen Geist mit Ungewöhnlichem oder Absurdem beschäftigen kannst, um Gedankenprozesse zu unterbrechen und deine Konzentration zurückzuerlangen.

8. Welche Umstände (Menschen, Ereignisse) lösen bei dir am häufigsten eine sehr tiefe emotionale Reaktion aus? Wie kannst du verstehen, dass du selbst daran mitwirkst, diese Realität aufrechtzuerhalten?

9. Wenn du die Personen aus Punkt 8 das nächste Mal siehst, werden wahrscheinlich wieder die üblichen Gedanken in Gang kommen. Wie kannst du aus diesem Muster ausbrechen und deine gewohnten Gedanken ablegen?

10. Wie fühlt es sich für dich an, wenn deine Konzentration fest verwurzelt ist? Wie lässt sie sich als dein Normalzustand die ganze Zeit über fortführen?

11. Entscheide dich für drei Methoden, wie du deinen Gedankengang bei einer bevorstehenden Konfrontation oder einem Gespräch mit jemandem in eine andere Richtung lenkst und so verhinderst, dass sich Gedankenstränge festsetzen.

12. Wann hast du dich von deinen eigenen Gedankensträngen befreit gefühlt? Was hat dir daran gefallen?

KAPITEL 7

KALKULIERTE AUFMERKSAMKEIT

1. Sun Tsu sagt: Beim Beobachten des Geistes erhält der Schüler Befehle von der uneingeschränkten intuitiven Entfaltung.[15]

2. Hat der Schüler eine Basis auf fest verwurzelter Konzentration geschaffen, muss er die beiden Selbst (den bewussten und den intuitiven Geist) zusammenführen und harmonisieren. Erst dann lässt sich wahre Meisterschaft erreichen.

3. Anschließend geht es darum, kalkulierte Aufmerksamkeit zu bewahren. Das ist nicht schwer, solange du Schwierigkeiten in Möglichkeiten, Unglück in Gewinn und Scheinheiligkeit in Aufrichtigkeit verwandeln kannst.

4. Hat dein Geist einen Zustand des Gleichmuts erreicht, erkennst du, dass der sanfte Weg lang und umständlich ist. Er hat keinen Endpunkt, kein Ziel, sondern entwickelt sich ständig weiter.

5. Es ist von Vorteil, wenn sich der Geist in einem Zustand des Gleichmuts befindet, weil er dann keinerlei Einschränkungen

---

15 Gemeint ist die pure Intuition, die nicht von Gedanken eingeschränkt wird, die stets vorhanden ist und sich entfaltet.

unterliegt. Genauso gilt, dass ein widerspenstiger Geist gefährlich sein kann, lässt man ihm freien Lauf.

6. Es wäre töricht, auf diesem langen, umständlichen Weg Gewohnheiten und sich wiederholende Muster mitzuschleppen. Womöglich glaubst du, die Dinge im Griff zu haben und mit ihnen fertigzuwerden, sollte es zum geistigen Kampf kommen. Doch diese tief sitzenden Muster belasten dich nur und verlangen dir zu viel ab.

7. Du würdest scheitern, wenn du deinen tief sitzenden Mustern/ Angewohnheiten befiehlst zu verschwinden oder sie zwanghaft stoppst in der Hoffnung, dir auf diese Weise einen Vorteil zu verschaffen und deine Mitte wiederzufinden.

8.-10. In diesem Szenario werden sich die stärksten Gewohnheiten/Gefühle im vorderen Bereich des Geistes befinden, gefolgt vom Gefühl der Überwältigung und Erschöpfung. Deine Konzentration halbiert sich und verhindert, dass du dein Ziel eines ungeteilten Geistes erreichst.

11. Ohne Konzentration ist der Geist verloren, das steht außer Frage. Und bist du zudem auch noch mental erschöpft, wird deine Lebensenergie weiter schwinden.

12. Ganzheit – die Vereinigung von höherem und niederem Bewusstsein – können wir nicht erreichen, solange wir nicht in Harmonie mit all unseren Gedanken sind.

13. Tatsächlich sind wir nicht dafür geeignet, unseren eigenen Geist zu meistern, bis wir mit unserem wahren Wesen vertraut sind; mit all seinen Höhen, Tiefen, Stolperfallen, Hürden und Irrungen.

14. Unseren Geist können wir nicht in seinen natürlichen Zustand versetzen, bis wir unsere kalkulierte Aufmerksamkeit zum Einsatz bringen. Sie fungiert in unserem bewussten Leben als Führerin.

15. Übe dich bei geistigen Konflikten in der Kunst des Vortäuschens. Verstehe, dass deine Gedanken falsche Eindrücke sind, und du wirst Erfolg haben. Werde nur dann aktiv, wenn sich daraus ein echter Vorteil ziehen lässt.

16–17. Es hängt von den Umständen ab, ob du Konzentration nutzt oder deine (widerspenstigen) Gedanken aufteilst, um auf diesem Weg wieder ins geistige Gleichgewicht zu kommen. Sei schnell wie der Wind, damit du verhindern kannst, dass eine geistige Abzweigung entsteht oder weiter wächst.

18. Setzt du bei deinem Bestreben, die geistige Kontrolle zurückzuerlangen, deinen Willen mit Druck durch, ist das wie loderndes Feuer und gleichzeitig so unverrückbar wie ein Berg.

19. Lass deine Pläne unverrückbar sein, direkt und undurchdringlich wie die Schwärze der Nacht. Wenn sich deine Gedanken oder dein Bewusstsein bewegen, bewahre deinen Willen durch Konzentration, die wie ein Blitzstrahl ist.

20. Trägst du deine Gedanken ab oder ›verwüstest‹ sie durch Willensbehauptung, dann zerstreue die fliehenden Gedanken und lass zu, dass sie sich in alle Richtungen verteilen. Tauchen weitere Gedanken auf, löse sie zum Wohl deines ganzen Geistes mit demselben Maß an Aufmerksamkeit auf.

21. Bevor dein Bewusstsein einen anderen Gedanken bewegt (oder ihm folgt), denk nach und überlege.

22. Erfolgreich wird diejenige Schülerin sein, die gelernt hat, mit welchen Tricks Gedanken daran arbeiten, uns vom Mittelpunkt des konzentrierten Bewusstseins fortzulocken.[16]

23–24. Das Buch des sanften Wegs sagt: Geht es darum, die Herrschaft über den Geist zu erlangen, ist Singen nicht so wirksam wie Gongs oder Trommeln. Genauso ist es weniger wirksam, sich auf einen Alltagsgegenstand zu konzentrieren als auf ein geweihtes Bild oder Banner.[17] In beiden Fällen können sich Ohren und Augen der Schülerin auf einen bestimmten Punkt (Sehen/Hören) konzentrieren.

25. Auf diese Weise können die beiden Selbst (der bewusste und der intuitive Geist) ein vereintes Bewusstsein bilden, das den stärksten wie schwächsten Gedanken davon abhält, sich überhaupt zu bilden. Das ist die Methode, die für den Umgang mit zahlreichen Gedanken geeignet ist.

26–27. Nutze nachts beim Üben Geräusche oder fokussiere dich auf die Flamme einer Kerze. Tagsüber kannst du dich mit geweihten Bildern oder Bannern umgeben, um deinen Augen und Ohren zu

---

16 Konzentriertes Bewusstsein bedeutet ein Maß an Konzentration, das mehr kann, als Ablenkungen zu ignorieren. Es lenkt auch Aufmerksamkeit vollständig fort vom Körper, den Sinnen und der Umwelt, um diese Faktoren zu meistern und einen höheren Bewusstseinszustand herbeizuführen, der dir Zugang zu deiner intuitiven Quelle und ihrer Weisheit erlaubt.

17 Sun Tsu empfiehlt, mit heiligen Bildern und Bannern zu arbeiten, weil ihre Schwingungen qualitativ hochwertiger sind und sich Schüler oder Schülerinnen mit ihrer Unterstützung bei ihren Übungen besser einstimmen können.

helfen, ihre Konzentration beizubehalten; denn der gesamte Geist der Schülerin kann um seinen Gleichmut gebracht werden.

28. Am wachsten ist der Geist einer Schülerin in den Morgenstunden. Zum Mittag hin beginnt der Geist zu ermüden und abends sehnt er sich nach Schlaf.

29. Aus diesem Grund hat die kluge Schülerin morgens einen ruhigeren Geist und vermeidet jede Beschäftigung mit Gedanken, solange der Geist hell ist. Die Schülerin wird erst dann agieren – oder ihre Konzentration einsetzen –, wenn der Geist schläfrig und faul wird oder es eilig hat, in den Schlaf zu kommen. Das ist die Kunst, die Stimmungen des Geistes zu studieren.

30. Erwarte diszipliniert und ruhig Anzeichen dafür, dass der Geist in Unordnung gerät und abgelenkt ist. Das ist die Kunst, Selbstkontrolle zu bewahren.

31. Nähere dich deinem Ziel, wenn der Geist ruhig und friedlich ist. Bleibe zentriert und warte geduldig, während die Gedanken sich mühen und plagen. Bleibe in tiefer Konzentration versunken, damit du deine Gedanken nicht zusätzlich anfachst. Das ist die Kunst, sich Stärke und Lebensenergie zu erhalten.

32. Vermeide die Interaktion mit deinen Gedanken, wenn du ruhig, ausgeglichen, friedlich und zuversichtlich bist. Das ist die Kunst, über die eigenen Umstände nachzudenken.

33–34. Truppen würden nicht bergauf gegen einen Feind anrennen oder sich einem Feind widersetzen, der eine Anhöhe herab auf sie zustürzt. Genauso solltest du nicht deine Gedanken verfolgen oder

der Versuchung erliegen, wütend zu werden, wenn es zu einer entsprechenden Situation kommt.

35. Lass dich von deinem Geist nicht verlocken oder ködern. Misch dich nicht ein, wenn die Konzentration heimkehrt (also in ihr Zentrum zurückkehrt).

36. Hast du einen Gedanken eingekreist, lass ihm einen Ausweg, ungehindert zu verschwinden. Übe nicht zu viel Druck aus.

37. Das ist die Kunst der geistigen Kriegsführung.

SUN TSUS LEBENDIGE WEISHEIT INTERPRETIEREN

Sun Tsu erklärt, dass unser Geist Kriege anzettelt, damit wir die reine Botschaft unserer inneren Weisheit nicht hören können. Unabhängig davon, ob wir sie spüren, leitet unsere Intuition, unsere innere ›Stimme‹, uns an wie ein General, der seinen Truppen Befehle gibt. Je leiser der denkende Geist ist, desto besser können wir uns auf unsere Wahrheit einstimmen und uns mühelos von ihr leiten lassen. Hand in Hand durchschreiten wir die Praxis der kalkulierten Aufmerksamkeit. Während wir unsere Wahrnehmung von dual auf einheitlich verändern, treten wir unserem tagtäglichen Leben mit immer mehr Gleichmut entgegen.

Wie erreichen wir diesen geistigen Zustand?

Indem wir den rastlosen Geist erkennen, der den Kreislauf der Ablenkung und Unordnung fortführt und scheinbar nur schwer zu kontrollieren ist. Auch eine Streitmacht marschiert anfänglich in einer Formation, kommt in Kontakt mit dem Feind und findet sich schließlich in einer unübersichtlichen Lage wieder. Genauso werden deine Gedanken verstreut, bis es unvorstellbar ist, dass sie sich irgendwie wieder sammeln könnten. Ist unsere Konzentration in tausend Teile zersplittert, fühlen wir uns schwach und unwürdig. Veränderung wollen wir durch Zwang herbeiführen (und beispielsweise dafür sorgen, dass unser Geist sein ständiges Geplapper einstellt), doch das wirft nur noch mehr Hindernisse auf.

Sun Tsu rät uns zu Strategien, die unsere Aufmerksamkeit stärken. Das wiederum stärkt unseren Willen. Es entsteht eine undurchdringliche Mauer der Konzentration und Aufmerksamkeit. Auf diese Weise entfaltet sich unsere Intuition, kann regieren und die nächste Wahl treffen, zur natürlichen Autorität und Kraft werden. Für die Schülerin/Kriegerin ist es ein Geben und Nehmen. Je besser wir verstehen, wie die Gedanken uns von der ruhigen und konzentrierten Mitte abhalten, desto besser können wir sie sanft unter Kontrolle bringen und dem Prozess Vertrauen schenken.

Spürst oder ›hörst‹ du deine Intuition auch nur ein einziges Mal und erkennst sie als solche an, als leitende Handlung, die nicht auf Furcht oder Unentschlossenheit beruht, wirst du sie erneut hören wollen. Sie erscheint (bewusst oder nicht) als Geräusch, Stimme, Wissen oder tiefes Gefühl; klar, emotionslos und eindeutig. Du wirst ihr aus voller Überzeugung folgen wollen, umso mehr, wenn der Geist frei von kreisenden oder eingeschränkten Gedanken ist. Du erinnerst dich bestimmt an Gelegenheiten, bei denen du gesagt oder gedacht hast: »Ich wusste einfach, dass ich das tun musste.« Das ist die große Verschiebung, die schrittweise Veränderung, die eintritt, wenn wir uns erlauben, sanft aufzutreten, zu denken und zu handeln. Gelangst du durch konzentriertes Bewusstsein zu mehr Ruhe und Frieden, wirst du Halt fassen und dir einen Ausgangspunkt erschaffen, der deinen Blick öffnet für das, was sein *kann*. Von dem so entstandenen inneren Frieden wirst du mehr haben wollen. Schärft sich deine Intuition erstmals, beginnst du zu begreifen, dass du dem rastlosen Geist nicht hilflos ausgeliefert bist –

es gibt Erleichterung von den Sorgen, den Zweifeln, dem Geschwätz, der Unordnung und den Ängsten. Du selbst kannst den Geist durch deinen Willen unter Kontrolle bringen und großen Nutzen daraus ziehen.

Das ist Siegen.

LEKTION 1 (1–7): ÄNDERE DEINE GEWOHNHEITEN

Es liegt im Wesen der Intuition, Anweisungen zu geben. Je stärker wir unser bewusstes Leben mithilfe der Aufmerksamkeit konzentriert führen, desto leichter können wir den Schatz des reinen Wissens heben. Je achtsamer wir sind, desto klarer werden wir die Umstände in einem Licht sehen, das der *rechten Art* zu denken entspringt.[18] Wir werden Schwierigkeiten als Möglichkeiten verstehen und diese Möglichkeiten als weiteren Augenblick, dem wir mit klarem Herzen und klarem Geist begegnen.

Letztlich tauschen wir eine aus unserer Sicht negative Ansicht gegen ein neutrales Gefühl der Offenheit. Diese Offenheit bedeutet, dass wir alle Situationen als gleichwertig erkennen. Steht der Geist unter neuem Befehl, verstehen wir, dass wir *stets* selbst entscheiden, wie wir den nächsten Augenblick erfahren. Kampflos lassen wir uns auf die neue Freiheit eines Kurses ein, der keinen Widerstand kennt.

Haben wir den Zustand des Gleichmuts erlebt, tut sich der sanfte Weg auf und tritt deutlicher zutage. Uns wird bewusst, dass er stets bei uns war, und wir erkennen, was verborgen war: Sämtliche Er-

---

18 Die »rechte Art« bedeutet, dass sich der verborgene Pfad zu Frieden und Weisheit unverstellt eröffnet. Man erkennt, dass alle Handlungen rein sind und die eigene Bestimmung das Geben ist, in einem niemals endenden Austausch, der in Harmonie mit allen Dingen steht. Dieses Gefühl wird häufig als ›richtig‹ empfunden im Gegensatz zur geistigen Sklaverei, die durch Konkurrenzdenken und Widerstände entsteht.

fahrungen sind eine einzige lange Entwicklung oder Entfaltung ohne Anfang und Ende. Wir werden grenzenlos, können uns jeden Traum und jede Möglichkeit vorstellen und sind nicht länger auf das allgemeine Bewusstsein begrenzt, das durch Gedanken, Sinneswahrnehmungen und Emotionen eingeengt wird.

Aber Vorsicht!

Sun Tsu mahnt, die sehr tief sitzenden Gewohnheiten nicht zu übersehen, die unser Vorankommen einschränken. Wirst du dir der Muster und Wiederholungen bewusst, zeigen sie dir, was du lernen musst (wie du wachsen beziehungsweise dich entwickeln musst), und geben dir Gelegenheit, entsprechend zu handeln.

Ein simples Beispiel zur Verdeutlichung: Unsere innere Lehrerin, die intuitive Entfaltung, ist immer bei uns. Manchmal erhascht sie unsere Aufmerksamkeit sehr rasch, beispielsweise wenn wir beim Autofahren nicht bei der Sache sind, plötzlich ein Vogel an der Windschutzscheibe vorbeijagt und sie uns aus unseren Tagträumen reißt, sodass wir gerade noch bremsen und einen Unfall vermeiden.

Bei anderen Gelegenheiten hören wir sie zwar, aber wir hören nicht richtig hin. Wir lassen zu, dass uns unsere einschränkenden (angewöhnten) Vorstellungen in die Quere kommen. Wir tun all die Dinge, von denen wir wissen, dass sie nicht gut für uns sind, und sagen dann: »Ich wusste, ich hätte das nicht tun sollen!« Rückblickend verstehen wir, dass unsere Intuition bei uns war und uns einen Weg aufzeigte, der um das Hindernis herumgeführt hätte.

Wenn wir unseren Geist regulieren und unser Bewusstsein in einen Zustand tiefer Konzentration bringen, werden wir im Lauf der Zeit unsere innere Lehrerin und ihre Wahrheiten einfacher und häufiger vernehmen. Wir verkürzen dann die Zeit von einem Hindernis zum nächsten. Irgendwann gelangen wir an den Punkt, an dem wir nicht länger durch Denken abwägen. Dann haben wir einen Zustand erreicht, in dem wir wissen, wann und wo wir handeln müssen.

Nach und nach stoßen wir immer seltener gegen Hindernisse. Wir sehen eine lange Linie sich unendlich entfaltender Momente und stehen im Einklang mit ihnen.[19]

Doch zu Beginn ziehen wir eine klare Trennlinie zwischen Arbeit, Familie, Freizeit, spirituellen Angelegenheiten und dergleichen. Das bedeutet auch, dass wir die Herausforderungen von den Möglichkeiten trennen. Wir sind sehr gut darin, Schubladen für Bereiche unseres Lebens zu erschaffen. Deshalb erkennen wir auch nicht sofort, dass die schwierige Vorgesetzte, der Beinahe-Unfall, die frustrierende Beziehung und die unangenehme Erfahrung an der Ladenkasse uns allgemein betrachtet ähnlich beeinflussen. Sie bilden ein Muster oder eine Lektion, aus der sich Lehren ziehen lassen (und die in Kreisläufen auftreten).

Gleichzeitig hat das, *was wir lernen*, häufig weniger mit *äußeren* Angelegenheiten zu tun und mehr damit, dass sich bei einer *inneren* Gewohnheit oder einer eingeschränkten Betrachtungsweise etwas verändert und sich dadurch unsere Wahrnehmung verschiebt (was wiederum zu grenzenloser Freiheit und Einheit führen kann).

Werden wir uns der wiederkehrenden Lektionen und Kreisläufe bewusst und nehmen Veränderungen/Verbesserungen vor, wird sich unsere Wahrnehmung (der Realität) neu ordnen und gleichfalls verändern. Mit der Zeit legen wir ganz von allein weniger Augenmerk auf das Außen und mehr auf die innere Reflexion; mehr Fokus auf die innere Sonne, den absoluten Sitz der Macht. (Irgend-

---

19 Ein Beispiel dafür findet sich im Zoroastrismus. Verethragna verkörpert gleichzeitig das Hindernis und den Triumph und deutet damit an, dass wir erfolgreich sind, weil wir unseren Blick auf Hindernisse verändern können. Jeder Augenblick ist perfekt und im Einklang, und wir treten ihm entgegen mit allem, was wir an Liebe, Fürsorge und Empathie aufzubringen vermögen.

wann gelangen wir an den Punkt, an dem Innen- und Außenwelt nicht mehr getrennt sind, sondern eins.)

Sun Tsu fordert, dass wir uns die geistigen Muster bewusst machen, die Dinge, über die wir wieder und wieder klagen und die uns einschränken. Sun Tsu sagt: »Es wäre töricht, sie mitzuführen.« Damit ist gemeint, dass du keinen Zustand geistiger Harmonie erreichen kannst, wenn dich ständig dieselben Dinge deiner Konzentration berauben und dich in deiner Not einschränken. Und gerade, wenn du das Gefühl hast, eine einschränkende Angewohnheit überwunden zu haben (beispielsweise das Gefühl von Unwürdigkeit, Kleinlichkeit oder Eifersucht), taucht auch schon die nächste Begrenzung auf. Möglicherweise wirst du sogar zu dem Gedanken verleitet, eine große Veränderung in deinem Leben vorgenommen zu haben – aber in den Winkeln deines Geistes (oder deines Wahrnehmungsfelds) lauert noch vieles auf dich. Doch genauso gilt: Wann immer du eine unerwünschte Eigenschaft ablegst, hast du dir eine Basis geschaffen, von der aus du deine Reise fortsetzen kannst.

Sei weise, erkenne deine Muster und Wiederholungen und verändere sie.

LEKTION 2 (8-13): ÜBE DEN RUHIGEN GEIST

Sun Tsu zeigt, wie die kraftvollsten Gedanken uns ständig aus unserer Konzentration reißen können. Wann immer wir in einen Gedankenstrang gezogen werden, ermüden wir geistig und verbrauchen Lebensenergie. Das macht es schwer, unseren Geist zu einer Einheit zu formen. Vergiss nicht: Ganzheit ist nicht das Ergebnis einer Abfolge von Schritten, die du erreichst, sondern ein Zustand ständiger Aufmerksamkeit im *Hier und Jetzt*. Es ist die Kraft rastloser Gedanken, die den Geist daran hindern möchte, sich mit vollem Bewusstsein klarzumachen, dass dieser Zustand parallel zur Ablenkung existiert.

Genauso verhält es sich, wenn wir Schwierigkeiten wahrnehmen. Vielleicht hast du gerade einen ganz großartigen Tag, aber plötzlich geschieht etwas ›Schlimmes‹. Das Einzige, was sich von der einen Erfahrung zur nächsten geändert hat, ist deine Wahrnehmung, denn sie hat sich verlagert. Es ist einzig der Geist, der das Erlebte als negativ kategorisiert. Meistern wir den Geist, fangen wir an zu verstehen, dass es an uns selbst liegt, wie wir eine Erfahrung betrachten. Gut/schlecht, Schwierigkeit/Möglichkeit – diese scheinbaren Gegensätze koexistieren. Häufig beschließen wir, das eine zu sehen und das andere nicht – die Variante, die uns begünstigt oder die durch lang eingeübte Reaktionen und Antworten gewohnheitsmäßig in uns verwurzelt ist.

Falsche Vorstellungen können durchdrungen werden, beobachtet, separiert und eingekreist. Das ist der zentrale Punkt von Sun Tsus Lehre. Je mehr Aufmerksamkeit wir aufbringen (konzentriertes Bewusstsein), desto besser verstehen wir unsere Wiederholungen und desto wahrscheinlicher – oder realistischer – ist es, dass wir einen Wandel herbeiführen und anders ›denken‹, anders ›sein‹ können.

Während wir die Hindernisse überwinden, die uns rastlose und gewohnheitsmäßige Gedanken in den Weg stellen, verstehen wir schrittweise, wie bereitwillig wir uns bisher mit einem eingeschränkten Bewusstseinszustand abgefunden haben. So weit geht die Entwicklung voran, dass sich die Dualität von Gut und Böse auflöst. Wir erkennen, dass wir selbst entscheiden, ob wir leiden, und dass wir uns stattdessen für Freiheit entscheiden können. Mit der Zeit sehen wir alle Existenz (oder alle Erfahrungen) als einfach gleichwertig stattfindend an. Und wenn zwei Ereignisse gleichzeitig auftreten – du beispielsweise an deinem Geburtstag mit einem Ausschlag aufwachst oder am Tag eines wichtigen Vortrags deine Mandeln streiken –, dann begegnest du dem mit Verwunderung und Leichtigkeit, mit Einssein und Neugier, wohl wissend, dass diese Erfahrung für sich selbst genommen ein Schatz ist.

Zunächst allerdings sollten wir uns noch viel klarer bewusst machen, wie stark die Gedanken unser Denken und Leben bestimmen; wie sie eine Version unserer Realität entwerfen, die meist auf emotionalen Reaktionen basiert. Wir können die Kontrolle zurückerlangen und einen neuen Oberbefehlshaber etablieren. Sun Tsu empfiehlt, einfach mit jenen Gedanken zu beginnen, die uns am meisten belasten und dazu beitragen, dass wir Ehrgeiz und Willenskraft einbüßen. Oder anders gesagt: Der Gedanke, der deinen Geist am stärksten beschäftigt, führt Krieg gegen deine Konzentration.

Zum Glück zeigt uns Sun Tsu, dass Harmonie in jedem einzelnen Augenblick möglich ist, wenn wir unser wahres Ich erkannt haben. Allmählich wird uns klar, dass die unstet wandernde Aufmerksamkeit, die ein unruhiger Geist erzeugt, unserer Kontrolle unterliegt. Wir können beschließen, dass wir nie wieder wütend sein wollen. Wir können beschließen, dass wir keine Angst mehr haben – und dass Angst ausschließlich in unserem Kopf und nirgendwo sonst existiert.

Ein Beispiel: Du bist mit einer anderen Person allein im Haus, als ihr plötzlich ein Geräusch hört. Eine Person hat Angst, die andere nicht. Bist du die Person, die Angst hat? Dann kannst du diese Angst aktiv hinterfragen, dich auf die andere Seite der Angst stellen und erkennen, dass nicht sie real ist, sondern einzig dein Glaube an sie. Und wenn du nicht die Person bist, die Angst hat, kannst du die ängstliche Person mit Empathie verstehen.

Wie wir die Umstände wahrnehmen, bestimmt unsere Reaktion und im Grunde den Kurs unserer weiteren Entwicklung. Mithilfe von Konzentration und Aufmerksamkeit können wir einen direkteren Kurs und ein zielstrebigeres Vorgehen wählen, das im Einklang mit unserer inneren Harmonie steht. Je früher wir bemerken, dass wir unser geistiges Gleichgewicht aufgeben, desto schneller können wir loslassen, zulassen und das Gleichgewicht zurückerlangen, anstatt mitanzusehen, wie der Geist umherirrt und immer tiefer in Verwirrung abrutscht.

LEKTION 3 (14-23): STIMME DICH AUF DEINE INTUITION EIN

Die Intuition ist unsere größte Stärke, denn sie ist nicht von unseren Gefühlen und Sinnen beeinflusst. Verstehen wir unsere intuitive Entfaltung, erleben wir reine Wahrheit. Wenn du deine verborgene Lehrerin enthüllst, wirst du deine eigene Gesellschaft genießen, deine Kreativität, deine Liebe und Freude. Du bist motiviert und begegnest dem Leben mit neuer, unerschütterlicher Aufmerksamkeit.

Handelst du aus deiner inneren Sonne heraus, hinterfragst du dich nicht, denn du verfügst über ein inneres Wissen, für das es keine Worte gibt. Du erhaschst kurze Blicke auf diesen natürlichen Zustand und kannst deine Erfahrung bis zu einem Punkt entwickeln, an dem sie konstant bleibt und du sie niemals verlässt. Dann verschwinden deine geistigen Konflikte, du befindest dich nicht länger im Kriegszustand mit dir selbst. Du erkennst deine Intuition, deine innere Sonne, als einzige Befehlshaberin an. So kannst du deine üblichen bewussten Gedanken als falsche Eindrücke entlarven, die versuchen, deine Weisheit und Wahrheit aus dem Sattel zu heben.

Intuitive Entfaltung ist die reine Wahrheit, weshalb du Gedanken eher wie Geister ansehen wirst, die sich zu Unrecht in deinem Wahrnehmungsfeld aufhalten. Du gibst ihnen keine Macht und lässt zu, dass sie verblassen. Wenn sich deine Umstände verändern, rät dir Sun Tsu, auch weiterhin aufkommende Gedanken zu ›trennen‹, damit sie nicht stark werden und dich überwältigen. Sie sind trügerisch und werden es auch künftig sein. Es ist leicht, in alte Muster zu verfallen, wenn du auf alte Orte, Freundschaften und Umstände triffst. Also sei wachsam und wappne dich dafür, dass solche Situationen eintreten und dich auf die Probe stellen werden.

Behaupte einfach deinen Willen und unterdrücke widerspenstige Gedanken oder alte Angewohnheiten. Sei unverrückbar wie ein Berg. Denke daran, dass du dich jeder Situation mit Konzentration und Aufmerksamkeit, die im Einklang mit deiner intuitiven Entwicklung steht, stellen kannst. Nichts wird dich triggern oder von deiner inneren Quelle trennen.[20] Darum findest du in Sun Tsus Werk auch keine festgelegten Zeiten für Übungen: Das Schlachtfeld existiert in jedem Augenblick und an jedem Ort; im Supermarkt, auf der Autobahn, bei der Arbeit, im Urlaub, kurz vor dem Schlafengehen, beim Duschen. Alle Erfahrungen sind dieselben Erfahrungen. Du wirst dich niemals in einer Situation befinden, in der du deinen Geist nicht durch konzentriertes Bewusstsein regulieren könntest.

Alle Ideen, Situationen oder Umstände, die dir begegnen und dich ablenken, sind dein ›Schlachtfeld‹. Der einzige Krieg, der ausgetragen wird, ist jener, den du selbst erzeugst und wahrnimmst. Behaupte deinen ›inneren‹ Willen gegenüber deinem ›äußeren‹ oder erschaffe Einheit des Bewusstseins. So eroberst du Konzentration und Fokus zurück und gelangst zum Sieg, auch wenn er nur temporär sein sollte. Deine Konzentration wird wie ein Blitzschlag sein.

Setzt ein neuer Gedankenzyklus ein, gehe genauso vor: Zerstreue und vertreibe die Gedanken. Achte nicht auf sie, und dein vollständiges Selbst wird profitieren. Du kannst darüber nachdenken und

---

20 Diese Idee wird im alttestamentarischen Psalm 23 aufgegriffen: »Auch wenn ich gehe im finsteren Tal, ich fürchte kein Unheil.« Das spricht für einen beherrschten Geist, der unbeeinflusst von äußeren Kräften bleibt, die versuchen, den Fokus zu durchbrechen, der auf der Vereinigung mit Gott liegt.

überlegen, welche Gedanken auftauchen werden. Während du sie aus dem Weg räumst, werden weitere folgen, darunter auch Ideen, über die du dich wundern wirst. Vielleicht fragst du dich, woher sie überhaupt gekommen sind, aber das ändert nichts daran, dass sie nun da sind. Es ist, als ob du mit einem Lied in deinem Kopf aufwachst und dich nicht im Geringsten erinnern kannst, es in letzter Zeit überhaupt einmal gehört zu haben.

Während der Geist durch Gedanken zirkuliert, kannst du durch Beobachtung den nächsten Augenblick abwägen. Bewahre die Konzentration, handele in Verbindung mit deiner Intuition. Erarbeite dir innere Stille, die geschützt ist vor externen Störgeräuschen oder Einmischung der Sinne, die deine Aufmerksamkeit zunichtemachen könnten. Schrittweise wird sich innere Harmonie durchsetzen. Du gelangst in einen ruhigen, natürlichen Zustand des Gleichmuts zurück. Es ist, als hättest du endlich die alleinige Kontrolle über den Lautstärkeknopf am Radiogerät deiner bewussten Gedanken.

LEKTION 4 (24–37): LASS DIE GEDANKEN KOMMEN UND GEHEN

Indem wir regelmäßig unsere Ohren und Augen (all unsere Sinne) auf einen Punkt fokussieren, sodass sie den Geist nicht stören, ehren wir den sanften Weg. Einsamkeit und Stille sind die besten Methoden, die geistige Harmonie zu unterstützen. Aber zunächst kannst du auch im Alltag oder in Meditationsübungen die Sinne auf etwas fokussieren. Weil so die Gedanken zurückgedrängt werden, kann die Intuition ungestört kommunizieren.

Wenn du beim Spazierengehen Musik hörst, sind deine Ohren mit den Klängen beschäftigt und dein bewusster Geist mit dem Gehen. Dieses Zusammenspiel gibt der Intuition Freiraum, sich zu entfalten, stärker zu werden und sich Gehör zu verschaffen. Läufst du oder treibst du einen anderen Sport? Gärtnerst, strickst oder puzzelst du gerne? Betreibst du Kampfsport? All diese Handlungen lenken den bewussten Geist ab und erlauben deinem Bewusstsein, still zu sein, Klarheit zu gewinnen und Frieden zu finden. Dasselbe gilt, wenn wir unseren Augen etwas zum Anschauen geben: Unser Fokus verlagert sich dorthin, anstatt einem Gedanken zu folgen und dem Geist seine sanfte Ruhe zu ›rauben‹.

Sun Tsu empfiehlt, zu unterschiedlichen Tageszeiten mit dem Geist zu arbeiten und auf diese Weise Veränderungen an unseren täglichen Abläufen vorzunehmen. Wenn wir bereits im Vorfeld wissen, welche ›Laune‹ der Geist hat (vielleicht bist du morgens wacher und kannst dich besser konzentrieren, während du abends eher träge wirst), können wir uns in den Zeiten der Schwäche verstärkt darauf konzentrieren, unsere geistige Ruhe zu bewahren. Gelingt es uns, das Selbstbewusstsein aufrechtzuerhalten, indem wir die Situationen erkennen, die unsere Disziplin und Ruhe angreifen, überlassen wir das Königreich des Geistes nicht ohne Weiteres den Ablenkungen und der Unordnung. Wir können einen Zustand des Friedens und der Ganzheit erreichen – er ist zwar stets präsent und verfügbar, aber häufig verborgen. Dazu müssen wir, wenn der nächste Gedanke aufsteigt, achtsam sein und zulassen, dass er ungehindert weiterzieht. Wir können abwägen, wie wichtig er ist, aber wir lassen nicht zu, dass er unsere Konzentration stört und uns Lebensenergie oder Fokus raubt. Auf diese Weise werden Harmonie und Frieden zu unserem natürlichen Zustand. Wir rechnen mit jenen Situationen, in denen wir leicht stolpern – beispielsweise wenn wir Wut aufsteigen fühlen –, handeln aber entsprechend, um unsere Mitte nicht zu verlassen.

Gedanken kommen und gehen ohne Anstrengung, insofern musst du keinen Zwang anwenden oder frustriert reagieren, wenn du sie nicht aus dem Weg räumen kannst. Das Beste, was du tun kannst, ist unangestrengtes Zulassen, was im Grunde bedeutet, dass du deinen herumwandernden Gedanken keinerlei Aufmerksamkeit schenkst und sie damit entmachtest. Lässt du zu, dass die Gedanken ungehindert vorbeiziehen können, ist das ein Schritt auf dem Weg zu deinem eigenen geistigen Sieg.

SO PRAKTIZIERST DU KALKULIERTE AUFMERKSAMKEIT

Wenn du schon einmal jemanden um Rat gefragt hast, weißt du, wie es sich anfühlt, unsicher zu sein. Es ist völlig normal, die Hilfe anderer anzunehmen, um den Weg zu finden. Aber was wäre, wenn du mit absoluter Sicherheit *die ganze Zeit* wüsstest, was du zu tun hast? Wenn du im Grunde niemals mit Zweifeln, Ängsten oder Sorgen leben müsstest? Wenn du niemals eine Entscheidung bereuen oder dich fragen würdest, ob du vielleicht doch anders hättest handeln sollen? Stell dir vor, wie es wäre, wenn sich jeder Augenblick harmonisch entwickelt, ohne Widerstand, ohne Anstrengung.

Sun Tsu zeigt uns, dass wir die Bewegung unserer Gedanken abwägen können, sie unter das Oberkommando von Konzentration und Aufmerksamkeit stellen und so ein Klima geerdeter Aufmerksamkeit generieren können. Wir alle haben irgendwann schon einmal Augenblicke der Intuition erlebt. Vielleicht hat uns eine Ahnung befallen, besser diesen als jenen Weg zu gehen. Der Ratschlag, auf die eigene Intuition zu hören, erscheint fast zu naheliegend – aber genau dazu fordert Sun Tsu uns auf. Wägen wir achtsam unseren nächsten Gedanken ab, schaffen wir Raum für unsere Intuition. Sie kann sich ausbreiten und auf natürlichere Weise unsere Entscheidungen und Beschlüsse unterstützen. Deine Intuition steht immer bereit, aber möglicherweise bist du nicht auf sie eingestimmt, sondern wirst stattdessen vom rastlos umherwandernden Geist bestimmt und agierst voller Ungewissheit.

Sun Tsu empfiehlt, den Geist durch Konzentration und Aufmerksamkeit zu disziplinieren. Auf diese Weise kannst du Ablenkungen so lange fernhalten, dass du deine intuitive Führerin hören und verstehen kannst. Dieses Wissen erlangst du nicht mit dem Geist. Vielmehr enthüllt es sich als gefühlter Sinn, der durch Aufmerksamkeit ermöglicht wird.[21] Das Selbstbewusstsein ist sehr klar, wie ein unsichtbarer Engel, der dich voller Gewissheit auffordert zu handeln, frei von Zweifeln oder Verwirrung. Es ist wie ein ›Bauchgefühl‹, auf das man sich blind verlässt.

Je besser du deinen Geist in den Griff bekommst, desto weniger Augenmerk legst du auf die Gedankenströme. Manchmal wirst du sogar feststellen, dass du überhaupt nicht denkst. Es ist eine ganz andere Art und Weise, sich in der Welt zu bewegen: So hört man etwa das Geschwätz beim Betreten und Verlassen eines Geschäfts nicht oder hat auf der Autobahn kein Bedürfnis, das Radio anzumachen – und auch das Radio im Kopf plärrt nicht vor sich hin, denn du bist frei von Gedanken.[22]

Sun Tsu empfiehlt, auf das zu achten, was in das Feld der Konzentration und Ruhe eindringen und es vernichten könnte. Du bist in diesen Momenten nicht gedankenlos, sondern lässt vielmehr zu, dass sich das Feld der Intuition ausbreitet, ohne dass du es verhinderst. Dieses intuitive Entfalten ist wie eine Art inneres GPS, das dich in eine gewisse Zukunft führt – sie wird gewiss,

---

21 Das bringt uns erneut zu Sokrates: »Ich weiß, dass ich nichts weiß.« Platon verleiht der Präsenz des intuitiven Wissens oder dem intuitiven Bewusstsein eine Stimme. Intuitives Bewusstsein kann nicht gedacht werden, denn es ist vollständig und wird als gegenwärtiges Gewahrsein erfahren, das von reiner Intuition geleitet wird.

22 Schlaf kann uns eine Atempause von den ständigen Gedanken verschaffen und Schülerinnen und Schülern ihre erste Erkenntnis zu dem klaren Kanal bescheren, der vor ihnen liegt. Schlaf kann aber auch von Träumen diktiert werden, die mit spielfilmartigen Abenteuern und Missgeschicken erfüllt sind und so den Mangel an Frieden und Harmonie nur noch mehren. Dieser Mangel wird dann mitgenommen in den (wahrgenommenen) Wachzustand.

weil du im Zustand des Wunderns, der Neugier und der Gleichgültigkeit bist. Allen entstehenden Situationen kannst du mit sanfter Leichtigkeit und Fürsorge, Liebe und Harmonie, Einheit und Kooperation begegnen (im Gegensatz zu einer ungewissen Zukunft, in der Angst, Sorge, Zweifel und Konkurrenzdenken das Sagen haben).

Es ist leicht, unsere Intuition auf die Probe zu stellen, zu beobachten, wie sie in unserem Namen agiert, und anschließend eine engere Beziehung aufzubauen. Sie ist immer bei uns, insofern können wir ihr jetzt sofort zuhören, anstatt blind zu reagieren. Bis du den Unterschied zwischen deinem intuitiven Wissen und reinem Wünschen/Raten erkennst, wird einige Zeit vergehen. Vielleicht bittest du einfach darum, dass dir der Weg offenbart wird. Geschieht nichts, akzeptiere, dass du genau dort bist, wo du sein sollst, oder dass die Antwort bei Bedarf kommt. Bevor du an Denkweisen festhältst, die nur endlose Worte und Gedankenfolgen nach sich ziehen, lass einfach los. Inneres Bewusstsein ist viel ruhiger und sanfter. Es handelt ohne Zwang und das solltest du auch.

Wenn wir zulassen, dass die Intuition uns den sanften Weg aus unserem bewussten Leben bahnt, verläuft die Zeit anders. Sie ist unterbrochen und hört auf zu existieren. Ob etwas geschieht oder nicht, ist letztlich nicht von Bedeutung, denn du fühlst dich ganz im Hier und Jetzt. Du erkennst im Einklang mit deiner Intuition, dass sich der Augenblick unablässig entfaltet.

Auf dieselbe Weise verspürst du möglicherweise Kreisläufe. Du erkennst, dass vieles in Bewegung ist, um Szenarien und Ergebnisse herbeizuführen, und dass sie dir allesamt nützen. So fühlt sich Einheit an, wenn die Intuition zu deiner Verbündeten, deiner Begleitung und Lehrerin wird; zu deiner Führerin und derjenigen, die du ist, die dich aber auch leitet.

Das Leben wird zum Kreislauf, denn die geistigen Auseinandersetzungen, die gestern noch deine Aufmerksamkeit gefesselt haben, können dich nicht länger ablenken. Menschen, Orte, Situationen und Schwierigkeiten werden zu Gelegenheiten, deine Gaben zu teilen – allen voran deine Liebe.

Kalkulierte Aufmerksamkeit umfasst alle Schritte, die Sun Tsu uns bislang an die Hand gegeben hat. Übe und meistere jeden Schritt und du wirst dich ganz natürlich weiterentwickeln und deine Intuition stärken. In jedem sich entwickelnden Augenblick kannst du den Geist auf dem Kreislauf des sanften Wegs beobachten, abwägen und Selbstbewusstsein entfalten. Während du deine Konzentration und Aufmerksamkeit entwickelst, nimmst du Schwung auf »wie ein runder Stein, der einen Tausende Fuß hohen Berg hinabrollt«. Du wirst immer stärker.

Beginne jetzt, deine eigenen Kreisläufe und Muster zu erkennen. Finde die Augenblicke und Lücken in deinem Denken, in denen die Intuition dich führt. Vertiefe Aufmerksamkeit und Fokus, damit du deine Freiheit nicht länger an widerspenstige Gedanken verlierst, sondern zulässt, dass sich deine innere Weisheit von ganz allein zeigt. Achte darauf, wann deine Lebenskraft und dein Wille nachlassen und für welche Situationen du am teuersten bezahlst. Warum ist das so? Deine Gefühle und Sinneswahrnehmungen erschaffen ohne Unterlass Kriege, in die du ziehen kannst. Durch Konzentration und Aufmerksamkeit eroberst du dir allerdings wieder eine Position der inneren Ruhe zurück.

Mit ein wenig Übung kannst du Frustration vermeiden und erleben, wie ruhig und sanft du wirst – so sehr, dass du nirgendwo Rückstände deiner rastlosen geistigen Energie und Gedanken zurücklassen möchtest! In Parkanlagen oder Wäldern sieht man oftmals Schilder, auf denen darum gebeten wird, außer Fußabdrücken nichts zurückzulassen. Ganz ähnlich ist es auch hier: Du wirst so fokussiert sein, dass es dir unangenehm wäre, wenn dein ›Müll‹

(Gedanken, Energie) noch irgendwo herumliegt und andere ihn wahrnehmen könnten.

Du kannst deinen Geist so weit regulieren, dass du, *egal wo du bist*, keinerlei geistigen ›Müll‹ und keine Schwingungen hinterlässt, sondern stattdessen andere Menschen (bewusst oder unbewusst) durch deinen natürlichen Zustand der Freude und Liebe aktiv aufbaust.

An diesem Punkt gewinnt unsere soziale Verantwortung, anderen zu dienen, an Bedeutung und Wertigkeit. Uns wird bewusst, dass wir der Welt viel zu bieten haben. Jeder Schritt ist ein weiterer Augenblick, in dem wir auf dem sanften Weg teilen und dienen können. Hast du deinen natürlichen Zustand wieder ins Gleichgewicht geführt, sendest du neue Schwingungen aus. Andere werden das fühlen (bewusst oder unbewusst) und ihre Last wird verringert. Allein deine Präsenz reicht aus, eine verbale Auseinandersetzung oder Meinungsverschiedenheit zu beenden – aber hier fängt dein Einfluss auf andere erst an!

Du wirst auf natürliche Weise spüren, wie deine innere Freude in alle Lebensbereiche einsickert, bis du sie als ein einziges, vereintes Ganzes siehst. Kommt es zu einem geistigen Kampf, wendest du die festgelegte Strategie an und eroberst das Königreich zurück.

Sei sanft zu dir selbst und du wirst den Erfolg davontragen.

DER SIEBTE SCHRITT AUF DEM VERBORGENEN PFAD ZU FRIEDEN UND GANZHEIT

1. Wende den verborgenen Pfad zu Frieden und Ganzheit so an, wie es dir zum jetzigen Zeitpunkt am besten geeignet erscheint, um kalkulierte Aufmerksamkeit herbeizuführen.

2. Suche in jedem Moment nach Möglichkeiten, kalkulierte Aufmerksamkeit zu bewahren, rastlose Gedanken verblassen und verschwinden zu lassen und deine Intuition zu befreien, sodass sie klar und deutlich ›sprechen‹ und ›sich Gehör verschaffen‹ kann.

3. Achte den ganzen Tag über auf intuitive Momente. Wenn du beispielsweise auf eine geliebte Person wartest, versuche, durch Intuition den genauen Zeitpunkt ihres Eintreffens zu erahnen. Erwartest du eine Nachricht? Versuche, durch Intuition zu erahnen, wann und wie sie eintreffen wird. Stimme dich darauf ein und filtere dabei jenes negative und gewohnheitsmäßige bewusste Geschwätz heraus, das dich üblicherweise einschränkt.

Kalkulierte Aufmerksamkeit ist der siebte Schritt auf dem verborgenen Pfad zu Frieden und Ganzheit. In deinem Bemühen, in all deine Handlungen mehr Aufmerksamkeit zu legen, solltest du niemals aufgeben oder erlahmen. Je mehr du dirigierst, abschätzt und deinen Geist in einen Zustand der Aufmerksamkeit versetzt, desto heller wird die Intuition hervorleuchten und dein Leben gewisser und harmonischer machen.

Denkanstöße: Kalkulierte Aufmerksamkeit

»Ohne Konzentration ist der Geist verloren.« – Kapitel 7

1. Nenne beispielhaft einen Moment, in dem du deine Intuition bemerkt hast. Woher weißt du, dass es deine Intuition ist, die du ›hörst‹ oder ›spürst‹, und nicht bloß dein bewusster Geist?

2. Nenne eine Situation, in der du einem bestimmten Vorhaben tiefe Konzentration und Aufmerksamkeit entgegengebracht hast. Was war charakteristisch für dein Erleben, als du hochgradig fokussiert oder achtsam warst?

3. Intuitive Entfaltung bedeutet, dass unsere Intuition allgegenwärtig ist und sich in jedem einzelnen Augenblick entfaltet. Schau auf den vergangenen Tag oder die vergangene Woche zurück – kannst du eine bestimmte Folge von Erfahrungen benennen, bei denen deine Intuition federführend war?

4. Führe beispielhaft eine Situation an, bei der du deine Intuition zwar gehört hast, ihr aber nicht gefolgt bist. Welche Faktoren waren in dieser Situation stärker und lenkten dich in die falsche Richtung?

5. Welche Strategien kannst du auf dem verborgenen Pfad zu Frieden und Ganzheit entwickeln, um den ›alles beherrschenden‹ Krieg in deinem Kopf loszulassen, sodass deine Gedanken einfach kommen und gehen können?

6. Betrachte eine schwierige Situation aus den letzten Stunden, Tagen oder Wochen. Schreibe sie so um, dass aus der Schwierigkeit eine Möglichkeit wird, aus Unglück ein Gewinn, aus Unehrlichkeit Aufrichtigkeit.

7. Führe drei fest verwurzelte Denkweisen an, die dich möglicherweise dazu verleiten, in zyklische Muster zu verfallen. Wie könntest du sie unter Kontrolle bringen und einen neuen Kurs bestimmen?

8. Nenne eine Situation, in der dein Geist von einer sehr starken Gewohnheit/Emotion beherrscht wurde und du sie einfach nicht loswurdest. Wie lange hielt dieser Gedankenstrom an? Warst du erschöpft und ängstlich? Wie löste sich die Situation schließlich auf? (Wenn sie noch immer andauert: Wie kannst du Sun Tsus Lehren anwenden, um zurück zu tieferer Konzentration zu finden?)

9. Nenne ein Beispiel für einen Moment, in dem du über Gedanken, die in dein Bewusstseinsfeld eintraten und es wieder verließen, aktiv nachgedacht, sie abgewogen und es geschafft hast, dich nicht von ihnen bewegen oder forttragen zu lassen. (Versuch dies jetzt noch einmal, wenn nötig.)

10. Wähle etwas, über das du oft nachdenkst oder auf das du fixiert bist, und unterziehe es einer genauen Prüfung. Achte darauf, wann du über dieses Thema nachdenkst, und beschließe dann, deinen Geist zu regulieren. Wirst du beispielsweise rasch wütend, dann entscheide, dich davon nicht mehr aus deiner Konzentration reißen zu lassen. Kehre einfach zum Sitz der Gelassenheit zurück und versuch es erneut.

11. Zu welcher Tageszeit ist dein Fokus am schwächsten und deine Konzentrationsfähigkeit am geringsten? Welche Strategien kannst du täglich anwenden, um dein Zentrum der Sanftheit aufrechtzuerhalten?

12. Beschreibe einen Moment, in dem dein Geist dich durch Verlockungen und Köder dazu bringen wollte, deine Ruhe aufzugeben. Wie kannst du dich beim nächsten Mal gegen die Versuchung erwehren?

KAPITEL 8

METHODEN VARIIEREN

1. Sun Tsu sagt: Beim Beobachten des Geistes erhält der Schüler seine Befehle von der intuitiven Entfaltung, die die Sinne anleitet und den Willen bündelt.

2. Versteife deine Aufmerksamkeit nicht, wenn der Geist sich nur schwer kontrollieren lässt. Hält sich der Geist in feindlichem Gelände auf, hole dir Verstärkung in Form von Ruhe. Lass den Geist nicht bei Ideen/Gedanken verweilen, die dich auf gefährliche Weise vom Zentrum deiner Konzentration fernhalten. In schweren Fällen musst du zu einer Strategie greifen. Ist die Lage verzweifelt, musst du dafür kämpfen, deinen Geist aus seinen Fesseln zu befreien.

3. Es gibt starke Gedanken, denen du *nicht* folgen solltest; Gefühle, die du *nicht* herausfordern solltest; Sinneswahrnehmungen, die dich *nicht* überwältigen dürfen; Situationen, die du *nicht* konfrontieren darfst; Befehle des rastlosen Geistes, die du *nicht* befolgen darfst. Das sind die ›fünf Arten der vorteilhaften Anpassung‹.

4. Versteht eine Schülerin/Kriegerin, wie wichtig es ist, die Methoden zu variieren, und hat die ›fünf Arten der vorteilhaften Anpassung‹ verinnerlicht, dann ist sie imstande, den rastlosen Geist zu beherrschen.

5. Ein Schüler, der dies nicht begreift, mag mit dem Wesen des Geistes gut vertraut sein und erkennen, wie der Geist gewohnheitsmäßig denkt – dennoch wird ihm dieses Wissen keinen Vorteil bescheren.

6. Ein Schüler, der den Geist beobachtet, aber nicht in der Lage ist, seine Methoden zu variieren, wird sich – obwohl er mit den ›fünf Arten der vorteilhaften Anpassung‹ vertraut ist – nicht bestmöglich selbst kontrollieren können.

7. Ob ihr geistiger Zustand nun vorteilhaft oder nachteilig ist – die kluge Schülerin/Kriegerin wird nach einem harmonischen Bewusstseinszustand streben.

8. Stärken wir auf diese Weise unser Streben nach Harmonie, können wir die zentrale Komponente der von uns gewählten geplanten Methode etablieren.

9. Sind wir andererseits auch inmitten geistiger Schwierigkeiten jederzeit bereit, unseren Willen (unsere Fassung) wiederzugewinnen, um einen Vorteil zu erlangen und Harmonie wiederherzustellen, können wir jede weitere Not lindern.

10. Reduziere feindselige Gedankenstränge, indem du sie vorsätzlich stoppst und absichtlich ihren Fluss störst, damit sie sich nicht festsetzen und vermehren können. Verstehe, dass etwas, das wahrhaftig erscheinen mag, in Wirklichkeit irreführend und falsch ist und dich dazu verleitet, Gedanken als allmächtig wahrzunehmen, während du sie in Wirklichkeit zerstreuen und auflösen kannst.

11. Die sanfte Kunst, den Geist zu beobachten, lehrt uns: Wir sollten uns nicht darauf verlassen, dass Gedanken *nicht* kommen, viel-

mehr müssen wir bereit sein, sie zu empfangen. Wir sollten uns nicht darauf fokussieren, dass sie möglicherweise angreifen, sondern auf unsere eigene Konzentration, die wir bereits im Vorfeld undurchdringlich gemacht haben.

12. Es gibt fünf potenzielle Einschränkungen, die auf den Gleichmut des Schülers einwirken können:

a) Fahrlässigkeit; sie erschüttert die Konzentration.
b) Feigheit; sie führt dazu, dass uns gewohnheitsmäßige Einschränkungen überrumpeln.
c) ein hitziges Gemüt; es lässt sich rasch von Kritik entfachen.
d) ein sensibles Wesen; man verspürt leicht Scham oder Erniedrigung.
e) übermäßige Ängstlichkeit; sie setzt uns Sorgen und Schwierigkeiten aus.

13. Das sind die fünf hartnäckigen Mängel des Schülers, die sich verheerend auf die Disziplin des Beobachtens auswirken.

14. Wenn die Schülerin die intuitive Entfaltung nicht zu hören vermag und sich nicht konzentrieren kann, liegt die Ursache aller Wahrscheinlichkeit nach bei einer dieser fünf Einschränkungen. Sinniere über sie nach.

SUN TSUS LEBENDIGE WEISHEIT INTERPRETIEREN

Sun Tsu erklärt, wie der Geist strategisch gegen dich vorgeht; und zwar mit der Absicht, deine Bemühungen zu vereiteln. Sun Tsu empfiehlt der Schülerin/Kriegerin, die *Methoden zu variieren*, um so die eigene Standfestigkeit zu verbessern und beim

Streben nach einem ausgeglichenen, harmonischen Geist weiter vorzurücken.

Hast du die vorangegangenen Schritte auf dem verborgenen Pfad zu Frieden und Ganzheit praktiziert, wirst du möglicherweise bereits Veränderungen erfahren haben. Je weiter du dein Wahrnehmungsfeld leerst (etwa, indem du Gedanken uneingeschränkt passieren lässt und von dir wahrgenommene Einschränkungen überwindest), desto mehr alte Muster, Ideen, Ansichten und dergleichen werden sich lockern. Sie können aber auch erneut auftreten und dir deinen Fokus rauben. Du wirst das Gefühl haben, dass du ein Hindernis entwurzelst und an seiner Stelle drei neue auftauchen – und danach wieder drei weitere.

Das Wahrnehmungsfeld durchläuft Zyklen und entwurzelt Ablenkungen, insofern wird es nicht einfach so kapitulieren, sondern sich weiter mit allem zur Wehr setzen; wohl wissend, wie es dich besiegen kann. Und wir reden hier nicht nur über deinen Geist – auch dein Körper und deine Umgebung agieren vorsätzlich als Widersacher.

Sun Tsu verweist auf fünf Arten der vorteilhaften Anpassung, die uns beim Beobachten des Geistes helfen:

1. Folge keinen starken Gedanken.
2. Fordere keine starken Gefühle heraus.
3. Starke Sinneswahrnehmungen dürfen dich nicht überwältigen.
4. Setze dich keinen schwierigen Situationen aus.
5. Gib Forderungen des rastlosen Geistes nicht nach.

Diese Möglichkeiten zur Anpassung deiner Strategien solltest du so tief verinnerlichen, dass du erkennst, wenn eines dieser Szenarien eintritt, und dann tätig wirst.

Wenn wir durch Aufmerksamkeit unsere Konzentration entwickelt haben, erschaffen wir uns eine gute Ausgangsposition, indem wir verstehen, dass unsere Gedanken nicht permanent sind und dass sie ohne unsere Einmischung kommen und gehen können. Wenden wir die Strategie der ›fünf Arten der vorteilhaften Anpassung‹ an, können wir jeden Gedanken beobachten. Wir erkennen, wie er zu einem Gefühl führen oder unsere Sinne angreifen kann. Wir können erahnen, wie sich unser Bewusstsein leicht zum Handeln verführen lässt und dann fälschlicherweise glaubt, es habe den besten Weg gefunden. Häufig handelt es sich allerdings um einen verworrenen, falschen Kurs; einen Kurs, der nicht unbedingt jener inneren Stille entspricht, die unserer Intuition Freiraum einräumt. Je stärker wir den Gedankenfluss austrocknen und unseren Gefühlen und Sinneswahrnehmungen Energie entziehen, desto tiefer wird unsere Konzentration und desto besser können wir den idealen Kurs abschätzen. Unsere Entscheidungen, unsere Zukunft werden fokussierter und stehen stärker im Einklang mit unserem höchsten Sinn.

LEKTION 1 (1-10): SO SETZT DU DICH GEGEN GEDANKEN ZUR WEHR

Neben den fünf Arten der vorteilhaften Anpassung gibt uns Sun Tsu weitere Möglichkeiten an die Hand, beim Umgang mit dem ›feindlichen‹ Geist ›Aufklärungsarbeit‹ zu leisten. Wenn wir Augenblicke durchleben, die den Geist beunruhigen, lassen die Emotionen Gedanken sprießen. Bei diesen Gelegenheiten können wir Ruhe als Waffe einsetzen, um vorsätzlich unsere Aufmerksamkeit neu auszurichten und nicht bei Gedanken zu verweilen, die uns beherrschen wollen.

In schwierigen Fällen müssen wir möglicherweise eine Strategie anwenden, um die Oberhand zurückzuerlangen. Wir könnten die Situation auf die leichte Schulter nehmen, die Aufmerksamkeit neu ausrichten oder uns selbst mitten im Gedanken unterbrechen. Hier erinnert uns Sun Tsu, dass wir uns in einem Kampf befinden – oder dass es sich zumindest wie ein Kampf anfühlen mag – und dass wir darum ›kämpfen‹ müssen. In diesem Fall können wir die Aufgabe mit unserem Wissen um die fünf Arten der Anpassung angehen.

Durch tiefere Konzentration und erhöhte Aufmerksamkeit beruhigen wir den Geist, aber wir müssen unsere Methoden anpassen. Denn selbst, wenn er kurz vor dem Zustand der Harmonie steht, wird sich der Geist an andere Muster klammern. Der rastlose Geist kann uns von Gleichgewicht und Harmonie fortführen; deshalb warnt uns Sun Tsu, dass es nicht ausreicht, die Strategien zu kennen. Es ist weiterhin möglich, dass wir unseren Vorteil einbüßen.

Beim Eishockey oder Fußball greift man das gegnerische Tor auch nicht mit immer derselben Taktik an, denn dann wüsste die gegnerische Mannschaft genau, was sie erwartet. Bei Geist und Körper ist es genauso. Auch sie können erahnen, was du vorhast. Wenn du dir durch direkte Beobachtung einen Vorteil verschaffst, den Gedankenstrom unterbrichst und durch Neuausrichtung der Konzentration dein übliches Vorgehen abänderst, macht vielleicht genau das den Unterschied aus – und du stößt erneut ins Zentrum der Konzentration vor.

Versuche stets, deine Gedanken/Aktionen und dergleichen zu harmonisieren und deinen Willen zu bewahren. Das ist ausgesprochen wichtig! Wir können unsere Willenskraft neu aufbauen und bei allem, mit dem wir uns auseinandersetzen, einen neuen Kurs oder ein neues Ergebnis einfordern. Wir können beschließen, dass wir nicht wütend werden. Wir können beschließen, dass wir harmonisch bleiben. Wir können entscheiden, unsere Gedanken als irreführend und unwahr anzusehen, und uns von den Entscheidungen und Ansichten befreien, die sie uns auferlegen möchten. Auf diese Weise erschaffen wir einen neuen Zustand des Gleichmuts für unser Leben. Allein dadurch, dass wir unser konzentriertes Bewusstsein gegenüber unseren Gefühlen und Sinneswahrnehmungen durchsetzen, schaffen wir Widrigkeiten aus der Welt. Zentriere dein Bewusstsein mithilfe tiefer Konzentration und Aufmerksamkeit. So wirst du das innere Königreich der Stille zurückerobern.

Und siehst du dich in einer ›feindlichen‹ Hochburg der Gedanken, störe und zerstreue sie vorsätzlich und erkenne, dass sie dich in die Irre führen wollen. So beendest du die Scharmützel.

LEKTION 2 (10-14): UMGANG MIT DEFIZITEN

Sun Tsu sagt: Stelle dich dir selbst entgegen, wie du dich auf dem Schlachtfeld einer Heerschar von Invasoren entgegenstellen würdest. Befasse dich außerdem mit den fünf möglichen Einschränkungen, um dir auf diese Weise einen Vorteil zu verschaffen. Diese Art Arbeit an sich selbst wurde zu Lebzeiten Sun Tsus in den Schulen der inneren Sonne gelehrt und verlieh Schülern und Schülerinnen die Weisheit, Defizite ihres eigenen Geistes zu verstehen. Sie lernten eine sanfte Methode, sich weiterzuentwickeln und zurück zum Frieden zu gelangen.

Wahrscheinlich wird die Gedankenarmee weiterhin einfallen, deshalb müssen wir, sobald der nächste Gedanke auftaucht, unser Vorgehen anpassen, um das Schlachtfeld gewissermaßen zu leeren. Nur dann können wir uns in die Ganzheit sämtlichen Lebens einklinken. Anstatt uns getrennt (oder singulär) zu fühlen, erleben wir Expansion als Teil eines Ganzen und unser Bewusstsein kann einen ungehinderten Blick auf unsere wahre Natur werfen.

Wir sind handlungsbereit in einem Zustand der Aufmerksamkeit, deshalb ist unsere Konzentration undurchdringlich. Sun Tsu verweist auf fünf Defizite, die uns hemmen können: Fahrlässigkeit, Feigheit, ein hitziges Gemüt, ein sensibles Wesen und ein Übermaß an Angst. Vielleicht neigen wir stark zu einem davon, vielleicht belasten sie uns alle gleichzeitig. Möglicherweise springen wir aber auch von einem Defizit zum nächsten. Sie alle bewirken dasselbe: Unsere Intuition schweigt; und damit sind wir getrennt von unserer Quelle, der klaren und unvoreingenommenen Weisheit, die so unendlich bedeutsam für ein erfülltes Leben ist.

Auf Sun Tsus verborgenem Pfad zu Frieden und Ganzheit ist es wichtig, die fünf möglichen Einschränkungen zu kennen und zu wissen, wann und wie sie arbeiten. Je genauer wir ihnen auf den Grund gehen und je ehrlicher wir sind, wenn wir eine dieser Unzulänglichkeiten in uns spüren, desto besser können wir abschätzen, was wir in der nächsten Situation oder unter den nächsten Umständen tun werden. Wir können unsere Methoden variieren oder eine neue Strategie einsetzen, um so unsere Basis zu stärken.

Manchmal ist unser Geist sehr schwer fassbar – oder zumindest scheint es uns. Das gilt umso mehr, wenn wir gerade erst damit anfangen, ihn zu beobachten. Doch verzage nicht: Selbst kleine Anstrengungen können uns auf dem Weg zu tiefer Konzentration und Harmonie weit voranbringen. Sobald wir beginnen, Sun Tsus Strategien und Weisheit umzusetzen, wird es sein, als spielten wir ein Spiel mit uns selbst.

Wenn wir ›gewinnen‹, also nicht zulassen, dass unser Geist zügellos denkt oder gewohnheitsmäßig auf eine Situation reagiert, werden uns die Ergebnisse gefallen und wir finden Geschmack daran. Wir wollen mehr. Wir machen weitere Fortschritte. Zum Beispiel bemerkst du, dass deine Intuition auf einmal sehr wach ist und dir fällt auf, dass du jeden Tag Einsichten und Hinweise auf die Zukunft durch Vorahnungen erhältst. Dann wird dir bewusst, woran es liegt: Du warst aufmerksam und achtsam; du bist in deinem verborgenen Frieden und deiner verborgenen Ganzheit geblieben.

Es kann aber ebenso in die andere Richtung gehen: Du übst und übst und hast das Gefühl, ganz gut mit deinen Strategien voranzukommen, bis du Knall auf Fall in eine (gefühlt) schwierige Erfahrung nach der nächsten hineingezogen wirst. Vielleicht fühlt sich dann alles wie ein Fehlschlag an. Aber vergiss nicht, was Sun Tsu gesagt hat: Wenn du es ernsthaft betreibst, fängst du niemals wieder bei null an. Was sich wie eine Niederlage anfühlt, hilft dir in Wirklichkeit dabei, deinen Widerstand gegen Veränderungen zu brechen.

Eine Schwierigkeit ist die Gelegenheit, es erneut zu versuchen.

Möglicherweise haben wir es mit unterschiedlichen Menschen, Ereignissen, Umständen oder Einzelheiten zu tun, aber wir sind wie ein erfahrener Bühnenschauspieler und beherrschen den eingeübten Text und unsere Rolle so gut, dass wir erneut eine beeindruckende Vorstellung abliefern. Geh also nicht streng mit dir ins Gericht, sondern betrachte alle Situationen als zusätzliche Möglichkeit, deine Reaktionen zu beobachten und von Neuem zu handeln.

Letztlich sollen wir nicht länger so handeln, wie wir immer handeln, und nicht länger denken, wie wir immer denken. Man kann sich leicht vorstellen, wie wir uns immer wiederholen und immer gleich reagieren. Wieder bellt der Hund des Nachbarn und wie aufs Stichwort äußerst du dich verärgert. Es mag harmlos erscheinen – aber was würde geschehen, wenn du deine Reaktion abwandelst? Wenn du dich nicht von dieser Erfahrung aus deiner Ruhe und Ausgeglichenheit bringen lässt und entscheidest, dass deine Emotionen nicht rastlos werden?

Du hast ein Familienmitglied, das ganz genau weiß, welche Knöpfe es drücken muss, um deine Wut zum Kochen zu bringen? Dann reagiere nicht oder versuche, die Handlungen dieser Person zu erahnen. Erahne stattdessen dein eigenes Handeln, indem du den Pfad zu Frieden und Ganzheit nutzt. Was, wenn du *nicht* so wie immer handeln würdest? (Das ist Eigen-Verantwortlichkeit: zu erkennen, welche Rolle du in sämtlichen Situationen spielst.) Wir neigen dazu, vor allem anderen die Schuld zu geben; sei es den schwierigen Eltern, dem Arbeitgeber, Fremden und so weiter. Üblicherweise schieben wir die Schuld anderen zu, nehmen uns aber selten die Zeit, unseren eigenen Geist, seinen Anteil am Geschehen unserer Ansichten darüber zu prüfen. Das kann zu festgefahrenen Denkmustern führen und Veränderungen verhindern.

Selbst wenn das ›Schreckliche‹, das uns ein anderer Mensch angetan hat, real und allgemein anerkannt ist, sperren wir möglicherweise diese andere Person in ein mentales Gefängnis. So machen wir es diesem Menschen unmöglich, jemals jemand anderes zu sein. Meist sind wir an Gewohnheiten gebunden, betrachten dabei aber nur selten die Rolle, die wir selbst spielen, unsere Handlungen und Reaktionen – und zwar unabhängig davon, um was für einen Konflikt es sich handelt. Bleiben beide Seiten unnachgiebig und unverändert, wird es niemals einen Waffenstillstand geben, sondern immer nur Kampf. Sun Tsu sagt, wir können unsere vorhersehbare Natur ändern und uns selbst befreien. Wir können unsere Abzweigungen und Ansichten aufhalten und sie gehen lassen.

Begegnen wir dem vermeintlich bösen Kollegen/Vorgesetzten/ Elternteil und wandeln unser Handeln und/oder Denken ab, müssen auch die anderen ihre Denkweise uns gegenüber ändern. Variierst du deine Gedanken und Taten, eröffnest du damit anderen die Möglichkeit, sich ihrerseits zu verändern. Und selbst wenn sie das nicht tun, ist es in Ordnung – denn *du* veränderst dich. Deine Energie wirkt sich auf die Situation in deinem Geist aus und macht sie harmonischer. Allerdings musst du Verantwortung für deine tief verwurzelten Gedanken und Ansichten übernehmen. Du kannst sie jederzeit loslassen. Dieses unangestrengte Zulassen führt dazu, dass du den Gedanken nicht länger mit dir herumschleppst.

Was wir (vor dem Loslassen) nicht sehen können, ist, wie sehr unsere Gedanken *all* unsere Beziehungen, Erlebnisse und Umstände beeinflussen. Erst nach dem Loslassen verstehen wir, dass wir unsere Zukunft verändern, wenn wir alte Denkprozesse gegen neue (oder keine) Gedanken austauschen. Gelegentlich gilt dies sogar für die Vergangenheit (siehe die Übung zum Variieren der Methode). Auf diese Weise schenken wir uns selbst mehr Konzentration und Harmonie.

Angenommen, du streitest dich mit deiner Partnerin über eine bestimmte Sache. Vielleicht wartest du darauf, dass etwas geschieht, gräbst dich ein und verlierst deine Harmonie. Aber wenn du dich nicht darauf einlässt und nicht wie üblich reagierst, verliert dein Gegenüber den Halt und hat plötzlich keinen handelnden Partner. Also wird auch sie sich etwas Neues überlegen müssen. Deine Gedanken können sich nicht mehr vervielfachen. So entsteht eine neue Situation und du kannst eine neue Zukunft schreiben, in der du dieses Szenario niemals wieder durchspielst.

Mit dieser Methode kannst du sämtlichen Bereichen deines Lebens mit einer neuen Waffe gegenübertreten – mit der Fähigkeit, deine Handlungen und Reaktionen *auf alles überall* anzupassen. Das macht tatsächlich viel Spaß! Du kannst sogar einen ganzen Tag planen, an dem du gegenteilige, neue oder ungewöhnliche Dinge tust und denkst. Es wird ein Tag voller Überraschungen sein, insbesondere für Menschen, die darauf bauen, dass immer alles gleich und unverändert abläuft. Sie erwarten dasselbe Du wie immer, jenes Du, das dazu neigt, dieselben Dinge wieder und wieder zu denken und zu sagen. Doch sie kennen dein neues Ich noch nicht!

Während du deine Reaktionen variierst, achte darauf, wie anfällig du für eines der fünf Defizite (Fahrlässigkeit, Feigheit, hitziges Gemüt, sensibles Wesen und übermäßige Angst) bist. Pick dir eines heraus und handle den ganzen Tag anders als sonst.

Eine andere Methode der Anpassung besteht darin, allen Dingen Heilung und Liebe anzubieten. Geh mit dir und anderen sanft um.

Kommt es zu einem Konflikt, bewerte ihn nicht, versuche nicht, ihn unbedingt loszuwerden, versinke nicht darin.

Bemerkst du einen Gedanken, der deinen Sinnen/Emotionen schadet oder dich ablenkt, kannst du ihn unterbrechen und unter die Lupe nehmen. Finde heraus, warum du diesen Gedanken hast und warum er zurückgekehrt ist. Betrachte ihn aufrichtig und unvoreingenommen. Gib nicht dem Eindruck nach, der sich wie ein Foto in deine Erinnerung eingebrannt hat und der möglicherweise wahr ist, möglicherweise aber auch nicht. Lass nicht zu, dass er weiterhin Macht über dich hat.

Übung: Variiere deine Methoden, um die Vergangenheit zu heilen

Versuche die folgende Übung. Sie soll dir helfen, deine Methoden zu variieren und die Vergangenheit zu heilen:

Denk zunächst an eine Beziehung (eine aktuelle oder frühere), bei der die andere Person dir Schwierigkeiten bereitet, dich verletzt oder dir sogar geschadet hat. Zu Beginn trägt dich der Geist über die Bilder deiner Erinnerung, wie eine Armee, die die Täler und Ströme der vergangenen Ereignisse durchstreift, begleitet von deinen damaligen Gefühlen. Wenn du das Erlebte aus deiner Perspektive betrachtet hast, ändere deinen Standpunkt und betrachte es aus Sicht der anderen Person.

Während du diese Version der Geschichte anschaust, denk darüber nach, wer dieser Mensch war und warum er wohl gleichzeitig mit dir an diesem Punkt stand. Begegne sowohl dir als auch der anderen Person mit Empathie und Mitgefühl. Erkenne die Qualitäten, die du möglicherweise früher übersehen hast oder die dem widersprechen, was du bislang für diese Person gefühlt oder von ihr angenommen hast.

Erforsche, wie deine Gedanken diese Person und eure gemeinsamen Erlebnisse geformt, geprägt und verfestigt haben, bis sie unveränderlich in Stein gemeißelt waren – obwohl ihr beide euch seitdem sicherlich verändert habt. Nimm diese Veränderungen genau zur Kenntnis.

Ohne körperlich aktiv zu werden, kannst du eine neue Geschichte und Erinnerungen erschaffen, die sich von der starren Vergangenheit unterscheiden, weil sie all die neu entdeckten Veränderungen enthalten. So kann die von dir erinnerte Vergangenheit (oder Gegenwart) heilen, weil du dir mit Liebe und Verzeihen einen neuen Weg in die Zukunft ermöglicht hast. Auf diese Weise kannst du dich, die andere Person und alle sonst noch beteiligten Personen von Gefühlen und Gedanken befreien, die in der Zeit eingefroren waren.

Du könntest dir beispielsweise sagen: »Ich übernehme die Verantwortung dafür, wie ich über dieses Ereignis und/oder diese Person denke und wie ich sie wahrnehme. Ich akzeptiere Liebe; ich empfange Liebe. Ich akzeptiere Verzeihen; ich empfange Verzeihen. Ich bin nicht länger an meine alten Emotionen gefesselt, sondern spüle sie fort mit Frieden und Mitgefühl.« Ebenso kannst du eine Affirmation aussprechen: »Ich biete/gebe diesem Ereignis/dieser Person Liebe. Ich biete/gebe Verzeihen. Mögen wir beide von den gefühlten Emotionen und Gedanken geheilt werden. Möge dieser Augenblick von Frieden, Mitgefühl und Liebe durchdrungen sein. Ich verzeihe der Person, möge sie auch mir verzeihen. Ich biete Liebe, möge auch sie mich mit Liebe betrachten.«

———————————

Je stärker du deine gewohnte Betrachtungsweise eines beliebigen Augenblicks variierst, desto klarer erkennst du, dass deine Gefühle – und ihre Macht über deine Gedanken oder Erinnerungen – häufig eingefroren und in sich nicht schlüssig sind. Im Grunde errichten wir ständig Denkmäler für unsere schmerzhaften Erinnerungen, doch wir können sie einreißen und so die andere Person freisetzen. Wenn wir das tun, befreien wir unsere eigene Energie, unsere eigene Zerbrechlichkeit und Unschuld, unsere Verbitterung, und tauschen sie gegen Liebe ein.

Das ist die Kraft der Beobachtung – etwas anzusehen statt zu handeln oder über ein und dieselbe Sache immer wieder nachzugrübeln. Wir können das Bild einer Person oder eines Augenblicks heraufbeschwören und ein Urteil fällen, unabhängig davon, ob es der Wahrheit entspricht oder nicht. In unserem Geist koppeln wir es an Emotionen, wodurch es wiederum eine unveränderliche, steinerne Präsenz bekommt; wie ein Geist, der uns dann aus diesem Gefühl oder Glauben heraus beherrscht. Durch Aufmerksamkeit können wir eine Schicht der Wahrnehmung entfernen und so erkennen, dass sich die Welt wandelt, im Fluss befindet und wir einen neuen Kurs einschlagen können.

Wenn neue Gedanken entstehen, wiederhole die Methode des Freisetzens, damit du die gegenwärtige Situation nicht wieder als Form verfestigst. Berücksichtige dabei den Ort des Ereignisses sowie umstehende und möglicherweise mitbetroffene Personen. Sende ihnen allen Liebe und Verzeihen und empfange, was sie dir senden. Je stärker du deine Gedanken veränderst, desto mehr Freiheit wirst du erlangen, bis sich der Gedankenstrang in deinem Wahrnehmungsfeld auflöst.

Vielleicht stellst du Monate später überraschend fest, dass die beteiligten Personen wieder in deiner Realität auftauchen, leicht verändert und neu, was an der Energieverschiebung liegt. Gedankenfelder sind nicht isoliert. Wenn du also aktiv wirst und den Schmerz, die Emotionen und dergleichen an einer bestimmten Stelle freisetzt, dann befreist du sie überall. Auf diese Weise erreichst du Ganzheit.

Wir müssen bereit sein, aufrichtig zu beobachten, wie wir denken, wie wir uns erinnern und wie wir unsere Gedanken verarbeiten, bis sie wie in Beton gegossen erscheinen. Wenn du dich veränderst, lässt du auch zu, dass sich andere verändern. Sehen wir nichts als Schmerz, erleben wir nichts als Schmerz. Geben wir Liebe, fließt Liebe in unser Wahrnehmungsfeld zurück.

Ändere deine bisherigen Denk- und Handlungsmuster, und es wird dir gelingen, die Vergangenheit ebenso zu verwandeln wie die Gegenwart. Du wirst aktiv eine neue Zukunft erschaffen. Es wird die Zeit kommen, in der du nichts als den unangestrengten sich entfaltenden Augenblick erfährst, angeleitet von deiner Intuition, die dich niemals falsch führt.

DER ACHTE SCHRITT AUF DEM VERBORGENEN PFAD ZU FRIEDEN UND GANZHEIT

1. Wende den verborgenen Pfad zu Frieden und Ganzheit so an, wie er dir am geeignetsten erscheint, hier und jetzt unterschiedliche Strategien umzusetzen.

2. Erkenne von Moment zu Moment Gelegenheiten, eingewöhnte Handlungen zu ändern. Verhalte dich unvorhersehbar, mach etwas auf andere Weise, befreie dich von alten Mustern, Erinnerungen, Verletzungen, Schamgefühlen und Erfahrungen – denn sie verhindern, dass du zu innerer Harmonie findest. Beobachte deinen Geist, lerne ihn kennen.

3. Achte den Tag über auf Augenblicke, bei denen du aus Gewohnheit oder auf alten Beurteilungen basierend handelst. Wähle eine Person/Situation, die dir Schwierigkeiten macht, und beobachte deine Gedanken. (Wenn es dir hilft, schreib sie in einem Journal nieder.) Geh der Sache auf den Grund und befreie dich. Sei bereit, deine Vergangenheit und deine aktuellen Reaktionen zu heilen. Um sie überwinden zu können, achte auf deine eigenen Defizite.

Methoden variieren ist der achte Schritt auf dem verborgenen Pfad zu Frieden und Ganzheit. Je besser du dich mit den fünf Arten der vorteilhaften Anpassung und den fünf Defiziten auskennst, desto wahrscheinlicher ist es, dass du neue Gedanken und Ergebnisse für dein Leben erschaffst.

Beobachte deine Gedankenmuster und befasse dich mit ihnen.

Sei bereit, loszulassen und den sanften Weg der Beobachtung anzuwenden. Lass dich nicht von deinen Gefühlen und Sinneswahrnehmungen in Beschlag nehmen.

Möge bei sämtlichen Angelegenheiten innere Harmonie dein Kompass sein.

Denkanstöße: Methoden variieren

»Versteht eine Schülerin/Kriegerin, wie wichtig es ist, die Methoden zu variieren, und hat die ›fünf Arten der vorteilhaften Anpassung‹ verinnerlicht, dann ist sie imstande, den rastlosen Geist zu beherrschen.« – Kapitel 8

1. Beschreibe ausführlich eine Situation, bei der deine Gefühle dich überwältigt haben und es dir nicht gelungen ist, deinen Geist in den Griff zu bekommen. Welche Methode hättest du rückblickend anwenden können, um die Kontrolle zurückzuerlangen?

2. Nenne eine beispielhafte Situation, in der du zugelassen hast, dass eine starke Emotion außer Kontrolle geriet. Wie könntest du jetzt oder in Zukunft deine innere Harmonie bewahren?

3. Denk an einen Moment, als du dich von deinen Sinneswahrnehmungen hast beherrschen lassen. Wie könntest du jetzt oder in Zukunft deine innere Harmonie bewahren?

4. Schildere eine Situation, die aus dem Ruder gelaufen ist oder bei der du wider besseres Wissen gehandelt hast. Was war das Ergebnis deines Handelns? Wie könntest du jetzt oder künftig zentriert bleiben?

5. Führe einige aktuellere Beispiele an, bei denen du den Forderungen deines rastlosen Geistes nachgegeben hast und dir das Ergebnis nicht zusagte. Was kannst du jetzt – oder in Zukunft – tun, um das Terrain des Geistes zurückzuerobern und deinen Willen durchzusetzen, damit es nicht noch einmal zu einem derartigen Ergebnis kommt?

6. Für welches der fünf Defizite bist du am anfälligsten? Warum?

7. Wenn du für eines der fünf Defizite anfällig bist, welche Strategien kannst du einsetzen?

8. Welches der fünf Defizite bereitet dir am wenigsten Kopfzerbrechen? Warum?

9. Abhängig von deiner Antwort auf Frage 4: Welche Strategien sind dir bekannt, die dich weniger anfällig für dieses Defizit machen? Wie hast du es überwunden oder vermieden, dich davon beherrschen zu lassen?

10. Wie wichtig ist die Intuition, wenn man es mit den fünf Defiziten oder den fünf Arten der vorteilhaften Anpassung zu tun hat?

11. Auf welche Weise kannst du deine Reaktion variieren, um ein neues Ergebnis herbeizuführen? Streitest du dich beispielsweise mit jemand ständig über dasselbe, wie kannst du Verantwortung für deine Rolle übernehmen und für ein neues Resultat sorgen?

12. Setze deine Intuition auf ein Problem an, das dich heute beschäftigt. Was, glaubst du, hat dir deine Intuition für den weiteren Weg empfohlen? Schreibe es auf. Verbringe Zeit damit, um Antworten zu bitten und dich darauf einzustimmen. Betrachte dann die Resultate und das Ergebnis. Achte darauf, inwieweit dein Bewusstsein versucht, dich auszutricksen.

KAPITEL 9

DIE ERWEITERUNG DES BETRACHTENDEN BEWUSSTSEINS

1. Sun Tsu sagt: Kommen wir jetzt zur Frage, wie man das betrachtende Bewusstsein erweitert und auf Signale für geistige Störquellen achtet. Gehe über erhöhte Schwierigkeiten rasch hinweg und halte dich in der Nähe des expandierenden Bewusstseins auf, weil es dich weiterhin nähren wird.

2. Richte dein Bewusstsein in den höchsten Regionen des Bewusstseins auf deine innere Sonne (das Auge der Sonne).[23,24] Das ist das Vorhaben, *das Bewusstsein auszurichten.*

3. Hast du die Flussgrenze[25] der Sinne überquert, lass nicht zu, dass sich deine Konzentration zurückzieht.

---

23 Die innere Sonne oder ›das Auge der Sonne‹ trägt zahlreiche Namen in unterschiedlichen Kulturen, etwa ›Sulis‹ bei den Kelten, ›das Auge des Horus‹ bei den alten Ägyptern, der Zyklop der alten Griechen und so weiter. Bei Sun Tsu lenkt die innere Sonne die Aufmerksamkeit auf das helle Licht und die innere Freude, die bei der expansiven Aufmerksamkeit ›gesehen‹ wird.

24 Hinweis: Diese Erleuchtung kann unabhängig davon erfolgen, ob du die Augen geschlossen oder geöffnet hast. Die Aufmerksamkeit kann immer hier im Auge der Sonne durch jede Aktivität als Beobachtungspunkt zentriert werden.

25 Mit dem Begriff ›Fluss‹ versinnbildlicht Sun Tsu ein Rauschen wie das eines Stroms, das oft zu hören ist, wenn der Beobachter (bildlich gesprochen) das gewöhnliche Bewusstsein durchquert. Im Laufe der Zeit dienten in zahlreichen Kulturen heilige Flüsse (zum Beispiel der Ganges, der Gelbe Fluss, der Nil) immer wieder als Symbol für das ›Queren‹ der (inneren) Grenze des Bewusstseins.

4. Überquert ein Gedanke oder anderer Eindringling die Sinnesschwelle, lass deine Aufmerksamkeit nicht auf den Gegner ›vorrücken‹, sonst verlierst du deinen zentrierten Fokus. Am besten stellst du einen Teil des betrachtenden Bewusstseins für die Aufgabe ab, zu expandieren und sich dann um die Störquelle zu kümmern.

5. Bist du bestrebt, deine Aufmerksamkeit zu erhalten, solltest du dem eindringenden Gedanken nicht in die Nähe der Sinnesschwelle, an der er entstanden ist, entgegentreten (oder ihm folgen), sondern in betrachtendem Bewusstsein verbleiben.

6. Verankere deine Aufmerksamkeit ›höher‹ als die Sinnesschwelle und stimme dich auf deine innere Sonne ein. Kehre deine Aufmerksamkeit nicht zur Welt der Sinne zurück. Das ist das Vorhaben, die *Aufmerksamkeit zu verankern*.

7. Entsteht ein Zusammenstrom schwieriger Wahrnehmungen[26], sollte deine einzige Sorge darin bestehen, sie rasch und ohne Verzögerung zu überwinden.

8. Bist du gezwungen, schwierige Wahrnehmungen zu konfrontieren (wenn beispielsweise deine Aufmerksamkeit wandert), solltest du dich sanft in einen Zustand unangestrengten Zulassens entspannen. Bleib dabei in nährender Freude verwurzelt. Das ist das Vorhaben, die *Aufmerksamkeit zu entspannen*.

9. Im betrachtenden Bewusstsein ist der Geist verankert wie eine trockene, flache Landschaft, in der die Gedankenblätter verdorrt

---

26 ›Wahrnehmungen‹ steht hier allgemein für ›Phänomene‹, die im Feld des tieferen betrachtenden Bewusstseins auftreten.

sind. Nimm eine durchdachte Position in ansteigendem Gelände (höhere Ebene des Bewusstseins) ein. Dadurch hast du den Vorteil eines ungehinderten klaren Blicks auf jegliche neu entstehenden Gedanken. Du hast dir einen Ort der Zuflucht erschaffen. Das ist das Vorhaben, ein *uneingeschränktes Bewusstsein zu erschaffen*.

10. Das sind die vier nützlichen Einsichten zur Beobachtung auf dem sanften Weg. Das betrachtende Bewusstsein wird auf diese Weise befähigt, die vier unterschiedlichen Bewegungen (Herrscher) zu besiegen.[27]

11. Das betrachtende Bewusstsein zieht die höheren Bereiche des Geistes vor und ist lieber auf die unablässig expandierende innere Sonne ausgerichtet, als in die Dunkelheit (Verwirrung) der materiellen Welt ›zurückzukehren‹.

12. Gehst du sorgsam mit deinen Wahrnehmungen um und verankerst deine Aufmerksamkeit fest, wird dein Bewusstsein frei sein von vermeintlichem körperlichem Leid. Das wird den Sieg bedeuten.

13. Truppen gelangen an einen Hügel oder ein Flussufer. Genauso ist es auch bei dir: Stößt du auf ein Hindernis, richte deine Aufmerksamkeit auf die innere Sonne und lass alle subjektiven Reak-

---

27 Die vier verschiedenen Bewegungen sind es, die den Körper und die materielle Welt unveränderlich, fest und beständig erscheinen lassen. Sie umfassen das, was Abnutzung widerstehen kann (Solidität), das, was sich verbinden kann (Zusammenhalt), das, was in Bewegung versetzt wird (Bewegung), und das, was zu Veränderung führt (Verwandlung). Durch die Kunst der Beobachtung wird sich der Beobachter der unterschiedlichen Bestandteile bewusst, die in gegenseitiger Abhängigkeit die materielle Welt (der Form) erschaffen. Auf diese Weise befreit er die Wahrnehmung, sodass sie erkennen kann, dass vermeintlich Solides einem Wandel unterliegt und sich in Bewegung befindet.

tionen deines Geistes ziehen. Auf diese Weise wirst du unverzüglich zum Wohl deiner Sinne handeln und dir die natürlichen Vorteile des Geistes zunutze machen.

14. Kannst du nicht zur nächsten Expansion des Bewusstseins vorrücken (dich vom Körper/materieller Welt befreien), weil das sich ständig ausweitende betrachtende Bewusstsein vor Hindernissen steht, musst du warten, bis das Hindernis (durch unangestrengtes Zulassen) verschwunden ist.

15. Das sich ständig ausweitende betrachtende Bewusstsein wird die fünf Unterbrechungen erleben, die darauf abzielen, dich auch weiterhin an den Körper/die materielle Welt zu fesseln. Das sind:

a) Unterbrechungen durch den Körper. Diese Störungen sind so, als würde man steile Klippen queren, über die Wildbäche strömen.

b) Unterbrechungen durch auftretende Empfindungen und Gefühle. Sie rauben deine Aufmerksamkeit wie dunkle Wolken, die vorüberziehen.

c) Unterbrechungen durch Gedanken und Ideen. Sie zielen darauf ab, dich an beengten Orten festzusetzen.

d) Unterbrechungen durch Veränderungen. Sie locken dich in die Falle wie verworrene Dickichte.

e) Unterbrechungen durch das bewusste Achten auf die Unterbrechungen.[28] Dein Geist erliegt Sümpfen und Felsspalten.

---

28 Die fünf Unterbrechungen sind »das, was den Beobachter in der materiellen Existenz verwurzelt«. Durch Beobachtung können wir erkennen, dass wir aus Atomen und Materie bestehen, die sich verändern. So durchbrechen wir das ›Ego‹ oder den Klammergriff unserer Wahrnehmung und weiten unser betrachtendes Bewusstsein auf die innere Sonne der Ganzheit und ewigen Freude aus.

Treten derartige Situationen ein, sollte der Beobachter sich schnell zurückziehen und sich nicht darauf einlassen.

16. Während wir uns von derartigen emotionalen Unterbrechungen fernhalten, können wir unsere Sinne regulieren, indem wir uns ihnen ›stellen‹ – wir lassen zu, dass sie aufsteigen und dann wieder abklingen. Das ›schützt‹ unser expandierendes Bewusstsein davor, sich zurückziehen zu müssen.

17. Achte beim Schutz des sich ständig ausweitenden Bewusstseins darauf, solche Einflüsse auszurotten, die wie durchtriebene Spione darauf aus sind, deinen konzentrierten Fokus zu stehlen. Sie werden versuchen, dir einen Hinterhalt zu stellen, damit du nicht in den sanften Genuss der inneren Sonne gelangst.

18. Emotionale Unterbrechungen mögen gedämpft oder ruhig erscheinen, sind aber oft ganz nahe und entstehen auf natürliche Weise in den Feldern des Bewusstseins. Sie können rasch an Stärke gewinnen und dann die Kontrolle über die bestehende Aufmerksamkeit erlangen.

19. Unterbrechungen wirken manchmal distanziert oder fern und versuchen, Widerstand heraufzubeschwören. Das liegt daran, dass sie fürchten, das betrachtende Bewusstsein könne reifen und sich vollständig ausdehnen (und die kausale Welt hinter sich lassen).

20. Emotionale Unterbrechungen, die Zugang zum Geist erhalten oder ihn beschäftigen, sind ein Köder für den Beobachter.

21. Wenn an den äußeren Grenzen des Bewusstseins verschwommene Sinnesobjekte auftauchen, sollte der Beobachter mit Miss-

trauen reagieren, denn sie bereiten sich darauf vor, seinen Fokus zu stören.

22. So wie ein Späher an aufsteigenden Vögeln einen Hinterhalt erkennt, weiß ein Beobachter, dass ein überraschender ›Angriff‹ bevorsteht und das betrachtende Bewusstsein leicht zerstört werden kann.

23. Ein eingeschränkter Geist wird weiterhin an die materielle Welt glauben (sich an sie klammern), was dazu führt, dass immer wieder Hindernisse auftauchen, jedes größer als das vorangegangene. Wie ein Heer, das zunächst mit Streitwagen vorrückt und dann mit Infanterie,[29] werden auch die emotionalen Unterbrechungen rasch eine Bresche schlagen und das ständig expandierende Bewusstsein ersticken.

24. Wirkt eine emotionale Unterbrechung verlockend, sei dir bewusst, dass sie zum Vorrücken bereit ist und deine Konzentration durchbrechen will. Wenn eine Unterbrechung verzweifelt um deine Aufmerksamkeit ringt, wird sie sich bald zurückziehen – es sei denn, du glaubst doch an ihre Fähigkeit, dich abzulenken.

25. Dein betrachtendes Bewusstsein ist nicht mehr im Einklang mit der inneren Sonne, wenn die geistigen Einflüsse wie Streitwagen über dich hereingebrochen und an den Rändern des Bewusstseins

---

29 Sun Tsu vergleicht den Geist, seine herumwandernden Gedanken und Sinne mit einem Streitwagen, der deine selbst erschaffene Aufmerksamkeit und Präsenz eilig und mit Gewalt ›verschleppt‹. Heraklit arbeitet in *Logos* mit derselben Symbolik, während Parmenides einen Streitwagen in das »Haus des Seins« (oder das innere Bewusstsein) lenkt. Ich erwähne ihn hier, um zu verdeutlichen, dass Sun Tsus Werk über zahlreiche Jahrhunderte, Kulturen und Traditionen hinweg rezipiert und angenommen wurde.

in Stellung gegangen sind. Von dort aus drängen sie dich nun, in den Kampf einzugreifen.

26. Damit die Ruhe sich durchsetzen kann, muss sie geregelt sein, ansonsten kann sie von den fünf Unterbrechungen gestürmt werden.

27. Streunt deine Aufmerksamkeit herum, ist es, als ob Soldaten sich ausrichten. Es naht der entscheidende Augenblick, deinen Fokus zu stören.

28. Achte sorgsam darauf, deine Aufmerksamkeit zu zentrieren. Hindernisse, die scheinbar kommen und gehen, können auch ein Köder sein, der deine volle Aufmerksamkeit auf sich ziehen soll.

29. Trägheit – oder fehlendes Interesse – kann die Körpersinne entwickeln und aktivieren.

30. Unruhe – das Unvermögen, ohne Kontrolle zu kontrollieren – kann Stress auslösen und die Körpersinne zu einer Reaktion verleiten.

31. Sind die störenden Wahrnehmungen überlegen beim Versuch, dich aus dem Unerschöpflichen zu ziehen,[30] so liegt dies daran, dass du ihnen erlaubt hast, deine Lebensenergie zu schwächen und deine willentlichen Anstrengungen zu untergraben.

32. Wo es keine Unterbrechungen gibt, entsteht Leere. Von den Sinnen ausgelöste Furcht wird diesen Zustand zerschmettern.

---

30 Das Unerschöpfliche steht für das endlose, ewige Alles. Die Ganzheit, die durch die innere Sonne gefunden wird, kennt kein Ende.

33. Wird die Expansion des betrachtenden Bewusstseins unterbrochen, ist die Autorität – die Herrschaft – des Beobachters schwach. Hat sich das Objekt der Aufmerksamkeit (die Konzentration auf die innere Sonne) verlagert, werden Körper und Sinne rebellieren. Wenn du dich über die Ergebnisse aufregst, liegt es daran, dass deine Willenskraft ermüdet ist.

34. Sind die fünf Unterbrechungen auf dem Höhepunkt ihrer Stärke, werden sie bildlich gesprochen bis in den Tod dafür kämpfen, dein expandierendes betrachtendes Bewusstsein zu zerschlagen.

35. Gibst du Beschwerden von Körper und/oder Sinnen nach, hast du deine Disziplin, dein Gleichgewicht und deine Ordnung verloren.

36. Je stärker du den Geist durch Harmonie ins Gleichgewicht bringst, desto eher verschwinden die Störungen. Versuchst du hingegen, sie einzuschränken oder zu kontrollieren, werden sie sich nur umso hartnäckiger eingraben.

37. Handelst du mit aggressiver Disziplin und Zwang, um dein Gleichgewicht ›zurückzuholen‹, spricht das für mangelnde Intelligenz.

38. Wenn die externen Störungen zu ihrer natürlichen Stille zurückkehren (Widerstand wird zurückgezogen), stellt sich das Gleichgewicht wieder her. Es ist, als ob zwei sich gegenüberstehende Parteien einen Waffenstillstand erzielen.

39. Kehren die Unterbrechungen mit voller Wucht zurück – das heißt, du spürst sie ganz unmittelbar und klar –, erfordert das viel Umsicht und Aufmerksamkeit.

40. Ist dein Bewusstsein lebendig und gleichmäßig auf die auftretenden Objekte eingestellt, kann es nicht überwältigt (gestört) werden. Du kannst einfach all deine Lebensenergie (deinen mentalen Fokus) sammeln, die entstehenden Unterbrechungen beobachten und deinen Willen stärken.

41. Lässt der Beobachter keine Voraussicht walten und unterschätzt die Macht der fünf Unterbrechungen, wird seine Aufmerksamkeit überrannt und gebrochen.

42. Tadele dein Bewusstsein nicht, schränke es nicht ein, denn das wird sich als unwirksam erweisen. Wenn die Sinne nicht fähig sind, deine Disziplin wiederherzustellen, sind sie für das Wiedererlangen der Konzentration ebenso nutzlos.

43. Das bedeutet: Du solltest dein Bewusstsein mit sanfter Disziplin beobachten und ausweiten. Dann ist dir der Sieg gewiss.

44. Übe beim Trainieren deiner Aufmerksamkeit regelmäßig sanfte Disziplin aus. So wirst du viel wahrscheinlicher erfolgreich sein. Tust du das nicht, wirst du scheitern.

45. Wenn der Beobachter des Bewusstseins Selbstvertrauen und sanfte Disziplin walten lässt, beruhigt er die Unterbrechungen. Der Gewinn wird auf Gegenseitigkeit beruhen.

SUN TSUS LEBENDIGE WEISHEIT INTERPRETIEREN

Bislang hat Sun Tsu die Schüler und Schülerinnen darin ausgebildet, ihr betrachtendes Bewusstsein zu stärken, und zwar durch die unmittelbare Erfahrung, den Geist in jedem Augenblick zu beobachten. Dazu müssen wir keinen besonderen Ort aufsuchen, vielmehr können wir *hier und jetzt* aufmerksam beobachten, wie wir uns im Alltag verhalten: was wir denken; wie wir handeln; welche Antworten und Reaktionen wir wiederholen und uns angewöhnen; was wir fürchten und was uns Sorge bereitet; woran wir Freude finden; wie unser Verhältnis zu unseren Mitmenschen ist und so weiter. Je gründlicher wir über Aufmerksamkeit nachdenken, diese und unseren Fokus ins Gleichgewicht bringen und harmonisieren, desto stärker wird die Verbindung zu unserer inneren Sonne sein.

Wenn wir wachsen, wächst auch unsere Konzentration über den engen Fokus des kleinen Selbst (oder unserer bewussten tagtäglichen Gedanken) hinaus und steuert mit zunehmendem Schwung auf die höheren Ebenen des Bewusstseins zu, die uns allen offenstehen. Bildlich gesprochen: Die Konzentration schraubt unsere Wahrnehmung der materiellen Welt zurück. Je mehr wir unsere durch Ablenkungen und Störungen ausgelöste Rastlosigkeit beruhigen, desto gründlicher können wir über unser Wesen nachdenken (durch die Ausweitung des Bewusstseins oder die Ganzheit mit unserer inneren Sonne). Gleichzeitig entwickeln wir ein tieferes Bewusstsein für die Essenz der Realität. Uns wird deutlich, dass sie einem steten Wandel unterliegt und ständig in Bewegung ist (Stichwort Materie/Atome/Partikel). Sie ist keineswegs starr, sondern befindet sich ohne Anstrengung im Fluss.

Je mehr wir uns der vier unterschiedlichen Bewegungen bewusst sind,[31] desto klarer nehmen wir den natürlichen, fließenden Wandel der Existenz wahr, und desto deutlicher wird unsere wechsel-

---

31 In einigen Traditionen werden sie auch als die vier Elemente oder Richtungen bezeichnet, in anderen Traditionen beträgt ihre Zahl fünf. Die vier Winde (indig.: *Tatuye Topa*), die vier Ecken der Erde, die vier unbesiegbaren und stets siegreichen (*jayavaha*; aus dem Sanskrit: *siegreich*) hinduistischen Göttinnen Vijaya, Sujya, Ajita und Aparajita.

seitige Abhängigkeit zum ›Alles‹ (dem Unerschöpflichen oder der Ganzheit) zum Vorschein kommen. Was sämtliche Phänomene fest, solide und von Dauer erscheinen lässt, kann durch die vier unterschiedlichen Bewegungen als unsere eigene animierte Existenz erlebt werden. Wir sehen, dass das ›Leben‹ aus Komponenten besteht, die im Wesentlichen in wechselseitiger Abhängigkeit die kausale Welt der Form erschaffen und damit die Wahrnehmung freisetzen. So können wir erkennen, dass das, was wir zuvor für solide gehalten hatten, tatsächlich in Bewegung ist und sich verändert.

Unsere Beziehungen und unsere Denkweise verändern sich. Wir sehen uns nicht länger als diejenigen im *Mittelpunkt* des Rades, sondern gewinnen einen inklusiveren und auf Wechselseitigkeit beruhenden Blick auf das *gesamte* Rad. Es ist in ständiger Bewegung und entwickelt sich in perfekter Harmonie. Wir erkennen unsere Einzigartigkeit, zur selben Zeit aber auch unsere Gleichheit und Beziehung mit dem Ganzen. Mit geballter Aufmerksamkeit staunen wir über das fantastische Wunder, das sich völlig mühelos entfaltet und zu dem auch wir uns entfalten. Selbst Einschränkungen wie Zeit (beispielsweise eine belastete Vergangenheit oder eine ungewisse Zukunft) und Entfernungen scheinen zu verschwinden. Sogar unsere Gedanken scheinen durch nichts gezügelt, sondern expandieren – und das können sie endlos fortsetzen, solange wir durch nichts gestört werden.

Insofern zeigt uns Sun Tsu mit seinem ausführlichen Ratschlag ganz genau, was uns beim Beobachten unserer Gedanken erwartet. Und er gibt uns Strategien an die Hand, wie wir die (wahrgenommenen) Verluste/Rückschläge möglichst gering halten und uns bereits im Vorfeld ein Bild davon machen können, wie es sein könnte, mit erweiterter Aufmerksamkeit unterwegs zu sein. Es ist ein ausführlicher Reiseführer für das Land des Geistes (oder das Wahrnehmungsfeld), mit den Höhepunkten der zu erwartenden Erfahrungen; Hinweisen, welche Orte du meiden solltest und den besten Vorgehensweisen. Und vor allem sagt er, was es dich kostet, solltest du dich abseits der ausgetretenen Pfade wiederfinden.

LEKTION 1 (1–10): MIT VIER TAKTIKEN DEN GEIST ZENTRIEREN

Sun Tsu verschwendet keine Zeit, sondern kommt gleich zum Punkt: Je mehr du deinen Geist (und die Existenz) beobachtest und darüber nachdenkst, desto mehr gibt es, was dich ablenken und stören kann. Sun Tsu rät, sich rasch über geistige Störungen hinwegzusetzen. Das soll dir zeigen, dass diese Störungen keine Macht über dich haben, wenn du sie ungehindert vorbeiziehen lässt. Nicht innehalten und deine Gedanken abwägen! Sun Tsu schlägt vier Taktiken vor, mit denen du selbst die Wahrheit finden kannst: *Erhöhen, Verankern, Entspannen* und *Zulassen*, dass sich dein betrachtendes Bewusstsein ganz und gar auf die innere Sonne zentriert. Ob mit offenen oder geschlossenen Augen – wir führen unseren umherwandernden Geist meisterhaft zu einem Mittelpunkt im ›Auge der Sonne‹. Je intensiver wir danach handeln, desto heller durchdringt unser inneres Licht die Facetten der Wahrnehmung.

Diese vier Methoden schärfen unseren Blick für die Welt. Sie lassen uns klarer ›sehen‹ oder wahrnehmen. Wir werden aufmerksamer, der sanfte Weg öffnet sich und befähigt uns, die vier unterschiedlichen Bewegungen zu erkennen. Im Grunde sind sie es, die unsere Welt solide erscheinen lassen.

Wenn du deine wahre Natur erkennst, über sie nachdenkst und sie beobachtest, wird dir bewusst, dass dein Körper nicht die feste Identität ist, als die du sie wahrnimmst. Vielmehr ist er ein sich wandelnder Baustein, genau wie alles andere in der Existenz. Das ist deshalb wichtig, weil du auf diese Weise verstehst, dass sämtliche Existenz durch Willen und Handlung entsteht. Unser Wille erzeugt einen Gedanken, der eine Richtung erhält und dem eine Form verliehen wird. Dieses Wissen sorgt dafür, dass du nicht länger ein begrenzter Körper bist, sondern ein unbegrenzter schöpferischer Wille.

LEKTION 2 (11-30): HINDERNISSE ÜBERWINDEN

Unsere innere Sonne strebt nach Freiheit und zieht das Bewusstsein näher an dieses wunderbare innere Licht, das nicht separat, sondern eins ist und in einem wechselseitigen Verhältnis zu allen Dingen steht. Es sind die vier unterschiedlichen Bewegungen, die verhindern, dass wir ständig teilhaben an dieser Freude und Harmonie. Durch unsere Wahrnehmung verankern sie unser Bewusstsein im materiellen Körper und der materiellen Welt. Wenn wir unsere Aufmerksamkeit vertiefen, werden zwangsläufig Hindernisse auftreten und unseren ›Abstand‹ beziehungsweise die Rückkehr zur gewöhnlichen Realität signalisieren. Unangestrengtes Zulassen (wir schränken unseren Fokus nicht ein) trägt dazu bei, dass wir diese Hindernisse stets passieren lassen und zu unserem Gleichgewicht zurückkehren.

Sun Tsu warnt uns vor den fünf Unterbrechungen, die uns wie eine Streitmacht daran hindern wollen, dass wir uns vom Körper/ der materiellen Welt befreien, in die nächste Expansionsphase unseres Bewusstseins eintreten und die absolute Freiheit (oder Einheit) mit der gesamten Welt oder Ganzheit erreichen. Unsere Wahrnehmung und unser Glaube an eine starre, solide Welt schränken unsere Freiheit ein. So ›kämpft‹ unser Geist darum, sich von diesem Konzept zu befreien.[32]

---

32 Der *Guru Granth Sahib*, die heilige Schrift der Sikhs, äußert sich ausführlicher zum Kampf mit den fünf Unterbrechungen und greift dazu die Abhandlung von Sun Tsu auf. Dies zeigt, wie weitverbreitet das Wissen über derartige Lehren ist: »Plagen dich große Angst [(2) Sinne], Krankheiten des Körpers [(1) Körper], bist du gefangen in weltlichen Belangen [(3) Gedanken/Wahrnehmungen], verspürst du manchmal Freude und bei anderer Gelegenheit Trauer [(4) wandelnde Wahrnehmung], durchwanderst du die vier Richtungen und bist rastlos [(5) bewusstes Achten auf Störungen] – erinnerst du dich an den höchsten Gott [Innere Sonne], werden Körper und Geist besänftigt.«

Was stört unseren Fokus? Unser Körper. Unsere Sinne und Gefühle. Unsere Gedanken und Ideen. Unsere einschränkenden Ansichten. Und unser bewusstes Achten darauf, dass wir gestört werden. Häufig stellen wir eine Absicht oder ein Ergebnis in den Mittelpunkt unseres Willens und warten darauf, dass etwas geschieht. Oder wir verspüren ein Gefühl des Vorankommens, was wiederum eine Trennung schafft, die Wahrnehmung eines Hier und Da. Dabei verstehen wir durch das unangestrengte Zulassen, dass es im Grunde kein ›Dahin‹ gibt, zu dem wir gehen könnten, kein Ergebnis. Wir können also unseren Widerstand aufgeben und zulassen, dass diese Störungen mit Leichtigkeit passieren können. Gelingt uns das, sind Einheit und Einssein möglich.

Versuchen die Sinne unsere Aufmerksamkeit zu erlangen und unsere Konzentration zu zerschmettern, können wir die Aufmerksamkeit regulieren, indem wir uns den Sinnen ›stellen‹. Wir versuchen nicht, sie aufzuhalten, sondern lassen sie aufsteigen und dann wegfallen. Auf diese Weise ›schützen‹ wir unser expandierendes Bewusstsein und halten es intakt. Aber die fünf Unterbrechungen sind gewitzt und durchtrieben; sie kennen dich und können deshalb deinen nächsten Schritt besser voraussehen als du. Aus diesem Grund warnt Sun Tsu, dass du dich nicht in einen ›Hinterhalt‹ ziehen lassen sollst.

Diese Störungen entstehen auf natürliche Weise. Unsere vergangenen Taten und Überzeugungen erschaffen gewissermaßen den nächsten Augenblick. Insofern befinden wir uns eigentlich in einem Kreislauf, aus dem wir durch Aufmerksamkeit ausbrechen. Hier ein Denkanstoß: Befindet sich dein Gedankenfeld der Wahrnehmung mühelos im Gleichgewicht, welche Art Zukunft wird dann als Nächstes entstehen? Unsere Unterbrechungen müssen wir nicht bekämpfen, wir können stattdessen ein Bewusstsein für sie entwickeln. Wenn wir uns nicht ködern lassen, keinen Widerstand leisten und uns nicht von Dingen anlocken lassen, die im Bewusstseinsfeld auftauchen, bewahren wir häufiger Gleichgewicht und Harmonie. Stimmst du dich auf dein betrachtendes Bewusstsein ein, siehst du vielleicht Dinge, die dir Angst einjagen, dich mit einschränkenden Überzeugungen umkreisen oder Ängste und Sorgen schüren. Vielleicht erscheinen dir auch helle Lichter und beeindruckende Farben; möglicherweise siehst du sogar Engel und Heilige, die deine Aufmerksamkeit stehlen. Doch bleibe ungerührt auf die innere Sonne zentriert und behandele alle auftretenden Phänomene wie vorbeiziehende Verkehrszeichen auf deiner Reise zur Ganzheit. So stärkst du deinen Fokus und sorgst für Gleichmut. Ansonsten wäre es wie eine Fahrt auf der Autobahn, bei der du für jedes kleine Ereignis einen Stopp einlegst – wie willst du auf diese Weise irgendwohin gelangen? Das Ziel ist es, uneingeschränkt deine innere Sonne zu schauen, von der aus sich verborgener Frieden und Ganzheit entfalten.

Sun Tsu macht uns mit vielen zu erwartenden Hindernissen vertraut, damit wir uns Gedanken machen und uns vorbereiten können. Wir sollten auf alles achten, was uns aus dem Mittelpunkt unserer Konzentration reißen will. Diese Störungen werden zunehmen und sich sehr anstrengen, unsere Aufmerksamkeit zu wecken. Wie eine angreifende Armee werden sie uns alles entgegenwerfen, was sie im Arsenal haben; aber wir dürfen nicht einknicken. Damit wir ruhig bleiben, muss unser Fokus klar sein, ansonsten kann er von den fünf Unterbrechungen überwältigt werden.

LEKTION 3 (31–44): HARMONIE WIEDERHERSTELLEN

Sun Tsu drückt sich ganz deutlich aus: Je stärker du den Geist mit Harmonie ins Gleichgewicht bringst, desto eher werden sich die Störungen legen. Schränkst du diese Störungen allerdings ein oder versuchst, sie zu kontrollieren, werden sie sich nur eingraben und die Oberhand gewinnen. Was auch immer du an Sorge, Angst, Verärgerung, Ungeduld und so weiter erlebst, zwingt dich, auf die Energie deines Körpers zurückzugreifen. Die Folge sind Stress und Disharmonie. Letztlich führt das zu einem Zustand der Erschöpfung und Ablenkung. Das kann zu deiner gewohnten Lebensweise werden, wenn du nicht aktiv wirst und deinen Willen auf dem Feld der Aufmerksamkeit behauptest.

Ob du es glaubst oder nicht – im natürlichen Zustand ist unser Geist gefasst und ruhig. Wir ziehen uns in unseren ursprünglichen Zustand zurück, in dem Übereinstimmung mit unserer Umgebung und Realität herrscht. Unser Bewusstsein wird gelegentlich als ›leer‹ beschrieben, denn es wird von nichts gesteuert; es kämpft gegen nichts und wehrt sich gegen nichts. Es wird nicht einfach nur in deinem Geist erfahren, sondern auch in den Schichten um dich herum – wie das mit allem verbundene Rad: ständig in Bewegung, ständig plappernd, ständig beschäftigt; oder es nimmt das laute Summen der Außenwelt wahr und stoppt dann. Es bewegt sich, ohne sich zu bewegen – bewegungslos in dem Sinne, dass es sich ohne Macht oder Geräusch entfaltet. Wegen dieser Eigenschaft wird es gelegentlich auch als ›beständig‹ bezeichnet.

Dieser Zustand der Beständigkeit ist im Wandel begriffen und doch zeitlos. Es ist ein sanftes Entfalten, das wir erkennen und uns daran gewöhnen, Teil davon zu sein. Im Verlauf dieses Prozesses nimmt unsere Aufmerksamkeit gegenüber anderen und dem Ganzen ebenfalls sanft zu; und dasselbe gilt für unsere nächste Handlung. Wir wollen nicht laut sein oder widerspenstig oder eine Schwingung (Bewegung) aussenden, die diese sich ausweitende ruhige Stille zerstören könnte ... die Welt bewegt sich weiter, aber deine Wahrnehmung verändert sich und du erlebst sie als geordnet, vereint, harmonisch, kooperativ, friedlich und perfekt. Ganz selbstverständlich möchtest du auf dieser Ebene und inmitten reiner Freude daran teilhaben.

Um dein betrachtendes Bewusstsein weiter zu unangestrengtem Zulassen zurückzuführen, bedarf es sanfter Disziplin. Je öfter du innehältst, stoppst, dich wehrst oder dich besiegt fühlst, desto schwerer kannst du deine Harmonie wiederherstellen. Wenn du glaubst, du hättest eine Ablenkung unterworfen, bist dabei aber mit Zwang vorgegangen, wird die Ablenkung im nächsten Kreislauf noch mächtiger zurückkehren und dich abwehren. Sei weiterhin auf der Hut. Unterschätze niemals, wie anfällig du für Gewohnheiten bist. Selbst in Zeiten, in denen du glaubst, frei zu handeln, bist du möglicherweise Sklavin deiner Sinne.

Gib niemals auf. Wenn wir intensiv daran arbeiten, gründlich auszuloten, was in jedem Moment auf dem ›Schlachtfeld‹ des Geistes geschieht, gelangen wir zum Sieg. Trainiere deine Aufmerksamkeit mit sanfter Disziplin – und schon bald wirst du Selbstvertrauen gewinnen und dich weniger von außen beeinflussen lassen. So erschaffst du Trittsteine auf dem Weg zum Sieg.

ERWEITERE DEIN FELD DER AUFMERKSAMKEIT

Wir sollen eine tiefere Beziehung zu der Art und Weise pflegen, wie wir unser Leben erleben, sagt Sun Tsu. Wir werfen mit Begriffen wie innere Einkehr, Aufmerksamkeit, Konzentration, Erdung, innere Sonne, Unterbrechung und Störung um uns und verlieren dabei gerne aus dem Blick, wie subtil die menschliche Erfahrung ist, die wir jetzt in diesem Augenblick erleben. Im Grunde können wir damit beginnen, die Lehren des betrachtenden Bewusstseins dahingehend anzuwenden, unser Verständnis von Wahrnehmung zu erweitern.

Doch dabei müssen wir sanft vorgehen. Es bedarf sanfter Hände;

so wie du dich um sehr alte Mitmenschen oder sehr kleine Kinder kümmern würdest, immer bedenkend, dass sich jede Geste, jeder Gedanke, jedes Wort und jede Anstrengung auf uns und andere auswirken. Zu schimpfen oder zu tadeln oder unsere Bemühungen zu kritisieren, kann einen unfreundlichen und lieblosen Eindruck machen und ist zudem nicht effektiv. Schaden wir uns selbst oder anderen, entsteht ein Hindernis in unserem Bewusstseinsfeld.

Oft erkennen wir gar nicht, welchen Schaden wir uns selbst zufügen. Wir bemerken nicht, wie wir bei zahllosen Gelegenheiten aus Böswilligkeit strafen oder verletzen. Rasch sind wir dabei, die schwärzesten Zukunftsbilder zu malen, basierend auf Knappheit und Mangel. Ohne darüber nachzudenken, verweigern wir uns selbst unsere Träume und sabotieren unsere Bemühungen. In vielerlei Hinsicht behandeln wir uns selbst schlechter als alle anderen, auch wenn wir glauben, in unserem besten Interesse zu handeln.

Wenn wir endlich denjenigen betrachten, der spricht und handelt (den Beobachter), und erkennen, wie seine Taten und Gedanken wiederholt unsere ›äußere‹ Welt und die Zukunft prägen, werden wir allmählich verstehen, wer in Wirklichkeit der Bösewicht ist. Nur selten schaden uns andere Menschen – viel öfter ist es unser eigener unregulierter Geist, der Szenarien entwickelt, die uns in eine vermeintliche Schlacht mit unserer Umwelt führen.

Stellen wir uns einen Augenblick vor, es sei Mitternacht und du hörst ein Klopfen an deiner Haustür. Du erwachst. Im Dunkeln fragst du dich, wer das sein könnte. Das Klopfen ist laut und aggressiv. Du hörst genauer hin und kannst Stimmen ausmachen, eine ganze Reihe von Stimmen. Du hast Angst, dich zu bewegen, aus Furcht davor, wer es sein könnte. Dein Geist greift vielleicht auf deine Vorgeschichte zurück, auf Erfahrungen, dein Gefühl der Unvollkommenheit und Unwürdigkeit, auf deine Unglücksfälle und so weiter. Daraus entwickelt der Geist die Antwort auf die Frage, wer da klopft ...

Und wer klopft nun tatsächlich an der Tür?

Das hängt von dir ab. Die Antwort wird davon bestimmt, wie du die Welt wahrnimmst. In aller Ausführlichkeit wird dein Geist Prognosen abgeben, wer es sein könnte, wird versuchen, es herauszufinden, wird Widerstände in Form von Störungen, Angst, Sorge, Überraschungen, Verärgerung und so weiter erzeugen. Wenn du beim Tierschutz arbeitest, könnte es jemand sein, der ein entlaufenes Haustier gefunden hat. Fühlst du dich für gewöhnlich von den Menschen in deiner Nachbarschaft bedroht, könnten sie etwas im Schilde führen.

Auch wenn du nicht nachschaust und die Person wieder verschwindet, bist du vielleicht die ganze nächste Stunde aufgrund des Erlebten rastlos. Im Kopf spielst du durch, was du hättest tun sollen, oder fragst dich, wer es gewesen sein könnte. Das kann sich bis in den nächsten Tag hinein auswirken, wenn du die Geschichte bei der Arbeit erzählst. »Ich bin vor Schreck fast aus dem Bett gefallen!«; »Nein, ich habe nicht nachgesehen – ich denke, die haben sich in der Hausnummer geirrt und standen da draußen mit Knüppeln!«

Bei all diesen Szenarien können wir den Geist sanft mäßigen, damit er sich nicht mitreißen lässt und das Gefühl als Angst oder Sorge einstuft. Die Ungewissheit ist nicht real, sondern eine gefühlte Emotion (eine Störung), und wir *können* unsere Aufmerksamkeit zurück zur Mitte führen. Dazu greifen wir zunächst zur Strategie der Konzentration. Dann gehen wir über zur tieferen Kontemplation, um zu beobachten, was gedacht wird, ohne den Gedanken zu folgen oder sich von ihnen mitreißen zu lassen. Wir müssen mental unbewegt bleiben und darauf vertrauen, dass wir dem Augenblick begegnen, während er sich entfaltet.

Vielleicht schaffen wir das nicht beim ersten und auch nicht beim zehnten Mal. Doch wenn wir unsere unmittelbaren Erfahrungen in jedem Augenblick als Übungsraum nutzen, werden wir schrittweise feststellen, wie wir gewohnheitsmäßig reagieren. Mit der Zeit wird uns bewusst, wie wir mit uns selbst umgehen, und nutzen dieses Wissen, um in Zukunft fürsorglicher zu sein. Wir umsorgen und respektieren uns, wir werden zu der Person, die Disharmonie nicht durchgehen lässt. Wir lassen uns nicht ausnutzen oder kleinmachen, wir stehen nicht länger an zweiter Stelle. Und für die Fälle, in denen die Außenwelt – oder vielmehr die Gedanken und Handlungen anderer – auf uns einwirkt, denken wir an Sun Tsus Worte: Sind wir in Ganzheit geerdet, können wir jeden Angriff abwehren und lassen uns nicht beeinflussen.

Unsere innere Lehrerin begleitet und leitet uns bei jedem unserer sanften Schritte. Das bedeutet nicht, dass wir selbstsüchtig werden. Vielmehr schließen wir unsere eigenen Bedürfnisse und die Fürsorge für uns selbst in den Expansionsprozess mit ein. Dadurch geben wir überall mehr, denn wir stehen nicht länger innerlich oder mit unserer Umgebung in Disharmonie (Einheit entsteht). Wir denken und handeln nicht sorglos oder sind so abgelenkt, dass wir anderen und uns selbst damit schaden.

Während unser sich stetig ausweitendes betrachtendes Bewusstsein wächst, nehmen die Ablenkungen ab und wir beginnen, uns selbst zu vertrauen. Das ist der Zeitpunkt, an dem wir die verborgene Lehrerin ›hören‹ und erkennen. Es entsteht eine neue Art der Übereinkunft, ein Pfad der sanften Disziplin. Wir sind aufmerksamer gegenüber der tiefen Wahrheit, dass jede Tat und jeder Gedanke bedeutsam ist und dass wir sie mit Bedacht wählen sollten.

Das ist der Pfad, den Sun Tsu uns vorgibt. Wir können ihn in unserem eigenen Tempo bereisen, unabhängig davon, wo wir sind. Wir brechen auf zu einem Sieg, der nicht nur uns selbst zugutekommt, sondern auch der Welt um uns herum.

DER NEUNTE SCHRITT AUF DEM VERBORGENEN PFAD ZU FRIEDEN UND GANZHEIT

1. Wende den verborgenen Pfad zu Frieden und Ganzheit so an, wie er dir am besten geeignet erscheint, um hier und jetzt dein betrachtendes Bewusstsein zu erweitern.

2. Suche in jedem Augenblick Möglichkeiten, tiefer einzutauchen und aufzudecken, welche Gewohnheiten sich in deinem Leben verbergen. In welchen Bereichen – bei der Arbeit, zu Hause, in deiner Freizeit – fallen die Ergebnisse wieder und wieder zu deiner Unzufriedenheit aus und lassen dich glauben, ausgebremst zu sein? Wie tragen Gedanken, die du dir zu deinem Leben machst, zum Entstehen des Kreislaufs bei? Übernimm dafür die Verantwortung.

3. Nimm dir einen Bereich deines Lebens vor und beginne damit, ihm mit mehr Aufmerksamkeit und Fokus zu begegnen. Denk jeden Tag darüber nach, wie du an diesem Augenblick angelangt bist und wie deine Zukunft aussehen sollte, wenn es nach dir geht. Lass zu, dass störende Gedanken und Sinneswahrnehmungen kommen und gehen, und nimm Veränderungen vor. Erweitere durch direkte Erfahrungen deine Aufmerksamkeit, gib dem Beobachter Zeit, ein klares Bewusstsein zu zentrieren und zu bewahren. Ein Bewusstsein, das wächst und eine tiefere Verbindung in dein Leben bringt.

Die Erweiterung des betrachtenden Bewusstseins ist der neunte Schritt auf dem verborgenen Pfad zu Frieden und Ganzheit. Je besser du die fünf Unterbrechungen kennst, sie untersuchst und verstehst, wie sie dir Schwung und Ruhe rauben, desto wahrscheinlicher wirst du andere Entscheidungen treffen, deinen Willen bewahren und die Oberhand erlangen können.

Bald wird deine innere Sonne zu jenem Ort, an dem du ganz selbstverständlich residierst, und zwar unabhängig davon, ob deine Augen offen oder geschlossen sind, ob du wach bist oder schläfst. All diese Zustände sind letztlich ein und derselbe.

Nimm die tiefe Kontemplation als sanfte neue Disziplin an, die Harmonie in dein Leben bringt.

Denkanstöße: Die Erweiterung des betrachtenden Bewusstseins

»Verankerst du deine Aufmerksamkeit fest, wird dein Bewusstsein frei sein von vermeintlichem körperlichen Leiden. Das wird den Sieg bedeuten.« – Kapitel 9

1. Schreib auf, wie dein Tag war. Such dir ein Ereignis heraus, bei dem du das Gefühl hattest, dein Fokus sei verschoben. Wie kannst du Verantwortung für das Ergebnis übernehmen und was kannst du in Zukunft ändern?

2. Nenne beispielhaft einen Moment, in dem du gespürt hast, dass deine Aufmerksamkeit zunahm? Wie hat es sich angefühlt? Mit welchen Methoden kannst du im nächsten Augenblick deine Aufmerksamkeit wieder so wachsen lassen, dass du unangestrengte, grenzenlose Freude verspürst?

3. Welche der fünf Unterbrechungen bereitet dir den meisten Ärger? Geh ihr auf den Grund und suche mit Voraussicht und Sanftheit nach Wegen, die Kontrolle über dein Bewusstsein zurückzuerlangen.

4. Zentriere dich heute fünfzehn Minuten auf deine innere Sonne (die Augen können dabei geöffnet oder geschlossen sein). Was hast du dabei herausgefunden?

5. Nenne einige Gedanken, die dein betrachtendes Bewusstsein durchbrochen haben. Kannst du durch Konzentration erreichen, sie frei passieren zu lassen?

6. Beschreibe einen Zeitpunkt, als du große Ruhe verspürt hast, als dein Geist nicht schwatzte und deine Sinneswahrneh-

mungen der Welt sehr ruhig wirkten. Hast du dies bislang nicht erlebt, versuche jetzt, dein betrachtendes Bewusstsein auszudehnen, und schreibe darüber. Wie auch immer das Ergebnis ausfällt, schildere, wie du dich gefühlt hast.

7. Führe aus jüngerer Vergangenheit ein Beispiel dafür an, wie eine der fünf Unterbrechungen deinen Geist abschweifen ließ. Wie konntest du den Gedanken stören und deine Konzentration zurückerlangen?

8. Erstelle eine Liste deiner übergeordneten Gedanken, die auf einschränkende Ansichten zurückgehen (Defizite, Unwürdigkeit und dergleichen). Gehe in Kontemplation der Frage nach, warum du dies als deine Realität ansiehst. Wie kannst du mithilfe sanfter Fürsorge deine Aufmerksamkeit bewahren, neue Ideen finden und dir eine stärker von der Intuition inspirierte Zukunft schaffen?

9. Wie sieht Selbstfürsorge aus? Nenne einen einzelnen Schritt, den du tun kannst, um Selbstfürsorge in deinem Leben willkommen zu heißen.

10. Und wie sieht *achtsame* Selbstfürsorge aus? Nenne einen einzelnen Schritt, mit dem du achtsame Selbstfürsorge in dein Leben integrierst.

11. Nenne drei einschränkende Überzeugungen, die regelmäßig dein sich ständig ausweitendes Bewusstsein blockieren.

12. Nenne drei Beispiele für Dinge, die du immer machen wolltest, deiner Meinung nach voraussichtlich aber niemals geschafft hättest. Welche Überlegungen haben deine natürliche Zielstrebigkeit blockiert und verhindert, dass du sie getan hast? Was wirst du als Nächstes tun, um wenigstens eines deiner Vorhaben zu verwirklichen?

KAPITEL 10

DAS TERRAIN DES GEISTES[33]

1. Sun Tsu sagt: Wir unterscheiden im Terrain des Geistes sechs Arten von Entfaltung[34], und zwar:

a) die Entfaltung bewusster Gedanken, die durchlässig und leicht zu passieren sind (zugängliches Terrain).

b) die Entfaltung bewusster Gedanken, die verschlungen oder trügerisch auftreten (schwieriges Terrain).

c) die Entfaltung wahrgenommener Gedanken, die schwer greifbar und stockend erscheinen, sei es durch Prokrastination oder Unentschlossenheit (Terrain, das keine Entscheidung zulässt).

d) die Entfaltung wahrgenommener Gedanken, die extrem fokussiert und restriktiv erscheinen, häufig infolge reaktionärer Effekte (enge Pässe).

---

33 Das Terrain des Geistes wird auch als »die sich entfaltende Natur des Geistes« bezeichnet.

34 »Entfaltung« bezeichnet hier die Bewegung, die dazu beiträgt, dass unterschiedliche Arten von Gedanken in unserem Feld bewusster und intuitiver Wahrnehmung erscheinen. Auch die Verwendung von Begriffen wie »bewusster Gedanke«, »wahrgenommener Gedanke« und »Gedankenstrom« soll den Leserinnen und Lesern unterschiedliche Wege aufzeigen, ein und dieselbe Idee auszudrücken, die durch die Sprache begrenzt ist. Mit all diesen Begriffen befasse ich mich im weiteren Verlauf des Kapitels.

e) die Entfaltung von Gedankenströmen, die als Hürden erscheinen, steil und schwer zu überwinden, oftmals unerwartet (steile Anhöhen).

f) die Entfaltung von Gedankenströmen, die an den Rändern des Bewusstseins erscheinen, abgelegen, abgeschieden, abgeschnitten (Stellungen in weiter Entfernung).

2. Kann ein bewusster Gedanke dank deines aufmerksamen Verhaltens passieren und sich eigenständig auflösen, bezeichnet man ihn als durchlässig (Geist).

3. Passieren derartige Gedanken das Feld des bewussten Denkens, richte dein konzentriertes Bewusstsein fest auf die innere Sonne aus und schütze deine Lebensenergie. Dann wirst du mit einem Vorteil ›kämpfen‹ (oder deine Position halten).

4. Kann ein bewusster Gedanke zwar aufgegeben oder verlassen werden, erschwert aber die Rückkehr in einen Zustand der Ruhe, bezeichnet man ihn als verstrickend (Geist).

5. Umschlingen oder täuschen Gedanken dieser Art das Feld des bewussten Denkens, kannst du, solange sie noch schwach sind, mit sanft konzentrierter Aufmerksamkeit den Fokus bewahren. Wird der feindliche Gedanke allerdings gestärkt (sprich, er erhält Aufmerksamkeit) und du kannst nicht verhindern, dass er sich festsetzt, deine Konzentration raubt, wird es zur Katastrophe kommen.

6. Kann ein bewusster Gedanke nicht weiterziehen, sondern greift – häufig als Folge deines eigenen Prokrastinierens – immer wieder deine Aufmerksamkeit an, bezeichnet man ihn als ausweichend (Geist).

7. Buhlen derartige Gedanken um deine Aufmerksamkeit, solltest du das volle Wesen des Gedankenstrangs hervorlocken, damit du sie klar ›sehen‹ kannst. So kannst du mit konzentriertem Bewusstsein die Oberhand zurückerlangen.

8–9. Wenn du extrem fokussierte Gedanken aktiv beruhigen kannst, verhinderst du, dass sich ein Widerstandsnest bildet. Außerdem erlangst du die Kontrolle, indem du zulässt, dass sich die Hyperempfindungen beruhigen und passieren, sich auflösen oder schwächer werden.

10. Wenn ein bewusster Gedanke am Rand deines bewussten Wahrnehmungsfelds erscheint und du auf den ersten Blick erkennst, dass er deiner Konzentration schaden könnte, ziehe ihn nicht näher heran (indem du an ihn denkst), denn das macht ihn zugänglicher. Konzentriere dich stattdessen auf deine innere Sonne und warte ab, ob der Gedanke aus sich heraus erscheint und wieder verschwindet.

11. Für alle diskutierten Situationen gilt: Hat der gedankliche Feind das Feld der bewussten Wahrnehmung schneller erobert als deine konzentrierte Aufmerksamkeit, folge dem Gedankenstrom nicht, sondern ziehe dich zurück und lasse ihn passieren.

12. Manchmal taucht, wenn du tief konzentriert bist, ein Gedanke auf, der sich (gefühlt) weit entfernt auf deiner Bewusstseinsebene befindet. Wenn deine konzentrierte Aufmerksamkeit und Lebensenergie diesem aufkommenden Gedanken gewachsen sind, kann es schwer sein, deinen Willen gegenüber dem Gedankenstrom durchzusetzen. Vielleicht bist du am Ende im Nachteil und verlierst deine Mitte und Entschlossenheit.

13. Diese sechs Grundsätze zu sich entfaltenden bewussten Gedanken stehen allesamt im Zusammenhang mit der Erde (oder dem Körper/der Yang-Energie/dem niederen Bewusstsein).

14. Wenn das konzentrierte Gewahrsein den sechs Rückschlägen des bewussten Denkens ausgesetzt ist, anstatt aus der eigenen natürlichen Intuition zu entspringen, befindet sich der Beobachter nicht im Gleichgewicht. Die sechs häufigsten Arten, wie der Geist des konzentrierten Beobachters ins Ungleichgewicht geraten kann, sind:

a) Eskapismus, Tagträume, Aufgeben (Flucht).
b) Verbohrtheit, Starrsinn, Unnachgiebigkeit gegenüber Veränderungen (Unbeugsamkeit).
c) Überwältigung, Verlust der Selbstkontrolle, Trauer (Zusammenbruch).
d) das Gefühl des Versagens, der Wertlosigkeit (Ruin).
e) das Gefühl geistigen Aufruhrs, wilden Durcheinanders, Störung/Unordnung, geistiger Erschütterung, unorganisierten, chaotischen Denkens (Chaos).
f) vollständige und niederschmetternde mentale Niederlage (totale Schlappe).

15. Zu *Eskapismus* (oder dem Abtauchen in Tagträume) kommt es, wenn der Beobachter sich zu konzentrieren versucht, der gedankliche ›Feind‹ aber sehr stark (sogar ruhelos) ist. Es ist, als stünde man einer Heerschar gegenüber, die zehnmal so groß wie die eigene ist. In einer derartigen Situation wird es schwer, ins Gleichgewicht zurückzufinden, deshalb flieht der Geist oder vermeidet es, sich der wahrgenommenen Schwierigkeit zu stellen.

16. Sind Gedankenströme zu stark und der konzentrierte Wille zu schwach, steht der zentrierten Aufmerksamkeit ein *stark ausgepräg-ter Unwille, sich zu wandeln*, gegenüber. Möglicherweise setzt dieser Unwille sich durch und verhindert eine Rückkehr ins Gleichgewicht.

17. Wenn intensiver Zorn das Bewusstseinsfeld heimsucht, wird der Beobachter überrascht sein, wie rasch Gedankenströme wütend und bockig werden können, während er versucht, die Aufmerksamkeit wieder zu zentrieren. Das nimmt ihm den Vorteil und öffnet einem *Gefühl des Versagens und des Nichtswürdigseins* Tür und Tor.

18. Wenn die konzentrierte Aufmerksamkeit schwach und ohne Autorität (Wille) ist; wenn sich der Beobachter bloß halbherzig darum bemüht, zu ›kommandieren‹ oder die Aufmerksamkeit zu zentrieren; wenn Initiative oder Strategien fehlen und der Geist unbändig und überdreht ist, entsteht *absolutes Chaos*.

19. Kann die konzentrierte Aufmerksamkeit die Stärke eines Gedankenstroms nicht vorhersagen, lässt sie ›minderwertige‹ Gewohnheiten den Willen beherrschen, obwohl dieser eigentlich stärker ist. So wird der zentrierte Fokus des Beobachters zunichtegemacht, denn er hat versäumt, für ein ausreichendes Maß an Konzentration zu sorgen. Das Ergebnis ist eine *verheerende Niederlage*.

20. Das sind die sechs Wege, wie die Harmonie in Gefahr geraten kann. Schüler und Schülerinnen, die Gleichmut erlangt haben, müssen sorgfältig ein Auge auf sie haben.

21. Schüler und Schülerinnen müssen die natürlich auftretende Intuition spüren können – diese Fähigkeit ist ihr Verbündeter.

Doch nur eine wahre Meisterin kann die Macht des gedanklichen Feindes genau abschätzen. Nur der wahre Meister lässt zu, dass sich die potenziellen harmoniegefährdenden Einschränkungen sanft entwickeln, und kann dann vorausschauend einschätzen, welche Komplexitäten, Disharmonien und Störungen auf dem Weg lauern.

22. Beherrschst du diese Dinge und lässt dein Wissen in die Praxis einfließen, wirst du den Sieg (Ganzheit) davontragen. Beherrschst du sie nicht und übst sie auch nicht, wirst du in einem geistigen Zustand der Disharmonie verharren.

23. Die Weisen wissen, dass allein das Beherrschen des Willens zum Sieg über die Gedanken/Sinne führt. Ob du dich auf deine Gedanken und Sinne einlässt oder nicht, ob der Sieg möglich ist oder nicht – der Wille ist die einzige Autorität, und er muss befolgt werden.

24. Ein Meister, der seine Willenskraft mehrt, ohne nach Selbstherrlichkeit zu streben; der sich von der Gesellschaft abwendet, ohne zu fürchten, möglicherweise in Ungnade zu fallen; der einzig danach strebt, seinen inneren Frieden und seine Harmonie zu schützen (bewahren) und seinen Mitmenschen gut und sanft zu dienen, ist das Juwel des Königreichs (Universum).[35]

25. Betrachte deinen Willen wie ein Kind, dann wird er stark werden und im Einklang mit deiner Intuition stehen. Er wird sogar bei der Verwandlung durch den irdischen Tod an deiner Seite sein.

---

35 Das Königreich oder ›Universum‹, das ewige Alles oder das Ganze.

26. Lässt die Schülerin den Gedankenströmen undiszipliniert freien Lauf, kann der Wille die Kontrolle (oder konzentrierte Aufmerksamkeit) nicht bewahren. Gefühle werden undiszipliniert und unkontrolliert agieren und für geistiges Chaos sorgen. Der Wille (oder die Willenskraft) verhält sich dann wie ein verzogenes Kind und ist vollkommen unfähig, zentrierte Aufmerksamkeit herbeizuführen.

27. Wenn du deinen Willen ausübst und dabei entgegen einengender Gedanken oder Überzeugungen handelst; wenn du nicht aufgibst, *obwohl du weißt, dass du scheitern wirst*: Dann bist du auf halbem Weg zum Sieg.

28. Wenn du deinen Willen ausübst und dabei entgegen einengender Gedanken oder Überzeugungen handelst, hast du den halben Weg zum Sieg zurückgelegt; und zwar selbst dann, wenn du *nur teilweise erfolgreich* bist.

29. Wenn du deinen Willen ausübst und dabei entgegen einengender Gedanken oder Überzeugungen handelst; wenn du an den Erfolg glaubst, obwohl du weißt, dass die Umstände (körperlich, geistig) ihn verhindern könnten: Dann stehst du dennoch kurz vor dem Sieg.

30. Aus diesem Grund sind erfahrene Schüler und Schülerinnen, sobald sie sich in Bewegung gesetzt haben, niemals verwirrt (oder in Sorge, scheitern zu können). Haben sie nach ihrer Intuition gehandelt, sind sie niemals ratlos.

31. Deshalb lautet der Spruch: Kennst du die Herausforderung und dich selbst, steht dein Sieg (über jegliche Form von Einschränkung)

nicht in Frage. Kennst du Himmel (Yin) und Erde (Yang), kennst du deinen Geist vollkommen, wird dein Sieg absolut sein.

SUN TSUS LEBENDIGE WEISHEIT INTERPRETIEREN

An diesem Punkt erlaubt Sun Tsu, dass wir unsere bisherigen Erfahrungen im Umgang mit dem Geist viel stärker in die Praxis einbringen. Haben wir bisher nur wenige Schritte auf einmal getan – wenn wir unsere Gedanken beobachtet und unterbrochen haben, wenn wir den Geist kennengelernt haben und wissen, wie er unter welchen Umständen funktioniert, wenn wir gesucht und Fragen gestellt haben –, dann registrieren wir möglicherweise subtile Fortschritte, auch wenn es vielleicht gar nicht den Anschein hat. Doch selbst wenn wir glauben, bestimmte Aspekte unseres Selbst überwunden zu haben, kann sich leicht ein neuer Gedanke ankündigen; wie ein Gongschlag, der in unserem Bewusstseinsfeld widerhallt und unsere Gedanken stört.

Gleichzeitig müssen wir uns bewusst sein, dass Gedanken nicht schlecht oder furchtbar sind. Sie *sind* einfach. Der japanische Zen-Meister Kōshō Uchiyama Roshi bezeichnet Gedanken als »Absonderungen«[36] und vergleicht sie mit Körperflüssigkeiten: So wie die Nase Schleim absondert und die Ohren Wachs, so sondert der Geist Gedanken ab. Was ist es doch für eine Freiheit, Gedanken ganz neutral zu betrachten; als normale Funktion, die uns allen gemein ist, und nicht als etwas, dessen man sich entledigen muss.

Wir sprechen also mit gewöhnlichen Begriffen darüber, wie Gedanken auftreten. Dabei müssen wir aber im Hinterkopf behalten, dass sie nur dann unsere Harmonie stören, wenn wir das zulassen

---

36 Siehe: Kōshō Uchiyama: *How to Cook Your Life: From the Zen Kitchen to Enlightenment* (Shambhala Publications, 2005), S. 28/29.

(oder gedanklich entscheiden, dass dem so ist). Wir sind in einem Zustand sanfter Aufmerksamkeit, gelassener Harmonie, und dann erscheint ein Gedanke oder ein Gefühl: Nehmen wir den Gedanken oder das Gefühl als widerspenstig oder als Eindringling wahr, verlieren wir vielleicht unseren Fokus – dann ist der Gedanke oder das Gefühl tatsächlich widerspenstig und ein Eindringling. In Wahrheit jedoch kommen und gehen Gedanken im Rahmen natürlicher Abläufe; wir können uns unsererseits zurückhalten (durch Aufmerksamkeit oder Fokus) und erlauben, dass sie unser Gedankenfeld genauso natürlich wieder verlassen.

Sun Tsu stellt in einem detaillierten Grundriss dar, wo und wie unsere Gedanken agieren und sich entwickeln. (Kapitel 11 geht weiter auf das Thema ein.) Das sollte uns ermutigen; denn je mehr Wissen wir besitzen, desto besser können wir spüren, wie sich unsere Aufmerksamkeit ausweitet, ihre Grenzenlosigkeit erfahren und ein großes Maß an Harmonie herbeiführen. Gelassenheit und Frieden werden zur Norm, und zwar so sehr, dass wir es viel leichter bemerken, wenn ein Gedanke oder Konzept eindringt. Auf diesem Weg leitet uns das Wissen, wie Gedanken, Konzepte, Ideen, Bilder und dergleichen sanft erscheinen und unsere Willenskraft und Aufmerksamkeit ablenken können.

LEKTION 1 (1-13): DIE SECHS ARTEN VON GEDANKEN

Die sechs Entfaltungen präsentiert uns Sun Tsu als Methode, mit der wir spüren und empfänglich dafür werden, wie sich die Wahrnehmung als wandelbares Feld verändert, durch das wir die Existenz erleben. Wir haben es mit Gedanken zu tun, die wir leicht passieren und fallen lassen können. Dann gibt es Gedanken, die wir als verworren wahrnehmen und die uns hinters Licht führen – auch wenn wir glauben, sie könnten gar nicht Fuß fassen. Wieder andere Gedanken oder Wahrnehmungen im Feld des bewussten Denkens sind schwer greifbar, stockend, prokrastinierend, unentschlossen; sie kommen einmal und gehen dann wieder. Ihnen allen gemein ist, dass sie unsere innere Konzentration stehlen können.

Gelegentlich nehmen wir auftauchende Gedanken als extrem fokussiert und einschränkend wahr, sie fühlen sich sehr eng an. Häufig reagieren wir auf diese Form von Gedanken, weil wir ihre auslösenden Momente unbedingt loswerden möchten. Genauso haben wir es mit Gedanken zu tun, die wie Hürden erscheinen – steil und schwer zu überwinden. Wir können sie nicht im Voraus erahnen, deshalb treffen sie uns unvorbereitet heftig und stören unseren Seelenfrieden. Und dann sind da Gedanken, die scheinbar ganz außen am Rand unserer Wahrnehmung erscheinen; abgelegen, abgeschieden, als würden sie nicht zu unserer Aufmerksamkeit vordringen – bis es uns in den Sinn kommt, über sie nachzudenken, was sie letztlich näher ›heranzieht‹.

Vergiss nicht, was Sun Tsu erklärt hat: Das Wahrnehmungsfeld ist das Terrain des sich entwickelnden Geistes. Dort rücken Gedanken in den Fokus des Bewusstseins, sodass wir uns mit ihnen befassen (oder eben nicht), bevor sie wieder verschwinden. Wir arbeiten mit Worten, um diesem ›Feld‹ eine Form zu geben – obwohl es in Wirklichkeit gar keine hat. Und dennoch kannst du spüren, ob dir Gedanken ›nah‹ oder ›fern‹ sind. Du kannst spüren, ob sie sich ›eng‹ anfühlen oder ›ganz dicht‹, alles beanspruchend. Genauso kannst du fühlen, ob dein Bewusstsein frei von Hindernissen ist, ob alles fließt, offen und gelassen ist. In diesem Fall wirst du dich möglicherweise anfänglich fragen, warum du gar nichts denkst – und auf diese Weise Gedanken zu dir ›heranziehen‹. So ist es auch, wenn du nur kurz an etwas denkst, nur für einen Augenblick. Es scheint nichts Weltbewegendes zu sein, bis es auf einmal doch weltbewegend wird. Vergiss also bitte nicht: Das ›Schlachtfeld‹ und die gedanklichen Stellungen (auf dem Terrain des Geistes) sollen dir neue

Erkenntnisse dazu liefern, wie der Geist sich natürlich im Fluss befindet und Gedanken erzeugt – Gedanken, die, wenn du sie aufgreifst und ihnen Aufmerksamkeit widmest, den Gleichmut des einheitlichen Bewusstseins durchbrechen werden.

Zum Umgang mit diesen verschiedenen Gedanken sagt Sun Tsu: Wir können unseren Geist besser kontrollieren und das ›Schlachtfeld‹ gründlicher leeren, wenn wir verstehen, wie die gedanklichen Muster in unserer Wahrnehmung erscheinen. Noch wichtiger ist, dass wir erkennen, wie sie an *denselben* Stellen und mit *denselben* Eigenschaften auftreten. Das gibt uns wichtiges Vorwissen für den ›Kampf‹. Ein Beispiel: Du spürst, dass ein Gedanke ganz am Rand des Wahrnehmungsfelds lauert, und weißt, dass dir dieser Gedanke deine Aufmerksamkeit rauben kann, wenn du es zulässt. Also darfst du dich *nicht* mit ihm befassen. So einfach ist das.

Am einfachsten lässt sich ein ruhiger, ausgeglichener Geist herstellen, indem du konzentrierte Aufmerksamkeit bewahrst – der Geist ist auf die innere Sonne ausgerichtet, die wiederum im Gegenzug einen weiten Glanz des Willens und der Einheit auf das grenzenlose Wahrnehmungsfeld wirft. Wenn wir uns von den Gedanken abkoppeln, trägt das dazu bei, unser inneres Licht ›wachsen‹ zu lassen. Sun Tsu erinnert uns daran, dass wir bereits eine wache, ganzheitliche Präsenz erfahren. Aber da sich alles wandelt – was daran liegt, dass wir schon so lange mit einem nicht regulierten Geist gelebt haben –, eröffnen sich uns Möglichkeiten, unsere Verbindung zu vertiefen und uns von der Unordnung nicht ablenken zu lassen.

Aber selbst wenn wir uns fortspülen lassen, scheint die innere Sonne weiter, immer bereit, immer verfügbar. Einige der ›schwierigsten‹ Situationen unseres Lebens geben uns genau dieselben Möglichkeiten, das Gleichgewicht (und Erkenntnisse/Anleitung) zu spüren und zu empfangen. Ohne Störung machen wir es schlicht einfacher, das Leben (oder unsere Wahrnehmung davon) zu erfahren.

Können wir einen Gedanken nicht ›aufgeben‹, wird es schwierig, die Wahrnehmung zu entwirren, erklärt Sun Tsu. Sind unsere Gedanken verworren, können wir mithilfe tieferer Konzentration den Fokus zurückerlangen, ansonsten droht ein Desaster in Form zusätzlicher Verwirrung. Gedanken werden uns so lange ködern, bis wir sie nicht mehr abschütteln können. Das führt zu einem Zustand der Hyperkonzentriertheit, bis sämtlicher Friede verloren scheint.

Es mag der Punkt kommen, an dem wir glauben, in unserem Kopf einen Krieg zu führen und die Stellung der Gedanken sei uneinnehmbar. Selbst Gedanken, die harmlos wirken, weil sie weit entfernt scheinen, können schlagartig näher kommen und uns in geistige Scharmützel verwickeln, bei denen es um die Kontrolle geht. Bevor wir uns versehen, haben wir uns weit von innerem Frieden und Ruhe entfernt, die wir noch vor einer Minute verspürt haben.

In all diesen Situationen gilt: Folgen wir den Gedanken nicht und fixieren wir uns nicht auf sie, werden sie weiterziehen. Taucht ein Gedanke auf, können wir konzentriertes Bewusstsein bewahren und den Gedanken im Keim ersticken, noch bevor er sich entfalten kann. Auf diese Weise behalten wir unsere Mitte, unsere Entschlossenheit. Noch einmal: Das geschieht in jedem Augenblick und nicht bloß zu besonderen Anlässen, für die wir uns vom ›Leben‹ Zeit nehmen.

Achte im Lauf des Tages auf deinen Geist und deine Gedanken. Werde dir bewusst, wie sie in unterschiedlichen Bereichen der Wahrnehmung erscheinen. Lerne sie kennen und antizipiere, was als Nächstes kommt. Beobachtest du, wie am Rand ein Gedanke aufsteigt, von dem du weißt, dass er dir die Konzentration rauben kann, bewahre deinen Willen. Fokussiere deine Aufmerksamkeit auf deine innere Sonne. Je besser dir das gelingt, desto klarer wird dein Wahrnehmungsfeld und desto stärker dein Wille, der dich zum Erfolg führen kann.

LEKTION 2 (14-20): DER WILLE ALS HÖCHSTE AUTORITÄT

Sun Tsu lehrt uns sechs Arten, die unsere innere Harmonie gefährden (Flucht, Unbeugsamkeit, Zusammenbruch, Untergang, Chaos und [schwere] Niederlage). Er zeigt uns, wie wir sie erkennen und auseinanderhalten. Je besser wir verstehen, was die Verbindung zu unserer Intuition (Ganzheit) behindert, desto wahrscheinlicher können wir einen erneuten Kreislauf des Ungleichgewichts stoppen. Das gelingt, indem wir den Sitz der Konzentration verteidigen und unser Wahrnehmungsfeld regulieren.

Wonach halten wir Ausschau? Eskapismus, Tagträumereien, Starrsinnigkeit, Widerspenstigkeit; hartnäckiges Sperren gegen Veränderung; Überwältigung, Verlust der Selbstkontrolle, Trauer; das Gefühl, versagt zu haben und nichts wert zu sein; das Gefühl von Rastlosigkeit, blankes Chaos, Störung/Unruhe, geistige Umwälzungen, Desorganisation, rasende Gedanken. Und schließlich – die vollständige und verheerende geistige Niederlage.

Denk einen Augenblick darüber nach, wie uns jeder der sechs Rückschläge unsere innere Harmonie rauben kann. Wo und wie können sie dich in deinem Leben hemmen? Wir müssen unseren Willen durchsetzen. Das ist damit vergleichbar, wenn du dir etwas abgewöhnen möchtest und dabei denkst: »Ach komm, das eine Mal noch, warum denn nicht?« Die Antwort darauf lautet: In dem kleinen Moment, in dem du einen Befehl des Körpers entgegennimmst, untergräbst du deinen Willen. Anstatt ein neues Du zu erschaffen, bekommst du im Grunde nur mehr vom alten Du, von denselben alten Gedanken. Du erschaffst keinen neuen Zyklus, kein neues Du, das frei von geistigen Hindernissen ist, keine Person, die zentriert und mit der Kraft der Einheit strahlt, die von ihrer inneren Sonne ausgeht.

Wenn wir ›wissentlich‹ unseren Denkmustern nachgeben, geben wir unseren freien Willen und unsere Willenskraft auf. Wir überlassen der anderen Seite kampflos das Schlachtfeld, schwächen unsere Entschlossenheit und laufen Gefahr, unterschiedliche geistige Zustände zuzulassen, die zu blankem Chaos führen könnten. Je stärker deine Willenskraft, desto eher wirst du die Angewohnheit oder den Gedanken abschütteln und desto größere Fortschritte machst du auf dem Weg zu einer Basis, auf der du (irgendwann die ganze Zeit) deinen Gleichmut wiederfindest.

Selbst wenn es scheint, ein einzelner Gedanke sei doch keine große Sache, müssen wir uns verdeutlichen, wie viel es uns kostet, in alte Angewohnheiten und Denkmuster zu verfallen oder zuzulassen, dass unsere Gefühle unseren Willen bestimmen. Zum Glück müssen wir es nur entschlossen neu versuchen und dann resolut handeln.

LEKTION 3 (21–25): DIE MACHT DER INTUITION

Unsere natürliche Intuition ist eine angeborene Gabe und unser größter Verbündeter. Wir sollten sie niemals unterschätzen. Mögen wir uns auch verloren und hilflos fühlen, unsere Intuition funktioniert dennoch. Je besser wir uns auf sie einstimmen beziehungsweise sie anzapfen und zulassen, dass sie sich entfaltet und erscheint, desto unwahrscheinlicher wird es, dass Eindringlinge uns in unserer Konzentration stören.

Im Grunde etablieren wir ein Gefühl des »So ist es« und verlieren unsere Fähigkeit zu zweifeln. Denn unser Wissen reicht tief und über Begrifflichkeiten und zeitlich begrenzte Umstände hinaus. Es ist so, als würdest du ohne ersichtlichen logischen Grund beschließen, etwas Bestimmtes nicht zu tun, und später herausfinden, dass du so einer Gefahr entgangen bist. Das ist die Macht der Intuition. Sie steht uns ständig und überall zur Verfügung. Je stärker wir uns auf die Intuition einstimmen, desto leichter fließt unser Leben und wir werden weniger gestört. Ist Intuition die Stimme unserer höchsten Autorität, reduzieren sich theoretisch die Gedanken, denn wir werden weniger von Zweifeln, Sorgen, Ängsten und dergleichen befallen. An ihre Stelle tritt das ›ständige Wissen‹. Selbst wenn wir etwas erleben, das wir als schwierig oder ›schlimm‹ bewerten, werden wir dieser Situation – angeleitet vom intuitiven Wissen – viel eher Verständnis entgegenbringen – denn dieses ist Teil unserer natürlichen Ganzheit und unabdingbar für unser potenzielles Wachstum.

Wir könnten fälschlicherweise annehmen, dass ein rastloser Geist der Normalzustand ist – wo es doch in Wirklichkeit die Gelassenheit ist. Während wir uns vertrauter machen mit dem Terrain des Geistes, stellen wir fest, dass wenig schon sehr viel bewirken kann. Du wirst Tage geistiger Ruhe erleben, an denen winzigste Dinge Störversuche unternehmen, du dies aber nicht zulässt und dich gegen die Eindringlinge wappnest. Du wirst die Vielzahl der möglichen Störungen erkennen und ihnen nicht länger dein Wahrnehmungsfeld öffnen.

Während du deine Festung der Konzentration schützt, damit dein Geist gelassen und ausgeglichen bleibt, musst du deine Willensentscheidung voller Überzeugung treffen. Wenn du nur mit halbem Herzen vorgehst, erreichst du auch nur halbe Konzentration. Also lege dein ganzes Herz in die Aufgabe!

Sun Tsu erklärt: Wenn du deine Willenskraft steigerst ohne Selbstherrlichkeit; wenn du dich aus der Gesellschaft zurückziehst ohne die Angst, unbeliebt zu werden; wenn dich einzig der Gedanke treibt, inneren Frieden und Harmonie zu bewahren, und

du deinen Mitmenschen sanft gegenübertrittst und Gutes tust[37]:
Dann bist du das Juwel des Königreichs (Universums), Meister oder
Meisterin Sun. Je mehr wir unserem Willen folgen und ihm erlauben, unser Leben anzuleiten, desto geringer ist die Gefahr, dass wir
scheitern oder zweifeln. Wir kümmern uns dann um unseren Willen, wie wir es bei einem Kind tun würden – sanft und schützend.

LEKTION 4 (26-31): ZYKLISCHE HERAUSFORDERUNGEN

Die Gedanken sind im Fluss und kreisen durch das Wahrnehmungsfeld – ähnlich wie sich Kuchenteig im Mixer wellenförmig bewegt. Aus diesem Grund werden wir Augenblicke des Triumphs
erleben, gefolgt von Momenten, in denen wir dagegen ankämpfen, dass etwas unsere Aufmerksamkeit überwältigt. Gewohnheiten, Einschränkungen oder ungelöste Emotionen (beispielsweise
die Vergangenheit oder frühere Leben) können wie Netze der Erinnerungen wiederkehren. Unkontrolliert können sie zu geistigen
Erkrankungen führen.

Hast du beispielsweise Angst, öffentlich zu sprechen, und bist entschlossen, dieses Problem beim Schopf zu packen, kann es gut sein,
dass du schon bald regelmäßig mühelos vor Publikum sprichst. Vielleicht hast du damit sogar beruflichen Erfolg. Doch das Wahrnehmungsfeld verändert sich ständig und durchläuft Zyklen, insofern
kann es sein, dass du nach einem Jahr oder mehr feststellst, dass die alte
emotionale Reaktion zurückgekehrt ist und du wieder Angst hast,
die Bühne zu betreten. Möglich, dass du auf der Bühne stehst und
vom Kopf her furchtlos auftrittst, dein Körper aber nervös reagiert.

---

37 Allgemein gesprochen gilt: Bringen wir unseren Geist, unser Wahrnehmungsfeld,
in einen Zustand des Gleichmuts, spüren auch andere unseren inneren Frieden. Das
ist im Grunde mit »gutem, sanftem Dienst« an anderen gemeint, denn unsere Ab-
lenkung/Störung, unsere Urteile, unsere Disharmonie und dergleichen ziehen sie
nicht länger in Mitleidenschaft.

Das Wahrnehmungsfeld entwickelt sich weiter und weiter und schwemmt durch Erinnerungen alte Gefühle und Gedanken nach oben.[38] Es kann also geschehen, dass etwas, was du einst erfolgreich abgeschlossen hast, nun erneut auftaucht, sei es geistigen oder sogar körperlichen Ursprungs. Eventuell spürst du sogar die Energie, die im Körper feststeckt. Mithilfe deiner Entschlusskraft (dein Wille ist es, keine Angst vor öffentlichen Auftritten zu haben) kannst du in diesem Fall dein Gleichgewicht wiederherstellen. Energieübungen wie Tai Chi oder Qigong können Erinnerungsbruchstücke und die damit verbundene Energie aus dem Körper lösen und das Gleichgewicht wiederherstellen.

Letztlich sind es dein entschlossener Wille und dein Handeln, die deine Gewinnaussichten beeinflussen. Selbst wenn wir wissen, dass wir scheitern, versuchen wir es dennoch. Selbst wenn wir wissen, dass die Möglichkeit eines teilweisen Scheiterns besteht, versuchen wir es dennoch. Ein Teilerfolg ist ein Erfolg. Wann immer wir unseren Willen behaupten und uns gegen etwas durchsetzen, machen wir Boden gut. Entscheidend ist, nach unserem Willen zu handeln und ihn nicht mit halbherzigen Anstrengungen zu schwächen. Unsere Intuition ist immer da und leitet uns an. Deshalb können wir auf unsere angeborene Weisheit vertrauen und müssen keine Angst vorm Scheitern haben.

Wir können bei Herausforderungen scheitern und dennoch zweifelsfrei wissen, dass wir unserem Sieg einen Schritt näher gekommen sind.

---

38 Wie Sun Tsu erläutert, umfasst das Gedächtnis den Abdruck der Energie in Körperzellen, früheren Leben oder im historischen Gedächtnis.

LERNE DEN SICH ENTFALTENDEN GEIST KENNEN

Sun Tsu bietet uns einen Blick auf die sich ständig ausweitende bewusste Wahrnehmung, das Terrain des sich entfaltenden Geistes. Dieses Terrain ist ein nicht greifbares, nicht sichtbares Konzept, deshalb ist es hilfreich, es sich als Schlachtfeld vorzustellen oder als Gebiet, das durchquert werden kann. Denn so können wir besser verstehen, dass wir dieses Terrain kontrollieren können. Tatsächlich verfügen wir über sehr viel Kontrolle! Wenn wir also das ›Terrain‹ des Geistes erkunden – oder die neun (wertfreien) Felder der Wahrnehmung (siehe Kapitel 11) –, sprechen wir über simple Angelegenheiten wie etwa die Frage, wo Gedanken in unserer bewussten Wahrnehmung des Geistes ›erscheinen‹, wie sie zyklisch kommen, gehen, bleiben oder sich verbinden und wie sie dich aus deinem normalen Zustand der Gleichmütigkeit herausreißen oder eben nicht.

Machen wir nun also eine kurze Pause und stimmen uns auf jenes Terrain ein, das du als deinen Geist kennst oder spürst. Wo ist dein Geist? Wo treten deine Gedanken auf? (Nicht in deinem Kopf, sondern an einem offenen und geräumigen Ort, vielleicht um dich herum.) Während du deinen Geist und/oder deine Gedanken spürst, erlebst du vielleicht auch Stille. Warte nun darauf, dass ein Gedanke auftritt. Hast du einen? Zeig auf ihn. Wo entsteht deiner Wahrnehmung nach dieser Gedanke? Vorne? Hinten? An der Seite? Dort drüben?

Das ›Gebiet‹ oder ›Terrain‹, in dem sich der Gedanke materialisiert, ist der Bereich, den wir erforschen und meistern werden. Es handelt sich um eine wirklich wunderbare Methode, sich zu verdeutlichen, dass die Gedanken nicht auf deinen Kopf oder deinen Körper begrenzt sind; dass sie dort nicht gefangen sind, sondern dass sie sich um dich herum bilden. Gelegentlich fallen in diesem Zusammenhang Begriffe wie Quantenfeld, Weltraum oder Himmel. Als sie tiefste Stille erlebte und die gewöhnliche Realität hinter sich ließ, sprach Teresa von Ávila vom Tempel des Salomon, ›in dem kein Laut zu vernehmen war‹.[39]

Das ist wichtig, weil wir nicht extravagant werden müssen, wenn wir über diese Dinge sprechen, die wir hier kommunizieren. Unsere Gedanken sind nicht in unserem Kopf gefangen; und wenn du anfängst, mit anderen Personen darüber zu reden, wo deine Gedanken sind, wirst du feststellen, dass sich dein Gedanke direkt neben dem Gedanken eines anderen Menschen befindet! Ihre Wahrnehmung deckt sich mit deiner, denn es gibt keine Grenzen. Kannst du Gedanken außerhalb deiner selbst spüren, wirst du beginnen, dieses Feld bereitwilliger zu interpretieren. Du wirst antizipieren, wie sich Gedanken bewegen; wie sie sich einer Streitmacht gleich in dein Bewusstseinsfeld schieben. Das ist der Grund, warum wir das Bewusstsein anderer Menschen fühlen und spüren können oder manchmal wissen, was andere denken, noch bevor sie den Mund geöffnet haben. Diese Fähigkeit wird mit der Zeit immer stärker.

Wie entwickeln wir dieses Verständnis? Wir können einfach unser tägliches Leben leben und uns dabei der sechs Rückschläge bewusst sein. Nimm dir Zeit für die Liste und denk darüber nach, wie jede dieser Möglichkeiten deine Denkprozesse beeinflusst. Lerne dich kennen. Finde beispielsweise bereits im Vorfeld heraus, wie du ›fliehst‹ oder dich in Tagträume rettest, um Schwierigkeiten zu entgehen. Wenn du es wieder tust, kannst du nun aktiv und vorsätzlich darauf achten. Verändere Dinge. Behaupte deinen Willen selbst dann, wenn du weißt, dass du scheitern wirst. Beim nächsten Mal wird es leichter sein. Versuche es weiter, gib niemals auf. Hast du einen der sechs Rückschläge gemeistert, wende dich dem

---

39 Teresa von Ávila, *Wohnungen der Inneren Burg*, Kapitel 2.

nächsten zu und gewinne Kämpfe, behaupte deinen Willen und deine Konzentration.

Ziel ist es, dir bewusst zu machen, dass Gedanken keineswegs so mächtig sind, wie man es uns hat glauben lassen. Etwas, was dich immer gestört hat, kann mit Liebe und Gelassenheit fortgespült werden. Wir werden letztlich ein Feld geistiger Ruhe errichten, das harmonisch und im Gleichgewicht ist. Die Absonderungen (die natürlichen Gedanken) werden abnehmen oder sie werden, wenn sie erscheinen, nicht stark genug sein, um dich aus deiner Ruhe zu reißen. Du weißt es nämlich besser.

DER ZEHNTE SCHRITT AUF DEM VERBORGENEN PFAD ZU FRIEDEN UND GANZHEIT

1. Wende den verborgenen Pfad zu Frieden und Ganzheit so an, wie es dir am besten geeignet erscheint, dich hier und jetzt auf das Terrain des Geistes einzustimmen.

2. Suche in jedem Augenblick Möglichkeiten, dich auf deine Intuition einzustimmen und den weiteren Weg zu erahnen. Eliminiere mit den sechs Entfaltungen die Dualität von Gedanken und Sorgen. Versuche auch in schwierigen Situationen, deine ruhige Aufmerksamkeit direkt hinter den Gefühlen und Sinneswahrnehmungen zu erspüren. Achte darauf, wie und ›wo‹ Gedanken erscheinen, damit du bereits im Voraus weißt, um welche Art Gedanke es sich handelt, wie er agieren und sich entwickeln wird. Auf diese Weise erlangst du ausreichend Vertrauen, konzentriert zu bleiben.

3. Achte den Tag über auf Augenblicke, in denen du einen der sechs Rückschläge begünstigst. Versuche, deinen Willen zu behaupten,

und richte deine Konzentration neu aus. Lass die Gedanken kommen und gehen und gib ihnen keinen Grund, sich festzusetzen. Achte darauf, zu üblichen Denkmustern und Gewohnheiten Nein zu sagen, um so deine eigenen Einschränkungen zu überwinden. Mach Harmonie und Ruhe zum zentralen Fokus, selbst wenn du zu scheitern glaubst.

Das Terrain des Geistes ist der zehnte Schritt auf dem verborgenen Pfad zu Frieden und Ganzheit. Je besser du dich mit den sechs Entfaltungen und den sechs Rückschlägen vertraut machst, desto wahrscheinlicher wirst du neue Ideen und Resultate für dein Leben entwickeln können. Beobachte deine Denkmuster, während sie im Wahrnehmungsfeld aufsteigen, und wende dich ihnen zu. Spüre, wo sie auftreten. Sei bereit, mithilfe des sanften Wegs der Beobachtung ›zuzulassen‹ und ›zu regulieren‹. Handle entgegen einschränkender Gedanken/Ansichten. Gib dem Schutz und Erhalt deines inneren Friedens höchste Priorität, während du anderen Menschen auf gute und sanfte Weise dienst.

Denkanstöße: Das Terrain des Geistes

»Schüler und Schülerinnen, die Gleichmut erreicht haben, müssen sorgfältig ein Auge auf die sechs Wege haben, die die Harmonie gefährden können.« – Kapitel 10

1. Wähle eine der sechs Entfaltungsformen aus, die das Terrain des Geistes durchläuft, und schildere eine Gelegenheit, bei der du eine der erklärten Gedankenformen (leicht zugänglich, verworren oder eine andere) erlebt hast und sie dich forttrug.

2. Such dir eine andere der sechs Entfaltungen und führe eine Gelegenheit an, bei der du eine der erklärten Gedankenformen erlebt hast, sie aber abwehren konntest.

3. Erscheint ein Gedanke an den Rändern deiner Wahrnehmung, fühlt er sich möglicherweise weit entfernt an. Aber auch er kann näher herangezogen werden und deine Aufmerksamkeit in Beschlag nehmen. Denk an einen Gedankenstrom, den du nicht wirklich im Blick hattest, dann aber zu dir herangezogen hast. Was hatte das für Folgen? Konntest du ihn passieren lassen oder hat er es geschafft, dich abzulenken?

4. Fokussiere deine Aufmerksamkeit und beobachte deine Gedanken. Zeichne dann eine Karte deines Wahrnehmungsfelds, die zeigt, wo einige der wiederkehrenden Gedanken möglicherweise erschienen sind. Was lässt sich daraus lernen?

5. Such dir einen der sechs Rückschläge aus und schildere, wie er deine Harmonie aus dem Gleichgewicht gebracht hat. Siehst du rückblickend einen Weg, wie sich das hätte vermeiden lassen?

6. Wähle einen der sechs Rückschläge und schildere, wie er deine Harmonie *nicht* aus dem Gleichgewicht gebracht hat. Rückblickend betrachtet, wie hast du es geschafft, Gleichmut zu bewahren?

7. Welcher der sechs Rückschläge stellt die größte Gefahr für deine Harmonie dar? Und welcher die geringste?

8. Schildere beispielhaft einen Moment, als dir deine natürliche Intuition gewahr wurde. Wie hat sie gemeinsam mit deinem Willen einen harmonischen/gelassenen Geist erzeugt oder eine Situation aufgelöst?

9. Nenne eine Situation, in der du wusstest, dass du scheitern würdest, es aber dennoch versucht hast und es gut für dich war. Nenne ein Beispiel, als du deinen Willen gegen eine einschränkende Ansicht/Gewohnheit ins Feld geführt hast und es gut für dich war.

10. Nenne eine Situation, als du etwas in Angriff genommen hast - beispielsweise ein Ziel erreichen wolltest - und auf halbem Weg nicht mehr an einen Erfolg geglaubt hast, es aber dennoch versucht hast. Welche Lehren kannst du daraus für die Zukunft ziehen?

11. In welchen Momenten hat dir deine Intuition geholfen, Schwierigkeiten zu überwinden?

12. Denk über den folgenden Passus nach und schreibe einen kurzen Absatz darüber, was das für dich bedeutet: »Kennst du die Herausforderung und dich selbst, steht dein Sieg (über jegliche Form von Einschränkung) nicht in Frage. Kennst du Himmel (Yin) und Erde (Yang) und kennst du deinen Geist vollkommen, vervollständigst du deinen Sieg.«

KAPITEL 11

DIE NEUN (WERTFREIEN) WAHRNEHMUNGSFELDER

1. Sun Tsu sagt: Die Kunst der bewussten Einheit und des Gleichmuts kennt neun Felder der Wahrnehmung. Sie sind weder gut noch schlecht, sondern wertfrei. Sie sind: a) verstreut, b) nicht beständig, c) Wenige stürzen die Vielen, d) weit, ohne die Notwendigkeit, sich zurückzuziehen, e) kreuz und quer, f) in die Länge gezogen, g) aufdringlich, h) einkreisend, i) ausgehöhlt.

2. Tauchen im Wahrnehmungsfeld Gedanken (Bilder/Konzepte/ Ideen) getrennt und aufgeteilt auf, wirst du sie in deinem unmittelbaren Bewusstseinsfeld als kreuz und quer verstreut wahrnehmen, während sie versuchen, dich zu besiegen oder deiner Aufmerksamkeit zu entgehen.

3. Tauchen im Wahrnehmungsfeld Gedanken als nicht beständig und durchlässig auf, wirst du sie in deinem lokalen Bewusstseinsfeld in nicht allzu großer Entfernung wahrnehmen, wo sie trotzig kommen und gehen, zyklisch wie Meereswellen. Sie wollen dich entweder besiegen oder dir den Vorteil nehmen.

4. Tauchen im Wahrnehmungsfeld Gedanken in geringen Mengen auf (die Wenigen), können sie problemlos deine starke Konzentra-

tion (die Vielen) aus dem Sattel heben. In deinem örtlich begrenzten Bewusstseinsfeld wirst du sie als neutral oder nicht besorgniserregend wahrnehmen. Sie zögern Dinge hinaus, um dir den Fokus zu rauben, also lass dich von ihnen nicht täuschen – beide Seiten können den Sieg davontragen.

5. Tauchen in deinem Wahrnehmungsfeld Gedanken (Bilder/Konzepte/Ideen) wie eine weite Landschaft auf, bei der keine Notwendigkeit besteht, sich zurückzuziehen; kommunizieren die Gedanken leicht und verbinden sich ungehindert mit anderen Bildern/Konzepten/Ideen, wirst du registrieren, wie sie im nahen und fernen Bereich deines Bewusstseins erscheinen. Sie erschaffen geistige Netze, die neutral sind – bis sie es nicht mehr sind.

6. Tauchen im Wahrnehmungsfeld Gedanken auf, die verschmelzen und kreuz und quer durcheinanderwuseln, wirst du ihr Erscheinen im nahen und fernen Bereich deines Bewusstseins bemerken. Sie erzeugen eine Verwicklung (die im Grunde neutral ist, bis du ihr Aufmerksamkeit schenkst): Wer auch immer sich als Erstes den Vorteil (Konzentration oder geistige Störung) sichern kann, dem wird das ganze Reich zuteil.

7. Tauchen im Wahrnehmungsfeld Gedanken auf, die sich weder zurückziehen noch vorrücken, dennoch aber kritisch/beunruhigend/besorgniserregend/schmerzlich sind, wirst du ihr Erscheinen im nahen und fernen Bereich deines Bewusstseins bemerken. Sie erscheinen in die Länge gezogen, gestreckt oder, wenn die Konzentration verloren geht, sogar feindselig.

8. Tauchen im Wahrnehmungsfeld Gedanken als aufdringlich (kämpferisch) auf, belasten und spalten sie die Konzentration, dann

wirst du ihr Erscheinen im nahen und fernen Bereich deines Bewusstseins bemerken. Sie erscheinen dort wie Berge, die sich nur schwer besteigen lassen. Sie bleiben neutral, bis die zentrierte Aufmerksamkeit aus dem Gleichgewicht gerät.

9. Tauchen im Wahrnehmungsfeld Gedanken als einkreisend und eingrenzend auf, wirst du sie in deinem Bewusstsein in unmittelbarer Nähe als ›umkreisend‹ wahrnehmen. Das ist so lange neutral, bis es das nicht mehr ist.

10. Tauchen im Wahrnehmungsfeld Gedanken auf, als sei dein Fokus oder deine Konzentration leer oder unzulässig, wirst du sie in deinem Bewusstsein in unmittelbarer Nähe als ›enges, tiefes, ausgehöhltes Tal‹ wahrnehmen. Daraus könnte, sollte Fokus oder Konzentration schwinden, schlagartig etwas Überwältigendes entstehen oder das Gefühl, am absoluten Tiefpunkt angelangt zu sein.

11. Aus diesem Grund gilt: Erscheinen Gedanken als ›verstreut‹ oder ›aufgeteilt‹, lass dich nicht auf sie ein. Erscheinen Gedanken als nicht beständig, in ständigem Kommen und Gehen begriffen, dann halte nicht inne, um ihnen Aufmerksamkeit zu schenken. Erscheinen Gedanken in vermeintlich kleiner Zahl (könnten aber deinen Fokus überwältigen), lass dich ebenfalls nicht auf sie ein.

12. Nimmst du Gedanken in einem gewaltigen, weit offenen Feld des Bewusstseins wahr, hindere sie nicht in ihrer Entwicklung. Wirkt es in deinem Wahrnehmungsfeld, als ob die Gedanken kreuz und quer umherflitzen, lass Freude und unangestrengte Liebe in deine Konzentration einfließen.

13. Nimmst du Gedanken wahr, die in die Länge gezogen oder gestreckt erscheinen, sammle all deine Willenskraft, überwältige sie und stelle dann deine Konzentration erneut her. Erlebst du Gedanken, die widerspenstig auftreten, dann konzentriere dich darauf, unbeirrt voranzuschreiten.

14. Ist deine Wahrnehmung hyperfokussiert und Gedanken scheinen das Bewusstseinsfeld zu umkreisen, greife zu einer Strategie (siehe Kapitel 3). Bewirken die (wertfreien) Gedanken, dass sich dein Feld des Bewusstseins mit einem engen, tiefen, ausgehöhlten Fokus befasst, kämpfe darum, deine Konzentration zurückzuerlangen.

15. Die Alten, die als talentierte Beobachter des wertfreien Wahrnehmungsfelds galten, wussten, wie man einen Keil zwischen den vorrückenden Gedankenstrom treibt und mühelos konzentrierte Aufmerksamkeit behauptet. Auf diese Weise sorgten sie für eine Zusammenarbeit zwischen (den wahrgenommenen Unterschieden zwischen) Störung/Konzentration und (den wahrgenommenen Unterschieden zwischen) höherem und niederem Bewusstsein. Sie hielten wertfreie Gedanken davon ab, die Präsenz von Harmonie/Frieden zu stören und den Sitz des Gleichmuts (innere Sonne) in Gefahr zu bringen.

16. Sind Gedankenströme verstreut, stören sie die Konzentration des Beobachters. Selbst wenn die bewusste Aufmerksamkeit vereint ist, können diese Gedanken das Wahrnehmungsfeld in totale Unordnung stürzen.

17. Sind Gedankenströme im Vorteil, rücken sie weiter vor und vervielfachen sich, obwohl sie ansonsten still wären – oder sich mit dem kompletten Bewusstsein vereinigen würden.

18. Stehst du vor der Frage, wie du mit einer Vielzahl geordneter Gedanken umgehen sollst, die kurz davor stehen, die innere Harmonie aus dem Gleichgewicht zu bringen, so verschaffe dir einen Vorteil, indem du deinen Willen gegen das wahre Wesen des Gedankens durchsetzt.

19. Beim geistigen Krieg ist Schnelligkeit das A und O. Nutze die Gelegenheit, wenn deine Gedanken noch schwach sind und du es dir erlauben kannst, sie unangestrengt ziehen zu lassen.

20. Es folgen Grundsätze, die du beobachten solltest, wenn du es mit einem eindringenden Gedankenstrom zu tun hast: Je tiefer deine Konzentration (oder kalkulierte Aufmerksamkeit) in die neun (wertfreien) Felder der Wahrnehmung eindringt, desto stärker deine Willenskraft und desto höher die Aussicht, dass die eindringenden Gedanken deinen Gleichmut nicht rauben.

21. Nimm dir Zeit, mithilfe der betrachtenden Aufmerksamkeit ›aufzutanken‹, damit du deine Lebenskraft, deine innere Sonne, nicht verlierst.

22. Achte sorgfältig auf deinen Fokus, deine Willenskraft und zentrierte Konzentration. Belaste sie nicht zu sehr. Bündele deine Lebensenergie und speichere deine Kraft. Halte deinen Geist in Bereitschaft (im Gegensatz zur Laxheit) und entwickle grenzenlose ›Pläne‹ (siehe Kapitel 1), wie du deinen Sitz der Macht (Gleichmut) bewahren kannst.

23. Sende deine Willenskraft in das Gedankenfeld. Du weißt, es gibt keinen Rückzug, keine Rückkehr zu alten Mustern und Gewohnheiten. Sei bereit für eine ›Rückzug gibt es nicht‹-Strategie,

damit du dich nicht von Einschränkungen aufhalten lässt. Gelingt dir das, gibt es nichts, was du nicht tun kannst (und kein Hindernis, das du nicht überwinden kannst). Körper, Geist und Seele werden eins sein, gestärkt und belebt (eine große Heilung wird stattfinden).

24. Gewohnheiten und gedankliche Kreisläufe werden verzweifelt und hartnäckig darum kämpfen, im Wahrnehmungsfeld zu bleiben. Finden sie keine Zuflucht, wird es noch schwieriger. Sie legen ihre Zurückhaltung ab und ›attackieren‹ deine Konzentration.

25. Auf diese Weise muss die konzentrierte Aufmerksamkeit nicht darauf warten, abgerufen zu werden. Sie ist vielmehr wachsam, aufmerksam/präsent, bewahrt sich treue Präsenz und Gehorsamkeit. Sie ist jederzeit bereit, in den Regionen des Geistes für Ordnung und Gleichgewicht zu sorgen.

26. Höre nicht auf illusorische Omen und abergläubischen Zweifel, die dir einreden, dein Ego (das gewöhnliche Selbst) werde verloren gehen. Wenn du auf diese Weise ein klares Wahrnehmungsfeld schaffst, verschwindet eine große Sorge.

27–30. Unsere ›Soldaten‹ der Aufmerksamkeit sollten nicht durch den Glauben an Gewinn und Verlust überfrachtet sein, sondern mutig ihre Wahrnehmung der Realität ablegen. Dann werden sie verstehen, wie viel Kraft darin liegt, den Gedanken schon im Entstehen an der Wurzel abzutrennen, damit er sich nicht ausbreiten oder deine Aufmerksamkeit ablenken kann. Beim sanften Weg der Unparteilichkeit betrachtet man sämtliche Erfahrungen als eine große Erfahrung. Aufmerksamkeit und Wahrnehmung bekriegen sich nicht. So erlebst du eine ständige Präsenz der Ganzheit als absolute wahrnehmbare Realität.

31. Deshalb reicht es nicht aus, sein Vertrauen in die Ansammlung von Sinnen und Emotionen zu setzen, die sich in das wandelbare Wahrnehmungsfeld eingraben.

32. Der höchste Grundsatz der Aufmerksamkeit besteht in dem Mut, den eigenen starken Willen (Willenskraft) gegen die Sinne und Emotionen durchzusetzen.

33. Deine Stärken und Schwachpunkte (deine Möglichkeiten, die von dir wahrgenommenen Schwächen zu ordnen) findest du am besten heraus, indem du durch gründliche Prüfung und Beobachtung die Besonderheiten des Wahrnehmungsfelds erfasst.

34–37. Um die geistige Ordnung (Gleichmut) zu bewahren, wird eine begabte Beobachterin also unangestrengt konzentrierte Aufmerksamkeit bewahren, wie eine ruhige, würdevolle Wächterin im Zustand der Harmonie. Die Beobachterin muss entstehende Gedanken/Ideen und sogar den Körper verwirren können, indem sie eine falsche Unparteilichkeit vorgibt, ein sorgloses Unbeteiligtsein. Sie muss dafür sorgen, dass entstehende Gedanken ahnungslos bleiben. Sie muss ihre Strategien vorsichtig wechseln, damit der gedankliche Feind die wahren Absichten der Konzentration (Ruhe und Gleichgewicht zu bewahren) nicht im Voraus erahnt.

38–40. Im entscheidenden Augenblick agiert die Beobachterin mit klarem Willen (Willenskraft) auf dem Wahrnehmungsfeld. Sie trennt die Gedankenströme so ab, wie man jemandem, der auf einen Baum geklettert ist, die Leiter wegtritt und einen Rückzug damit unmöglich macht. An diesem Punkt hält der Wille alle Trümpfe in der Hand und kann verwurzelte Einschränkungen aufbrechen. Nun muss die Beobachterin dafür sorgen, dass die Einschränkung für eine eventuelle Rückkehr keinen ›Treibstoff‹ oder ›Nachschub‹ erhält.[40]

41. Studiere ausführlich die unterschiedlichen Maßnahmen, die für die neun Felder der Aufmerksamkeit geeignet sind – die Zweckmäßigkeit der strategischen Konzentration und die Erkenntnis, dass wir als Menschen grundsätzlichen Grenzen unterliegen.

42–51. Je tiefer deine Aufmerksamkeit (oder die Strahlen der inneren Sonne) die neun (wertfreien) Felder der Wahrnehmung durchdringen kann (mithilfe der Willenskraft), desto stärkerer Zusammenhalt wird reifen. Sämtliche entstehenden Phänomene sind so lange wertfrei, bis sie als Eindringlinge angesehen werden. Aus diesem Grund solltest du beobachtende Einheit bewahren. Sorge für rege Aufmerksamkeit, die verhindert, dass sich Gedanken festsetzen; sei wachsam; sorge dafür, dass sich Gedanken nicht zusammenrotten und vermehren können – konsolidiere sie. Sorge dafür, dass deine Lebensenergie Nachschub erhält; behaupte deinen Willen selbst dann unangestrengt, wenn es den Anschein hat, dass Widerstand der beste Weg wäre, zur Konzentration zurückzufinden – ganz besonders dann, wenn es scheint, als sei deine Konzentration eingekreist.

---

40 Nehmen wir zum Verdeutlichen etwas Zeitgenössischeres: Es kann sich anfühlen, als wenn du es mit einem Spuk zu tun hattest, einem ungebetenen Geist oder einem Gespenst (wie man es aus Horrorfilmen kennt), das sich an deine Seele geklammert hat, nun aber geflohen ist, ohne Spuren zu hinterlassen. An seine Stelle tritt die Erfahrung reiner Stille. Überwältigt von Glückseligkeit breitet sich die Achtsamkeit in die Leere aus, nachdem du nun nicht mehr gezwungen bist, über den Gedankenstrom nachzudenken oder der Einschränkung Aufmerksamkeit oder Energie zu schenken. Möglicherweise fragst du dich sogar, was sich geändert hat oder wo der Geist hin ist; aber es ist dir letztlich egal, weil du viel zu beschäftigt damit bist, dich den Gefühlen von Freiheit und Triumph zu öffnen.

52. Solange wir nicht mit unserem gesamten Wahrnehmungsfeld (und allem, was es enthält) vertraut sind, können wir kein Bündnis mit der Harmonie eingehen. Solange wir nicht verstehen, wie unsere Wahrnehmung der Realität über das, was wir für gewöhnliche Realität halten, gespürt/interpretiert wird (hoch, breit, nah, eng, entfernt, sich kreuzend, aufgeteilt und so weiter), sind wir nicht für die Aufgabe geeignet, unsere konzentrierte Aufmerksamkeit gegen diese Wahrnehmungen ›marschieren‹ zu lassen. ›Sehen‹ wir die Denkprozesse nicht klar und deutlich, können wir uns durch unangestrengtes Zulassen und konzentrierte Aufmerksamkeit keinen natürlichen Vorteil verschaffen.

53–57. Ignorierst du nachfolgende Grundsätze, wird keine Harmonie heranreifen: Verhindere, dass Gedanken mit vereinter Kraft gegen den Willen vorgehen. Unterbinde, dass sich die Gedanken vermehren. Sei distanziert aufmerksam, sodass die Einschränkung nicht damit rechnet, beseitigt zu werden (das macht die Aufgabe einfacher). Stärke deine Willenskraft durch Freude und Frieden, dann wird deine konzentrierte Aufmerksamkeit bis in die weitesten Regionen der Wahrnehmung reichen. Stelle dich aufkommenden Ideen spontan mit Willenskraft entgegen, und zwar auch dann, wenn du nicht an einen kompletten Erfolg glaubst.

58. Zusammen können konzentrierte Aufmerksamkeit und starke Willenskraft auf dem Wahrnehmungsfeld überall hingelangen. Die Aufmerksamkeit wird wachsen und wachsen und niemals gestürzt.

59. Häufig ist es so, dass die Einschränkungen ganz besonders stark wirken, wir uns aber mit etwas mehr Willensanstrengung doch durchsetzen können.

60. Beim geistigen Krieg führt es zum Erfolg, sorgfältig dem Wesen der Gedanken und Wahrnehmungen auf den Grund zu gehen: Woher kommen sie? Wie sind sie entstanden? Warum schenke ich ihnen Aufmerksamkeit? Wie nehme ich sie wahr? Warum wiederholen und vermehren sich dieselben Ideen?

61. Wenn wir ständig über das Wesen der Wahrnehmung nachdenken (und darüber, wie Gedanken aufkommen und agieren), werden wir auf lange Sicht triumphieren und unseren Sitz der Macht an der inneren Sonne einnehmen.

62. Das ist die Fähigkeit, durch Kalkulieren und Schläue (Vernunft) zum Sieg zu gelangen.

63. An dem Tag, an dem du deinen Platz im Zentrum des Wahrnehmungsfelds (innere Sonne) einnimmst, blockiere deine Sinne, trenne die Gefühle ab und hindere den Körper daran, die Konzentration zu verlieren.

64. Sei konsequent darin, deine Lebensenergie so einzusetzen, dass du Sinne, Gefühle und Organe kontrollierst.

65. Lässt ein Gedanke eine Tür offen (entsteht er), beeile dich, sie zu schließen.

66. Komm deinen Gedanken zuvor, indem du die bewusste Aufmerksamkeit umlenkst. Überlege dir, wie du verhindern kannst, dass sich der Gedankenstrom vermehrt.

67. Beschreite den Pfad, den dir die Disziplin vorgibt, und baue einen unangreifbaren Willen auf, mit dem du dich entschlossen aus dem Griff jeglicher Einschränkung befreist.

68. Agiere also zunächst schüchtern, damit der Gedanke deine Absichten nicht erkennt und automatisch eine gewohnheitsmäßige Reaktion auslöst. Mach dann mithilfe deines gebündelten Willens rasch alle seine Angriffsmöglichkeiten zunichte. So bleibst du unangefochten an der Macht.

SUN TSUS LEBENDIGE WEISHEIT INTERPRETIEREN

Sun Tsu zeigt uns einen Weg, das einheitliche Bewusstsein und den Gleichmut zu meistern. Dazu müssen wir die neun Felder der Wahrnehmung kennen. Sie sind zunächst einmal neutral. Das bedeutet, dass ein Gedanke oder ein Bild nicht per se gut oder schlecht ist. Dazu werden Gedanke und Bild erst, wenn du auf die eine oder andere Weise darüber urteilst. Wir können die neun Felder nutzen, um uns das noch stärker zu verdeutlichen.

Quält dich beispielsweise ein Gedanke, der mit der Arbeit zu tun hat, wird dieser Gedanke häufiger im selben ›Gebiet‹ erscheinen und dasselbe Gefühl erzeugen. Mit diesem Wissen fangen wir an, Kreisläufe und Wiederholungen weniger für etwas zu halten, das uns *zustößt*, sondern mehr für etwas, das automatisch erzeugt wird. Das wiederum bedeutet, wir können es überwachen und regulieren. Vergessen wir nicht, dass Sun Tsu davon ausgeht, dass wir uns bereits im Zustand der Perfektion befinden; dass die Strahlen unserer inneren Sonne unser Wahrnehmungsfeld durchdringen und dort Ganzheit entwickeln. Die Begegnungen, zu denen es infolge von Gedanken, Bildern und Ideen kommt, werden die Reichweite der inneren Sonne entweder mindern oder erweitern.

Diese häufig wahrgenommenen Hindernisse sind Sun Tsu zufolge schlichtweg Überlegungen, die auftreten und dabei weder gut noch schlecht sind. Lassen wir uns auf sie ein (oder denken über das nach, was uns in den Sinn kommt), wird sich der Himmel teilweise zuziehen. Lassen wir uns in diese Dinge hineinziehen, werden Sturmwolken erscheinen. Lassen wir sie vorüberziehen und nicht unsere Aufmerksamkeit erlangen, wird die Sonne scheinen. Fällt das volle Licht der inneren Sonne auf uns, erfahren wir Ganzheit (oder Gleichmut). Ist es teilweise bewölkt, bedeutet dies, dass Konzentration und Aufmerksamkeit nicht im Gleichgewicht sind, und so weiter.

Außerdem haben wir nichts zu erlangen, nichts, wovon wir unseren Geist befreien könnten. Wir können unseren Geist beobachten und darauf schauen, wie und wann unsere Gedanken auftauchen und wie sie beschaffen sind – oder wie sie uns erscheinen und wo wir sie spüren. Das ist nützlich für alle in Zukunft auftauchenden Gedanken, weil wir dann verstehen, wo im Wahrnehmungsfeld der Gedanke erscheint und wie er gespürt wird, wie stark er ist und wie wir durch tiefere Konzentration die Oberhand bewahren.

Je besser du die Funktionsweise deines Geistes kennst und verstehst, wie er Gedanken erzeugt, desto besser kannst du deine Reaktionen vorhersagen. Du wirst auch sie als Muster und Zyklen sehen und dich weniger stark von ihnen vereinnahmen lassen.

LEKTION 1 (1-19): GEDANKEN SPÜREN UND DICH AUF SIE EINSTELLEN

Zu Beginn dieses Kapitels wird eine Strategie vorgestellt, die wir anwenden können, um in unserem grenzenlosen Bewusstsein Gedanken/Ideen wahrzunehmen. Noch einmal kurz zusammengefasst: Sie sind weder gut noch schlecht, sondern wertfrei. Sie sind: a) verstreut, b) nicht beständig, c) Wenige stürzen die Vielen, d) weit, ohne die Notwendigkeit, sich zurückzuziehen, e) kreuz und quer, f) in die Länge gezogen, g) aufdringlich, h) einkreisend, i) ausgehöhlt.

Diese Information ist für uns keine Überraschung, schließlich haben wir unsere Gedanken beobachtet. Gut möglich, dass wir eng mit unserem Wahrnehmungsfeld verbunden sind und die Wahrhaftigkeit spüren, Gedanken auf einer höheren Ebene wahrnehmen zu können. Die Vorstellung, dass unsere Gedanken kommen und gehen wie Radiowellen über ein unsichtbares Feld, mag neu für uns sein, aber dennoch können wir die Lektionen anwenden.

Sun Tsu gibt uns einige Ratschläge, darunter den, dass man Gedanken ›erfühlen‹ oder intuitiv erahnen soll, wenn sie die folgenden Bedingungen erfüllen:

- Sie sind verstreut und stehen kurz davor, zu gewinnen oder sich deiner Aufmerksamkeit zu entziehen.
- Sie sind nicht weit entfernt, kommen und gehen trotzig wie Meereswellen. Sie sind entweder auf einen Sieg aus oder wollen dir den Vorteil rauben.
- Ihre Zahl ist nur gering (die Wenigen), aber sie können deine starke Konzentration (die Vielen) problemlos in die Flucht schlagen.
- Sie scheinen sich auf einem großen Feld zu bewegen, wo sie problemlos kommunizieren und sich ungehemmt mit anderen Ideen/Konzepten verbinden.
- Sie scheinen kreuz und quer umherzuflitzen oder sich sogar zu verknoten.
- Sie scheinen in die Länge gezogen oder gestreckt, ja, sogar feindselig, wenn die Konzentration verloren gegangen ist.
- Sie erscheinen wie ein Berg, der schwer zu besteigen ist.
- Sie scheinen zu kreisen und einzugrenzen, sogar einzukreisen.
- Sie erscheinen wie ein enges, tiefes, ausgehöhltes Tal.

Spüren wir unsere Gedanken deutlicher und stimmen uns genauer auf sie ein, können wir uns auf unterschiedliche Weise mit ihnen befassen, um unser Gleichgewicht zu bewahren. Ich bemühe in diesem Zusammenhang gerne ein zeitgenössisches Beispiel: Es ist, als gehe man in einer geschäftigen Stadt den Bürgersteig entlang. Dabei werden mir vermutlich alle möglichen Arten von Menschen bei unterschiedlichen Aktivitäten begegnen; Menschen, die mit dem Hund spazieren gehen, es ist laut und so weiter. Es käme mir bei diesem Szenario nicht in den Sinn, mir mit Geschrei oder Wutausbrüchen meinen Weg zu bahnen. Vielmehr würde ich mich spontan nach hier oder nach dort wenden und die Hindernisse oder den Tumult umgehen, ohne aus dem Schritt zu kommen.

Sun Tsu rät uns, wie man mit den unterschiedlichen Arten von Gedanken umgehen sollte:

- Bei verstreuten oder versprengten Gedanken: Lasse dich nicht auf sie ein.
- Sind Gedanken nicht beständig, kommen und gehen sie: Halte nicht inne, um ihnen Aufmerksamkeit zu schenken.
- Sind es nur wenige Gedanken (die dir die Konzentration rauben könnten): Lasse dich nicht auf sie ein.
- Fühlen sich Gedanken offen und umfassend an: Behindere sie nicht in ihrem Fluss.
- Scheinen die Gedanken kreuz und quer herumzuflitzen: Bewahre unangestrengt die Konzentration.
- Fühlen sich Gedanken in die Länge gezogen und wie ein Gummiband gestreckt an: Bewahre deinen Willen und stelle deine Konzentration wieder her.
- Treten Gedanken aufdringlich auf: Halte deine Konzentration stetig in Bewegung.

- Sind deine Gedanken hyperfokussiert: Greife zu einer Strategie (siehe Kapitel 3).
- Fühlen sich Gedanken eng und stark zerfurcht an: Kämpfe darum, deine Konzentration zurückzuerlangen.

Wie Sun Tsu erklärt, müssen wir für diese Handlungen das wertfreie Wahrnehmungsfeld gut beobachten können. Je genauer wir unsere Gedanken untersuchen, desto besser verstehen wir, in welchem geistigen Zustand wir jeden neuen Augenblick beginnen. Wirkt dein Gedankenstrom also wie ein Zirkus, wird es in deinem Leben genauso sein. Sieht dein Gedankenstrom wie ein im Zickzack verlaufender Stacheldrahtzaun aus, wird dein Leben genauso sein. Und ebenso gilt: Hast du einige wenige Abwägungen, die hier und da aufploppen, während ansonsten ein steter Strom von Ruhe herrscht, wird dein Leben dieselbe Präsenz beziehungsweise dasselbe Klima annehmen.

Nichts, was auf dem Feld vor sich geht, ist von Dauer. Gedanken sind Reisende. Wir sind es, die sie daran hindern, weiterzuziehen – und einige von uns bewirten sie sogar wie im Hotel! Vergiss nicht: Etwas mag sich offensichtlich und wichtig anfühlen, ist es dann bei genauerer Überprüfung aber doch nicht. Und genauso gilt: Alle Gedanken sind wertfrei. Also mach dir diese Weisheit zunutze und verstehe das Wesen deiner Gedanken.

Worauf es hier ankommt, ist Geschwindigkeit: Wir müssen rasch handeln, bevor unsere Gedanken fortgespült werden. Je weniger wir reagieren, sondern unsere üblichen Gedankenströme oder Denkmuster im Voraus erahnen, desto wahrscheinlicher können wir unsere Anstrengungen meistern und unser Bewusstsein an einen neuen Ort führen. An einen Ort, wo die Gedanken nicht eingeschränkt sind und ungehindert kommen und gehen können.

LEKTION 2 (20-32): WILLENSKRAFT BEHAUPTEN UND BEWAHREN

Wenn wir damit anfangen, die neun (wertfreien) Felder der Wahrnehmung zu spüren beziehungsweise uns in sie einzustimmen, können wir auch beginnen, unsere Konzentration und Aufmerksamkeit weiter zu etablieren. Dieser Prozess geht schrittweise voran und wir werden das Gefühl haben, immer ein klein wenig voranzukommen und dann wieder einen Schritt zurück zu machen. Stell dir vor, du fährst auf einer Rolltreppe ins nächste Stockwerk: Ein Bein steht auf einer Stufe, das andere darunter. Zwischen den Stufen kletterst du, manchmal sind sie hoch, manchmal niedrig, aber irgendwann kommst du oben an und beide Füße landen gleichzeitig. Wenn Gedanken auftreten, gehört das Behaupten des Willens zu den Werkzeugen, mit denen wir unser Gleichgewicht und unseren natürlichen Zustand des Gleichmuts bewahren. Wir bekräftigen unsere feste Willenskraft und die Entschlossenheit zu handeln, um nicht aus dem Gleichgewicht zu kommen.

Wie bewahren wir unsere Stärke und unsere feste Entschlossenheit, auch die größten Schwierigkeiten zu überwinden? Selbstverständlich mithilfe der Sonne, die stets in unserem Inneren strahlt. In jedem Augenblick können wir uns mit ihr verbinden und auf unsere Intuition zurückgreifen. Wir erkennen, dass wir bereits perfekt sind, und erlangen unsere Aufmerksamkeit darum. Durch unsere Intuition ›hören‹ und ›sehen‹ wir den vor uns liegenden Weg. Das geschieht ohne Anstrengung; auch wenn in unserem Kopf Chaos herrscht oder unser Geist hyperfokussiert ist. In solchen Situationen ist die Intuition bloß schwerer zu hören. ›Wissen‹ wir aus Zeiten geistiger Ruhe, wie sich unsere Intuition anhört/anfühlt, dann neigen wir in Zeiten geistiger Unruhe eher dazu, das Signal unserer Intuition wahrzunehmen und die Störung rascher aus der Welt zu schaffen. Aus diesem Grund rät uns Sun Tsu auch, unseren Geist flexibel und bereit zu halten. Wir können aktiv Pläne schmieden und uns darauf vorbereiten, eine Strategie einzusetzen. Wir können ständig die ›Kosten des (geistigen) Krieges‹ für den Fall bewerten, dass wir nachlassen oder faul werden (oder eine der anderen Unterbrechungen eintritt). In jedem Augenblick können wir verhandeln und die Schwächen und Stärken der auftauchenden Gedanken abschätzen – wir entwickeln Strategien. Wir erreichen den Punkt, an dem wir unseren Geist besser kennen als den Weg zum nächsten Supermarkt. Dann können wir die anderen Lehren verinnerlichen, beispielsweise das Kalkulieren unserer Natur, das Variieren der Methoden durch Unterbrechungen und das Ablenken unserer Gedanken – und all das, während wir fest in unserer Konzentration verwurzelt sind. Und wir werden wirklich gut darin!

Konzentrierte Aufmerksamkeit (oder Kontemplation) wird – gemeinsam mit Willenskraft – zu deiner neuen Superkraft, während du dich mit den aufkommenden Gedanken befasst und sie in den neun Feldern der (wertfreien) Wahrnehmung spürst. Sun Tsu sagt, um unsere Entschlossenheit zu demonstrieren, setzen wir auf eine »Strategie ohne Wiederkehr«, um mögliche Einschränkungen zu überwinden. Dann gibt es nichts, was du nicht zu tun imstande wärst, kein Hindernis, das du nicht überwinden könntest. Das ist so, als würdest du Nein sagen und es heißt tatsächlich NEIN. Du beobachtest dich dabei, wie du nach denselben Mustern redest, handelst und denkst? Dann beende es, indem du versprichst: »Es gibt kein Zurück.« Das war's. Fertig. Aus und vorbei. Du wirst nicht zulassen, dass sich der Gedanke oder das Muster zurückzieht, nur um bei nächster Gelegenheit wieder für Verwirrung zu sorgen. Du bist fertig damit.

Es gibt noch weitere Werkzeuge, die wir berücksichtigen können, um unsere unaufhaltsame Entschlossenheit zu behaupten. Beispielsweise können wir weiterhin unsere Gedanken wertfrei betrachten. Durchbrich das Schema, wonach Gedanken ›richtig‹ oder ›falsch‹ sein müssen, oder jede andere Form dualistischen Denkens. Wecken wir unser Bewusstsein, werden wir als absolute wahrnehmbare Realität nicht mehr ›Feinde im Kriegszustand‹ sehen, sondern eine anhaltende, konstante Präsenz. (Aufregend, oder?) Insofern müssen wir unseren Sinneswahrnehmungen oder Emotionen nicht länger folgen. Wir müssen nicht reagieren, wie wir es in der Vergangenheit getan haben. Stattdessen können wir unseren mutigen Willen zulassen oder behaupten und eine neue Zukunft erschaffen.

LEKTION 3 (33-68): VORTEILE ERZEUGEN UND ERLANGEN

Das beste Mittel, unsere Schwächen und Stärken zu erkennen, ist unsere Fähigkeit, Gedanken durch Untersuchen und Beobachten zu bewerten. Wir werden wie der stille Wächter, der unnahbar und unangestrengt beobachtet, damit er abschätzen kann, was als Nächstes im Geist geschehen wird. Wenn erforderlich, wechseln wir die Strategie und bewahren Ruhe.

Im entscheidenden Augenblick, wenn es darum geht, sich entweder dem Gedanken zu ergeben oder ihn zu überwältigen, können wir mit klarer Willenskraft den Gedanken abtrennen und dadurch einen Rückzug unmöglich machen: Stell dir vor, dass du jemandem, der auf einen Baum gestiegen ist, die Leiter wegtrittst. So erlangen wir die Oberhand. Wir arbeiten rasch und kehren zum Gleichgewicht zurück. Sollte uns das jedoch nicht gelingen, gehen wir nicht hart mit uns ins Gericht. Die Belohnungen lassen die innere Sonne weiter scheinen, lassen die Intuition fließen und bringen unsere externen Handlungen stärker in Einklang mit ruhigem Gleichgewicht. So wird nicht zusätzlich Unruhe erzeugt.

Hüte dich vor widerspenstigen Gedanken. Du möchtest sie vielleicht aufhalten und könntest bei dem Versuch wütend werden – aber lass sie ziehen, das ist der sanfte Weg, der uns einen Vorteil verschafft. Während unsere Gedanken anscheinend weiterziehen, wir sie spüren und interpretieren (hoch, breit, nah, eng, entfernt, kreuzend, zersplittert und so weiter), können wir uns natürliche Vorteile verschaffen – durch unangestrengtes Zulassen und fokussierte Konzentration. Selbst wenn wir einen Gedanken nicht sofort bei seinem Erscheinen registrieren, können wir ihm spontan entschlossen entgegentreten, auch wenn wir nicht an einen absoluten Erfolg glauben. In umfassender Aufmerksamkeit können wir uns überall hinbewegen, ohne die Kontrolle zu verlieren. Wir müssen keine Angst haben, aber im Blick behalten, wie wir gestürzt oder unterbrochen werden können. Entscheidend ist, dass wir, wenn die Eingrenzung am stärksten erscheint, unseren Willen noch etwas stärker behaupten und auf diese Weise zum Erfolg gelangen.

Abschließend bietet uns Sun Tsu weitere innere Weisheiten zu den Triumphen und Kostbarkeiten, die es mit sich bringt, wenn wir beständig und dauerhaft über das Wesen der Täuschung nachdenken und so ernsthaft erkennen, wie Täuschungen agieren und unsere Realität, unser Leben erschaffen. So gut werden wir unseren Geist kennen, dass wir uns einem Gedanken stellen, sobald er unseren Geist betritt. »Lässt ein Gedanke eine Tür offen (entsteht er), beeile dich, sie zu schließen.« Wir entscheiden, ob wir uns aus dem Griff einer Einschränkung befreien.

WAHRNEHMUNGEN UND GEDANKEN IM ALLTAG

Wo befinden sich deine Gedanken? Na los, zeig auf sie. Sie sind nicht in deinem Kopf, sondern verschmelzen und wirbeln im unendlichen, grenzenlosen Wahrnehmungsfeld. Was ist das Wahrnehmungsfeld? Alles, was du erlebst. Dieses Kapitel bietet dir sozusagen das nächste Upgrade zum Verständnis dessen, wie sich Gedanken bilden und im Geist ›erscheinen‹.

Wir müssen keine großen Worte machen oder glauben, nur weil wir über wissenschaftlich angehauchte Dinge reden, könnten wir es nicht kapieren oder es sei zu hoch für uns. Nein, wir sind alle Menschen und erleben, wie sich Gedanken verändern. Rate mal, was geschieht, wenn wir Gedanken mit mehr Verständnis als jetzt untersuchen: Wir verstehen allmählich, dass wir für einen Großteil unserer Probleme selbst verantwortlich sind.

Hast du schon einmal etwas aus dem Kühlschrank genommen und es landete auf dem Küchenboden? Und das ausgerechnet in dem Augenblick, als du dringend aus dem Haus musstest und nichts weniger gebrauchen konntest als verschüttete Lebensmittel? Siehst du das als negative, der Ungeduld geschuldete Erfahrung, dann ist sie das auch. Betrachtest du sie näher, dann hast du etwas fallen lassen, Punkt. Na und? Wäre es einem Kind passiert, hätte man das verzeihen können. Aber bei einer angetrunkenen Freundin? Die hätte es doch nun wirklich besser wissen müssen.

In derartigen Situationen werten wir häufig sehr stark, weil wir das Leben schön geordnet haben wollen. Ja, es ist ein neutraler Augenblick – etwas ist auf den Boden gefallen. Emotionen kommen hinzu und machen noch mehr daraus. Welche Emotionen das sind, hängt davon ab, wie du die Einzelheiten wahrnimmst (beispielsweise Kind oder betrunkene Freundin). Je besser wir verstehen, wie wir Kategorisierungen vornehmen wie ›Schwierigkeiten, Probleme, Ärger, Durcheinander, nachlässiges Ich‹, die im Gegensatz stehen zu ›leicht, glücklich, einfach, sorglos‹ und so weiter, desto eher können wir einfach entspannen und Erfahrungen als neutral ansehen. Wenn uns das gelingt, sind wir im Fluss.

Wenn du deinen Geist erforschst und kennenlernst, wirst du schrittweise harmonischer denken und agieren. Du wirst nicht innehalten, nicht jede kleine Sache mit Strafe oder Lob überziehen und dich auf diese Weise selbst behindern.

Der Kern der neun (wertfreien) Felder der Wahrnehmung besteht darin, zu erkennen, wo der Gedanke aufkommt, und mit diesem Wissen zu begreifen, dass dieselbe Art Gedanke am selben Ort entsteht. Mit diesem Vorabwissen kannst du unmittelbar handeln und Veränderungen an deiner Wahrnehmung vornehmen.

Ein Beispiel: Du spürst einen Gedanken in der äußeren Region des Wahrnehmungsfelds oder im engen Pass. Sun Tsu sagt dir *ganz genau*, was für eine Art Gedanke dort erscheinen wird, und *ganz genau*, wie du darauf reagieren sollst. So kannst du dich entsprechend vorbereiten. Je öfter du das tust, desto mehr Möglichkeiten hast du, tatsächlich nützliche Veränderungen vorzunehmen und Ungleichgewicht durch eine harmonische Lebensweise zu ersetzen, die frei von Krieg ist. Du nimmst deinen nächsten Gedanken vorweg.

Angenommen, du hast gehört, dass sich angeblich ein Dieb aus deiner Stadt in den Bergen aufhält. Du wirst möglicherweise nicht allzu besorgt reagieren. Auch wenn der Dieb auf der anderen Seite des Flusses erneut zuschlägt, bist du noch nicht sonderlich beunruhigt, wirst aber darauf achten, Haustür und Wagen abzuschließen. Schlägt der Dieb in deiner Nachbarschaft zu, würdest du vermutlich häufiger die Türen und Fenster zu deinem Haus und deinem Auto überprüfen. Taucht der Dieb in deiner Straße auf, wird aus Sorge Wachsamkeit. Erscheint er auf deiner Veranda, würdest du umgehend handeln. Natürlich steht der Dieb für Gedanken und auf welche Weise sie in deinem Wahrnehmungsfeld erscheinen. Wenn du weißt, wo der Gedanke auftaucht, kannst du sein Erscheinen spüren und registrieren. Dann kannst du dich aktiv auf die richtige Weise darum kümmern.

Wenn wir die Realität weniger als etwas betrachten, das von einem Gedanken zum nächsten entsteht (oder als viele Diebe, die unsere fokussierte Konzentration infiltrieren), werden die Gedanken auf natürliche Weise schwinden. Im Gegenzug verändert sich unsere Zukunft, denn unser Körper und unsere Umgebung ändern sich. Nicht die üblicherweise ungeordneten Gedanken haben das Sagen, sondern unsere von Gleichmut geprägte Intuition.

Sun Tsu erklärt, dass du immer stärker in einem Zustand der Bereitschaft sein wirst, wenn du intensiv konzentrierte Aufmerksamkeit auf dem Wahrnehmungsfeld walten lässt. Erscheint also ein neuer Gedankenstrom wie ein Dieb, wirst du leichter sein Wesen ›kennen‹ und ihn ›besiegen‹, beziehungsweise ihn nicht zusätzlich mit Treibstoff/Energie versorgen.

Sun Tsu arbeitet mit unterschiedlichen Bildern von Landschaften, um uns über das ›Feld‹ der Wahrnehmung – oder ein Schlachtfeld – nachdenken zu lassen. Wir können aber auch zu zeitgenössischeren Bildern greifen: etwa wie wir uns in unserem Zuhause, bei der Arbeit oder in unserer Nachbarschaft zurechtfinden. Die folgenden Beispiele sollen die neun (wertfreien) Felder der Wahrnehmung illustrieren. (Es handelt sich nur um Beispiele, und sie stehen nicht dafür, wie dir Gedanken erscheinen werden. Sie sollen bloß die Grundsätze illustrieren.)

a) *verstreut:* Du sitzt am Tisch und arbeitest an etwas. Welcher Gedanke/welche Idee ist genau dort, ganz dicht in deinem unmittelbaren Gedankenfeld? Wenn du beispielsweise den Abwasch erledigst, über was denkst du dabei nach? Wenn du den Müll rausbringst, worüber denkst du nach? Wenn du duschst, über was denkst du nach? Und über was denkst du sonst noch nach? In diesem Feld sind die Gedanken lokalisiert und verstreut, weil der Geist von einer Idee zur nächsten hetzt.

b) *nicht beständig:* Klopft es an der Tür, bist du weder ängstlich noch neugierig, fühlst dich noch nicht mal belästigt. Du bist schlicht

nicht interessiert oder wirst auch nicht dazu verleitet, nachzuse-
hen, wer es ist. Aber es reicht aus, dich aus dem zu reißen, was du
getan hast. Für manche Menschen stellen Handys/Technologie das
zeitgenössische Gegenstück zu dieser Situation dar: Es ›klopft‹ für
sie den ganzen Tag an der Tür.

c) *Wenige stürzen die Vielen:* Am Fenster geht jemand vorbei, auf
der Straße wird gearbeitet, Kinder spielen im Garten. Vielleicht
bemerkst du es, vielleicht auch nicht. Aber du registrierst die Störungen, die widerspenstig in Kreisen kommen und gehen (wie
Meereswellen), um den Sieg zu erringen oder dir die Kontrolle
zu entreißen.

d) *weit, ohne die Notwendigkeit, sich zurückzuziehen:* Geräusche
von weiter entfernten Straßen oder über deinen Kopf hinweg-
fliegenden Flugzeugen. Auch sie sind nicht mächtig genug, deine
Aufmerksamkeit zu stehlen, sofern du sie nicht näher an dich he-
ranziehst. Egal, worum es geht – dein freier Wille bestimmt, ob du
dich mit einem Gedanken beschäftigst und ob du dich ablenken
lässt oder nicht.

e) *kreuz und quer:* Dieses Feld wird sich anfühlen, als habest du
eine Wäscheleine durch dein Zuhause gezogen, denn dein Geist
wirft Ideen und Konzepte wild durcheinander. Die Waschma-
schine läuft unrund und macht Krach, während der Paketbote an
der Tür auf eine Unterschrift wartet. Du arbeitest zu Hause, musst
einen Anruf entgegennehmen oder bist in einem Meeting. Ein
lautes Motorrad knattert vor der Tür vorbei und stört dich. Du
streitest dich mit einem Familienmitglied. Die Wasserrechnung
muss bezahlt werden. Du bist hungrig und musst auf die Toilette.
Eine Eilmeldung poppt auf, das Wetter wird sich ändern und in

einer belebten Hauptstadt ist gerade eine Bombe explodiert, es gibt viele Tote …

f) *in die Länge gezogen:* Gedanken in diesem Feld fühlen sich an wie ein langer Schlauch, den du im Haus herumträgst … den ganzen Weg bis zu deinem Auto … und weiter bis zu deinem Arbeitsplatz … Du denkst: »Habe ich den Herd abgeschaltet und den Topf von der Platte genommen, bevor ich gegangen bin? Ich glaube schon. Kann gut sein. Warum habe ich überhaupt dieses Gericht zubereitet, das mag doch sowieso keiner. Ich weiß noch, wie Oma es damals für mich gekocht hat … das war eine schöne Zeit. Sie hat uns immer verwöhnt. Was war ihre geheime Zutat? Ich bin mir sicher, dass ich den Herd ausgemacht habe … so blöd kann nicht einmal ich sein … naja, bis auf dieses eine Mal … am besten drehe ich um und kontrolliere es … aber dann komme ich zu spät. Ich hasse es, zu spät zu kommen … Nein, ich … ach, was soll ich bloß tun?«

g) *aufdringlich:* Dieses Feld ist vergleichbar mit einem Eissturm, der draußen tobt. Dir fällt ein, dass ein Fenster auf dem Dachboden noch geöffnet ist. Jetzt musst du es schließen, aber die fünf Stockwerke nach oben sind mit Klavieren blockiert! Wir sprechen hier über Gedanken, die sich scheinbar wie Berge vor uns auftürmen und schwer zu erreichen sind. Üblicherweise spüren wir sie über uns, wie sie schwankend unser Konzentrationsfeld überragen.

h) *einkreisend:* Dieses Feld gleicht einem Hund, der einer Katze nachjagt, die einen Vogel jagt, und das Ganze geht rund um dein Haus. Gedanken drehen Kreise und kreisen den Geist ein. Wenn sie mächtig genug sind, vermitteln sie dir das Gefühl, gefangen zu sein oder aus dem Kreislauf nicht ausbrechen zu können. Geistiger Missbrauch, Folter und Ähnliches fallen in diese Kategorie.

i) *ausgehöhlt:* Dieses Feld erscheint so, als würde ein Baum durch deinen Fußboden wachsen. Der Gedankenstrom schießt hoch, eng definiert und unmittelbar in dein Wahrnehmungsfeld, um sich deine unmittelbare Aufmerksamkeit zu sichern. Möglicherweise fühlst du dich, als wärst du am Tiefpunkt angekommen und könntest dich unmöglich von dem Gedanken befreien. Häufig sind es Unfälle, sehr belastende Situationen und traumatische Ereignisse, die sich auf diese Weise zeigen.

Man könnte die neun (wertfreien) Felder der Wahrnehmung auch mit unterschiedlichen Arten von Hunden vergleichen, von klein bis groß. Sie tragen oder ›apportieren‹ unsere Gedanken und bringen sie zu uns. Können wir unseren Willen behaupten, können wir die Hunde auch bitten, sie von uns fortzutragen.

Der Schlüssel besteht darin, kreativ zu sein und die tagtägliche Umgebung für die Erkenntnis zu nutzen, dass Gedanken in Bewegung sind, dass sie sich verändern, sich verschieben und kreuz und quer um einen herumflitzen – das ›Feld‹ hat keine Grenzen. Je besser wir verstehen, wann ein ›Wäscheleinen-Gedanke‹ aufgehängt wird, desto rascher können wir unangestrengt und entspannt zulassen, dass er uns nicht aus dem Gleichgewicht bringt. Erkennen wir einen ›ausgehöhlten‹ Gedanken, wissen wir, dass wir dringend handeln und ihn enttarnen müssen, um ihm seine Macht über unsere Konzentration zu nehmen.

Vergiss nicht: Sämtliche Gedanken erscheinen neutral im Feld. Von unserer Reaktion hängt es ab, zu was er sich entwickelt.

Wir regulieren unsere eigene Realität, können also neue Möglichkeiten erschaffen, anstatt im Zustand des Zwangs zu verharren.

Tatsächlich gilt: Je besser wir verstehen, wie vorhersehbar unsere Gedanken sind – oder gewöhnlich und alltäglich und »Oh, geht das wieder los, ich denke schon wieder über XY nach« –, desto leichter können wir darüber lächeln und sehen, dass wir uns im Wiederholungsmodus befinden. Und wir wissen, dass wir daraus ausbrechen können, damit wir nicht endlos über dieselben Dinge nachdenken müssen.

Dann können wir uns der Kreisläufe bewusst werden. Gedanken kommen und gehen, behandeln Themen, die uns nicht berühren; aber dann triggern sie uns doch wieder oder wir stürzen uns auf sie. Aber jetzt können wir sie ganz sanft ziehen lassen und weitermachen. Wir nehmen einfach *nicht* an den Grübeleien teil, schon gar nicht, wenn es sich um Wiederholungen handelt. Bei Gedanken in den äußeren Regionen könntest du dir sogar sagen: »Hmm, an das Thema habe ich seit Ewigkeiten nicht gedacht – und kurz gesagt: Gut so! Lass es! Denn wenn du weiter darüber nachdenkst, ist das so, als würdest du den Dieb auf dem Berg rufen und ihn an deine Haustür bitten.«

Mit Menschen ist das einfach (und leicht zu erkennen): Am Rand unserer Wahrnehmung taucht schattengleich eine Person auf, an die wir seit Jahren nicht gedacht oder die wir seit Ewigkeiten nicht gesehen haben. Wir können sie direkt zu uns in die nahe gelegene Senke ziehen und dafür sorgen, dass sie ständig präsent ist – so sehr, dass wir sie sogar physisch in unsere Realität holen, einen Anruf bekommen oder die Person ›zufällig‹ treffen. »Du glaubst nie, wen ich heute getroffen habe!«

Beobachtest du den Geist, wirst du feststellen, dass es sich kaum um einen Zufall gehandelt hat. Stattdessen hast du der Person deine volle Aufmerksamkeit gewidmet; und weil wir alle mit dem Wahrnehmungsfeld verbunden sind, ist diese Person einfach deshalb erschienen, weil *du* an sie gedacht hast. Das gilt für sämtliche Dinge, die du beiseitegelegt hattest und über die du nun wieder nachdenkst. Es besteht keine Notwendigkeit, sich an etwas in Reichweite deiner Wahrnehmung zu klammern oder es heranzuziehen. Wenn du es trotzdem tust, erschaffst du im Grunde eine Zukunft, die von alten Störungen geprägt ist.

Lass die Gedanken fließen und halte stattdessen deine Konzentration und deine Aufmerksamkeit aufrecht.

Wenn wir bereit sind, uns um das Wahrnehmungsfeld genauso zu kümmern, wie wir einen Boden sauber fegen würden – mit sanftem Schwung –, können wir unsere Stärke bewahren und leichter unsere Wahrnehmungen verschieben. Dann erstrahlt unsere innere Sonne wieder hell über dem gesamten Terrain des Geistes.

DER ELFTE SCHRITT AUF DEM VERBORGENEN PFAD ZU FRIEDEN UND GANZHEIT

1. Wende den verborgenen Pfad zu Frieden und Ganzheit auf die Weise an, wie sie dir am besten geeignet erscheint, hier und jetzt die neun (wertfreien) Felder der Wahrnehmung zu etablieren.

2. Suche in jedem Augenblick Möglichkeiten, die Art und Weise zu verändern, wie du Gedanken in deinem Umfeld erkennst. Spürst du einen Gedanken über dir, neben dir, ganz nah bei dir oder weit entfernt, dann achte darauf, wie stark er ist und wie er um deine Konzentration oder deine konzentrierte Aufmerksamkeit buhlt.

3. Achte während des Tages auf Augenblicke, in denen du erst deine Gedanken und dann deine Emotionen erahnen konntest, abhängig davon, wo sie in deinem Wahrnehmungsfeld erschienen sind. Solltest du dich wiederholen, regelmäßig grübeln oder dich von den-

selben Dingen ablenken lassen, sei bereit, sanft mit dir ins Gericht zu gehen. Auch wenn das nicht der Fall ist, sei sanft.

Die neun (wertfreien) Felder der Wahrnehmung sind der elfte Schritt auf dem verborgenen Pfad zu Frieden und Ganzheit. Je besser du verstehst, wie Gedanken erscheinen – und dir das mit dem Wissen aus Kapitel 10 zunutze machst –, desto wahrscheinlicher wirst du anfangen, das ›wahre‹ Wesen der Dinge zu erkennen. Du wirst dich weniger von deinem eigenen Denken täuschen lassen und deine Aufmerksamkeit freisetzen, damit sie in ihren natürlichen Zustand der Harmonie kommt.

Denkanstöße: Die neun (wertfreien) Felder der Wahrnehmung

»Der höchste Grundsatz der Aufmerksamkeit besteht in dem Mut, den eigenen starken Willen (Willenskraft) gegen Sinne und Emotionen durchzusetzen.« – Kapitel 11

1. Erkläre (oder zeichne), wo deiner Wahrnehmung nach die folgenden Arten von Gedanken entstehen: a) verstreut, b) nicht beständig, c) Wenige stürzen die Vielen. Welche sind leicht wahrnehmbar, welche schwieriger?

2. Erkläre (oder zeichne), wo deiner Wahrnehmung nach die folgenden Arten von Gedanken entstehen: d) weit, ohne die Notwendigkeit, sich zurückzuziehen, e) kreuz und quer, f) in die Länge gezogen. Welche sind leicht wahrnehmbar, welche schwieriger?

3. Erkläre (oder zeichne), wo deiner Wahrnehmung nach die folgenden Arten von Gedanken entstehen: g) aufdringlich, h) einkreisend, i) ausgehöhlt. Welche sind leicht wahrnehmbar, welche schwieriger?

4. Schreibe auf, welche Gedanken/Ideen/Bilder heute bei dir vorherrschen, und beschreibe, wo in deinem Wahrnehmungsfeld sie deiner Ansicht nach erscheinen.

5. Schildere einen Zeitpunkt, an dem dich ein Gedankenstrom scheinbar eingekreist hat und du keinen Weg darum herum oder mitten hindurch erkennen konntest. Worum ging es und wie bist du trotzdem herausgekommen?

6. Schildere einen Zeitpunkt, an dem du einen Gedanken erlebt hast, der sehr eng war, sehr kompakt und sehr nah im Wahrnehmungsfeld. Es gab keine Möglichkeit, an ihm vorbeizusehen, du musstest dich mit ihm auseinandersetzen. Worum ging es und wie ist es dir geglückt?

7. Schildere einen Zeitpunkt, an dem dein Geist kreuz und quer über dein Wahrnehmungsfeld jagte. Worum ging es und wie konntest du dich durchsetzen?

8. Schildere einen Zeitpunkt, an dem dein Geist über das gesamte Wahrnehmungsfeld verstreut war. Worum ging es und wie konntest du dich durchsetzen?

9. Nimmst du deine Gedanken überwiegend als störend oder als neutral wahr? Wie einfach/schwierig ist es für dich, deine Konzentration wieder zu zentrieren?

10. Hältst du es für möglich, über einen ruhigen Geist zu verfügen? Wenn ja: die ganze Zeit, manchmal oder selten? Erkläre deine Einschätzung.

11. Ist dir aufgefallen, dass deine Gedanken zyklisch verlaufen? Falls ja, nenne ein Beispiel. Falls nicht, versuche einen Gedankenstrom auszumachen, der über Stunden, Monate, Tage/Wochen oder sogar Jahre hinweg wiederholt auftrat.

12. Wenn ein Gedanke zum wiederholten Mal in deinem Wahrnehmungsfeld auftritt, um deine Konzentration an sich zu reißen, für wie wahrscheinlich hältst du es, dass du diesen Gedanken nie wieder denken wirst? Was kannst du tun, um dich von ihm zu befreien?

KAPITEL 12

DER WILLE AUS GANZEM HERZEN

1. Sun Tsu sagt: Es gibt fünf Wege, deinen aus ganzem Herzen kommenden Willen[41] in den neun (wertfreien) Feldern der Wahrnehmung so einzusetzen, dass sich Gleichmut ausbreitet:

a) indem du einen Gedanken, der sein Lager aufgeschlagen hat, sofort ›abtrennst‹, und zwar genau an dem Punkt, an dem er in die neun (wertfreien) Felder der Wahrnehmung eingetreten ist.

b) indem du den Gedanken von seinem Nachschub (Aufmerksamkeit) ›abtrennst‹, damit er sich nicht weiter eingräbt.

c) indem du den Gedanken von seinem Fuhrpark (Sinne) ›abtrennst‹, bevor er sich vermehrt und im gesamten Wahrnehmungsfeld zu Verstrickungen führt.

d) indem du den Gedanken von seinen Waffen (Gefühlen) ›abtrennst‹, damit er das Wahrnehmungsfeld nicht weiter ablenkt.

e) indem du den Gedanken von seiner Gruppe ›abtrennst‹, damit er nicht über Raum und Zeit (ewige Ewigkeit) hinweg Zyklen endloser Gewohnheiten erschafft, die die Konzentration zunichtemachen.

---

41 »Mit ganzem Herzen wollen« kann interpretiert werden als Willenskraft in Kombination mit wahrer Hingabe.

2–4. Damit der aus ganzem Herzen kommende Wille Gleichmut erzeugen kann, muss er stark und es gewohnt sein, sich über Grenzen hinwegzusetzen. Das geschieht durch ›Tests‹, bei denen im Wesentlichen Muster und Einflüsse aus den Kreisläufen herausbrechen. Auf diese Weise stärkst du den Willen, damit er den Mut aufbringt, zum Erfolg zu gelangen. Selbst wenn es für den Mut eine große Schwierigkeit darstellt, ein seit Langem bestehendes Muster (Gruppe von Gedanken) zu verändern, würde er den Sprung trotzdem wagen und es zumindest versuchen. Dadurch sorgt er für eine Routine des Erfolgs, die natürlich auch die Intuition stärkt.

5. Behauptet der Beobachter seinen aus ganzem Herzen kommenden Willen, solltest du dich auf fünf mögliche Entwicklungen einstellen:

6. Gedanken unternehmen einen ›Ausbruch‹ in das Feld der Aufmerksamkeit, also befasse dich unmittelbar mit ihnen.

7. Gedanken erscheinen, bleiben aber neutral. Sei auf der Hut, lass dich nicht auf sie ein.

8. Der Wille überwältigt die ursprüngliche Einschränkung. Wenn möglich, bleibe präsent.

9. Du erkennst einen Weg, deinen Willen zuerst zu behaupten, anstatt zu warten, bis die Unruhe deine Entschlusskraft untergräbt.

10. Du behauptest deinen Willen und die Einschränkungen weichen zurück. Stell dich aber darauf ein, dass sie zurückkehren und voller Verzweiflung kämpfen, um eine Bresche zu schlagen und deinen Erfolg zu verhindern.

11. Ein Wille aus ganzem Herzen kann ein Hindernis endgültig überwinden. Von einem halbherzigen Willen dagegen kann man kaum erwarten, dass er eine festsitzende Gewohnheit aus dem Feld räumt und sie nicht wiederkehrt.

12. Bevor du eine Präsenz sich entfaltenden Gleichmuts etablierst, musst du die fünf Entwicklungsstufen kennen, die der Wille durchläuft, um Kreisläufe einschränkender Begrenzungen zu durchbrechen. Agierst du nicht mit reiner Willenskraft, werden diese Hindernisse erneut auftreten.

13–14. Wer den aus ganzem Herzen kommenden Willen nutzt, um Gleichmut zu entfalten, sollte intelligent handeln. Der Wille muss unerschütterlich und unerbittlich sein, wenn er Einschränkungen und eingefahrene Gewohnheitsmuster aufzubrechen versucht. Ist er dies nicht, kann er leicht den Glauben verlieren und in Zweifel versinken.

15. Unternimmst du den Versuch, Ordnung und Harmonie einzuführen, ohne den Geist der Initiative zu pflegen, steht dir ein unglückliches Schicksal bevor. Es handelt sich um reine Zeitverschwendung, deine Anstrengungen werden nicht vorankommen.

16. Daher heißt es: Der erleuchtete Beobachter plant für die Zukunft, während die etablierte Konzentration das Gewahrsein kultiviert.

17. Bewege dich nicht, es sei denn, du siehst darin einen Vorteil. Setze deinen Willen nicht ein, es sei denn, es gibt dadurch etwas zu gewinnen. Greife nicht an, es sei denn, die Lage ist kritisch.

18. Kein Beobachter sollte seinen Willen aus Angeberei, Stolz oder Arroganz einsetzen.

19. Ist es für dich vorteilhaft, deinen Willen zu behaupten, dann tue es. Wenn nicht, bewahre deinen kontemplativen Fokus.

20–21. Mit der Zeit wirst du einen inneren Zustand natürlicher Ruhe und Zufriedenheit (Gleichmut) erlangen, und zwar auch dann, wenn Wut oder Ärger aufsteigen. Du weißt, du hast einen Aspekt deines Selbst überwunden, der nicht zurückkehren wird.

22. Aus diesem Grund achtet der erleuchtete Beobachter sorgfältig darauf, dass die Sinne und Gedanken den Willen nicht beschränken. Er erlaubt es dem Gleichmut, sich ganz natürlich zu entfalten, und sorgt auf diese Weise stets für einen harmonischen, friedlichen Bewusstseinszustand.

SUN TSUS LEBENDIGE WEISHEIT INTERPRETIEREN

Sun Tsu gibt uns ein nützliches Werkzeug an die Hand, mit dem wir uns auf dem geistigen Schlachtfeld (unseren Wahrnehmungsfeldern) bewegen. Anstatt auf Aggression oder Widerstand zuzugreifen, steht uns der aus ganzem Herzen kommende Wille zur Verfügung. Wir können den aus ganzem Herzen kommenden Willen als unsere unaufhaltbare Hingabe ansehen; als ›Feuer‹, das für unsere Fähigkeit steht, Gedanken und vom Geist wahrgenommene Hindernisse zu verbrennen, wenn sie scheinbar unsere innere Sonne daran hindern, im Fluss und im Gleichgewicht zu leuchten (Ganzheit).

Setzen wir unseren von Herzen kommenden Willen ein, legen wir Dinge ›in Schutt und Asche‹, die wir normalerweise als Einschränkung unseres Sichtfelds betrachten und die verhindern, dass wir das Wesen der Welt unverstellt sehen (wie der Phönix aus der Asche). Einfach gesagt, ist das Wahrnehmungsfeld frei von Gedanken und Konzepten, und als absolute Realität bleibt eine Freiheit der Stille und Ruhe.

LEKTION 1 (1-10): ABLENKUNGEN ›ABTRENNEN‹ UND UNSER DENKEN VERÄNDERN

Auf dem verborgenen Pfad zu Frieden und Weisheit eröffnet Sun Tsu uns die Möglichkeit, uns selbst zu befreien. Unser Leben lang haben wir auf dem Schlachtfeld der Gedanken Krieg geführt, nun zeigt er uns, wie wir die Dinge neu ordnen und neue Methoden entdecken, die unser Feld von Beurteilungen, Sorgen, Ängsten, Konkurrenzdenken, Zweifeln und Hass befreit. Oder sogar von hohen geistigen Zuständen der Glückseligkeit, die in Depressionen umkippen. Es gibt einen Weg in die Zukunft, der Gelassenheit, Freude und Ausgeglichenheit als Leiter zur Ganzheit verkörpert.

Wenn wir uns auf die neun (wertfreien) Felder der Wahrnehmung einlassen, können wir die fünf Methoden anwenden, mit denen unser Wille aus ganzem Herzen für Gleichmut sorgt (oder ihn willkommen heißt).

Um diesen natürlichen und normal auftretenden Zustand der Wirklichkeit herbeizuführen, können wir den Willen dazu nutzen, einen Gedanken direkt nach seinem Erscheinen ›abzutrennen‹. Wir können unsere Willenskraft dazu nutzen, den Gedanken von seinem Nachschub (Ablenkungen) zu separieren, damit er sich nicht weiter festsetzt. Wir können mit unserem mächtigen Willen auch Sinneswahrnehmungen und Gefühle ›abtrennen‹, bevor sie sich vervielfachen und unser Wahrnehmungsfeld blockieren.

Und schließlich können wir uns vor Augen führen, wie wir unseren Willen einsetzen können, um das ›abzutrennen‹, was wie eine ganze Heerschar von Gedanken wirkt. Eine Heerschar, die unser Bewusstsein daran hindert, sich über Raum und Zeit hinweg auszubreiten, und Kreisläufe endloser Gewohnheiten erschafft, um unsere Konzentration zu stören.

Anstatt harsch und widerstrebend zu sein, bringen wir unser ganzes Herz ein, unsere Hingabe. So können wir die Schönheit in unsere Mitte einziehen lassen, die stets voller Freude und Geduld war und sein wird. Möglicherweise stehen uns Kreisläufe bevor, die sich anfühlen, als würden wir auf die Probe gestellt, die uns jedoch helfen, die Muster und Einflüsse aus diesen Kreisläufen zu befreien. Sind wir aufmerksam und fallen nicht in unsere üblichen Muster zurück, können wir Veränderung herbeiführen und unseren Weg mutiger fortsetzen.

Es ist ein Prozess: Unsere Intuition ist stets vorhanden, aber wenn wir unser Wahrnehmungsfeld regulieren, bringen wir ihm mehr Vertrauen entgegen. Das wiederum bringt unseren Mut zur Entfaltung sowie unsere Entschlossenheit zu wachsen und durchzuhalten. Wir nehmen unsere Gedanken nicht länger ungefragt für bare Münze. Stattdessen hinterfragen wir sie, dann zerschlagen wir sie und befreien uns aus ihrem Griff. Der Erfolg rückt näher.

Zudem lässt Sun Tsu uns wissen, wofür wir uns rüsten sollten, um uns aus dem Klammergriff unserer üblichen Denkmuster zu befreien und ganz neu zu denken. Mit Gewissheit und Hingabe können wir eine Strategie entwickeln, mit der wir uns einen Vorteil über die fünf möglichen Entwicklungen verschaffen – Gedanken, die rasch ausbrechen und mit denen wir uns sofort befassen sollten; Gedanken, die auftauchen, aber harmlos wirken und bei denen wir wachsam sein und unseren Willen durchsetzen sollten, damit sie sich nicht ausbreiten und uns die Konzentration rauben. Außerdem müssen wir unseren Willen stark halten, nachdem wir eine Einschränkung beseitigt haben. Denn sie wird erneut auftreten, uns auf die Probe stellen oder schlicht um unsere Aufmerksamkeit buhlen.

Wir sollten niemals warten, bis unsere Gedanken unsere Entschlossenheit verwässern. Stattdessen sollten wir lernen, sie mit konzentrierter Aufmerksamkeit zu überwältigen. Dazu müssen wir genau auf das hören, was wir wiederholen, denn oftmals läuft das automatisch ab oder wir reagieren mit tief in unserem Unterbewusstsein sitzenden Angewohnheiten. Registrieren wir das und können unseren aus ganzem Herzen kommenden Willen anwenden, der von unserer Hingabe angetrieben wird, dann zieht sich der Gedanke oder die Einschränkung zurück – oder sie brechen auf, wie Sun Tsu es nennt. Auch wenn wir der Ansicht sind, wir hätten uns durchgesetzt, müssen wir wachsam bleiben, sonst kehren die Denkmuster zurück und machen unseren Fokus zunichte. Kurz gesagt: Lass nicht zu, dass irgendetwas dich davon abhält, deine Einschränkungen zu überwinden – keine Gedanken, Ansichten, Handlungen, Traditionen, öffentlichen Meinungen und so weiter.

LEKTION 2 (11–22): ERSTE VERÄNDERUNGEN

Unser Wille aus ganzem Herzen kann alle Hindernisse überwinden. Wir wurden dazu erzogen, Dualitäten wahrzunehmen. Regulieren wir diese Vorstellungen, hinterfragen sie oder lassen uns nicht auf sie ein, geben wir uns selbst Raum, die Dinge auf andere Weise zu sehen. Wir können klein anfangen und beobachten, wie wir denken und wie unsere Gedanken uns einschränken. Welche Ansichten oder Gedanken das auch sind, wir können sie überwinden. Unsere Gedanken formen die materielle Welt; und es gibt keinen Grund, Dinge nicht anzuzweifeln oder zu hinterfragen, nur weil wir immer an sie geglaubt haben. Je stärker wir unseren Willen einbringen – und sei es nur halbherzig –, desto eher werden wir Veränderungen beobachten.

Unsere Gewohnheiten haben uns ein Leben lang in die Irre geführt. Damit wir sie wirklich überwinden und an einer Rückkehr hindern, müssen wir uns auf unserem Weg zu Frieden und Ganzheit mit Hingabe und aus ganzem Herzen in unseren mutigen Willen einstimmen. Wenn wir das tun, wird sich unser Bewusstsein ausweiten und eins werden mit dem Ganzen, wie uns Sun Tsu zeigt. Je mehr wir die fünf Entwicklungen des aus ganzem Herzen kommenden Willens anwenden, sie kennenlernen und unsere eigenen Kreisläufe durchlaufen, desto besser wird es uns gelingen, eine uneinnehmbare Stellung zu errichten, aus der heraus wir Gleichmut bewahren.

Selbst wenn wir nur eine kleine Veränderung erkennen, wird uns das ermutigen, mehr zu tun. Es schreckt uns auch nicht ab, wenn wir vermeintlich scheitern oder Rückschläge erleiden. Wir haben daran gearbeitet, diese Angewohnheiten aufzubrechen und mehr Freiheit für uns selbst zu gewinnen. Wir nutzen unsere Intelligenz, um uns besser kennenzulernen und wie eine Heerschar auf dem Schlachtfeld unerschütterlich und unerschrocken aufzutreten. Wir sind angetreten, diese lang gehegten Gewohnheiten und Denkmuster in die Flucht zu schlagen und ihnen den ›Glauben zu rauben‹.

Sun Tsu zeigt uns zudem, dass wir, indem wir initiativ werden, das Gefühl der Last ablegen können, das uns fälschlicherweise glauben lässt, wir hätten ›hart‹ oder ›hart genug‹ gearbeitet. Wir machen weiter und lassen nicht zu, dass unsere Bemühungen stagnieren. Stattdessen verstehen wir, dass wir immer noch mehr tun können, unangestrengt, mit grenzenloser Energie. Durch unsere starke Hingabe können wir mehr schaffen, als wir gedacht hatten, und noch dazu viel rascher.

Agieren wir konzentriert und ohne Grenzen, entdecken wir eine angeborene Liebe zu dem, was wir können. Diese Liebe durchdringt unser Handeln, weshalb wir das Leben nicht länger als Aufgabe ansehen oder Arbeit als Last. Die Unterscheidung zwischen Arbeitsleben und Freizeit entfällt ebenso wie die Trennung zwischen spirituellem und materiellem Leben; oder zwischen traumatischer Vergangenheit und glücklicher Gegenwart. Wir verstehen das Leben vielmehr als etwas ganz und gar Zusammenhängendes, das in sämtlichen Handlungen und in sämtliche Richtungen von Gelassenheit durchdrungen ist. Alltägliche Arbeit eröffnet dir eine weitere Möglichkeit, dein dynamisches, grenzenloses Selbst zu entfalten.

Aus diesem Grund sagt Sun Tsu: Der erleuchtete Beobachter plant für die Zukunft, während die etablierte Konzentration das Gewahrsein kultiviert. Unser Wille ermöglicht die Zukunft, von der wir immer geträumt haben (oder die wir immer gespürt haben). Wir mögen unser Leben jahrelang auf eine bestimmte Weise gelebt haben, aber dennoch können wir im nächsten Augenblick etwas beschließen und, mit unserer Hingabe und unserem Willen im Rücken, ein neues Leben beginnen. Dazu überwinden wir die eingefahrenen Ansichten, die uns zurückhalten.

Letztlich behaupten wir unseren aus ganzem Herzen kommenden Willen Schritt für Schritt und bauen allmählich Vertrauen in unsere Intuition (innere Sonne) auf, die wir hören und mit der wir verbunden sind. Wir richten uns nicht länger nach den inneren Beschwerden und Einschränkungen des dualen Denkens. So leben wir jeden Tag in einem harmonischen, friedlichen Bewusstseinszustand – *immer*.

AUS GANZEM HERZEN LEBEN

Beginnen wir, unseren Willen und unsere Hingabe strategisch und aus ganzem Herzen einzusetzen, können wir erste Auseinandersetzungen mit unserem gewohnheitsmäßigen Denken ›gewinnen‹.

Unser Geist erahnt regelmäßig den nächsten Schritt, bevor wir ihn tun. Wenn du beispielsweise ins Auto einsteigst, lässt du automatisch den Motor an, ohne groß darüber nachzudenken; denn der Körper sagt voraus, was üblicherweise als Nächstes kommt, und macht es einfach. Das gleiche passiert, wenn eine Person, die das Kaffeetrinken aufgegeben hat, ein Café betritt: Unter denselben Umständen und in derselben Umgebung wird der Körper das fühlen, was er immer gefühlt hat, und agieren, wie er immer agiert hat. Automatisch wird die Person vermutlich einen Kaffee bestellen, auch wenn es eine Weile her ist, dass sie zuletzt einen getrunken hat.

Man braucht eine große Willensanstrengung, will man sich aus der Programmierung befreien. Man braucht Willenskraft, die eigenen Angewohnheiten zu erkennen; auszumachen, was einen begrenzt, und diese Dinge zu überwinden. Du brauchst Wachsamkeit und ständige Überprüfung. Angewohnheiten, Gedanken und Wahrnehmungen sind tückisch und oftmals tief in uns verankert. Sie reichen zum Teil bis in die Kindheit zurück oder in frühere Leben. Deshalb antworten und reagieren wir oftmals so, wie wir es schon immer getan haben, und tun es auch weiterhin. Wir akzeptieren ein Gefühl oder eine Sinneswahrnehmung als gewöhnlich und normal. Ein Beispiel: Du wirst aus dem Schlaf gerissen, weil es draußen donnert. Das hat dich schon immer geängstigt und tut es auch jetzt – deshalb wirst du die Angst wieder und wieder akzeptieren. Um dich von dieser Angst zu befreien, musst du ihr auf den Grund gehen und herausfinden, warum es sie gibt. Egal ob wir Kinder oder Erwachsene sind – unsere Ängste oder Phobien haben irgendwo einen Ausgangspunkt. Wir scheinen darauf programmiert, immer wieder dieselben Ängste zu haben, aber das muss nicht so bleiben. Sun Tsu sagt, dass wir unsere Denkweise und unsere Reaktionen ändern können.

Heiß und kalt sind weitere Formen von Dualität, die man übersieht oder als Routine und normal hinnimmt. Oder hungrig und satt: Sind wir erfüllt oder glücklich, neigen wir dazu, dies ›besser‹ zu finden als einen Zustand, der sich nach Versagen oder einem Problem anfühlt. Wenn wir niemals hinterfragen, was wir mögen und was nicht, entstehen sich wiederholende Reaktionen oder Antworten, wenn wir ihnen erneut begegnen. Doch wir können anfangen, Widerstand zu leisten, und mit Neugier der Frage nachgehen, warum wir ein bestimmtes Gefühl überhaupt haben. Vielleicht ist es mit einer Erfahrung verbunden, die wir sanft überwinden oder revidieren und neu interpretieren können, um ein neues Resultat zu erschaffen, das an die Stelle des alten, praktisch automatisierten tritt.

Wenn wir beobachten, wie uns die Achterbahn des Geistes mal die eine Sinneswahrnehmung diktiert und mal eine andere, wird uns klar: Wir sind nicht Meisterin Sun. Wir sind der Gefangene, der einmal Hitze und dann Kälte ausgesetzt ist, dann mehr Hitze, gefolgt von mehr Kälte. Beides kann in ein sanftes mentales Gleichgewicht gebracht werden, das uns nicht länger kontrolliert. Fällt es uns wirklich schwer, uns aus einem Gedankenstrom zu befreien, greifen wir auf die Strategien zurück, die Sun Tsu empfiehlt; beispielsweise Untersuchung und Abwägen. Das Mindeste, was wir unternehmen können, um wenigstens etwas ins Gleichgewicht zurückzufinden, ist anzuerkennen, dass wir lebendig sind – denn sonst würden wir diese ›Schwierigkeiten‹ ja nicht wahrnehmen. Wir begegnen unserer Erfahrung mit Wertschätzung und sorgen auf diese Weise dafür, dass sich die Idee nicht weiter festsetzen kann.

Unser aus ganzem Herzen kommender Wille ist das Mittel der Wahl, um unseren Geist, unseren Körper und unsere Seele zurückzuerobern, der Kontrolle der Intuition zu unterstellen, aus dem Ungleichgewicht des dualistischen Denkens auszubrechen und Einklang mit unserer Umwelt herzustellen. Beginnen können wir *hier und jetzt*, mit allem, was uns gerade in Beschlag nimmt. Selbst halbherzig zu agieren, ist besser, als unsere Aufmerksamkeit fortspülen zu lassen, sagt Sun Tsu.

Wenn wir unser Wahrnehmungsfeld regulieren, Gedanken erahnen und Hindernisse überwinden, werden wir Glück oder wahre Hingabe als Normalzustand erleben. Sind wir einmal ›dort‹ angekommen und erleben Glückseligkeit, laufen wir Gefahr, wieder ›herauszufallen‹. Möglicherweise fragen wir uns, was wir falsch gemacht haben oder wieso wir unsere Glückseligkeit haben ziehen lassen. Gleichmut ist ein ständiger Zustand der Ruhe, insofern bringt selbst extreme Glückseligkeit das falsche Gefühl einer Erfahrung mit sich, die als ›besser‹ bewertet wird oder, schlimmer noch, süchtig macht. Dieser Zustand sollte nicht mit Harmonie oder Gelassenheit verwechselt werden. Erlebst du deine innere Sonne, wirst du den Unterschied erkennen.

Der Schlüssel besteht in der Einsicht, dass der emotionale Zustand von einer Richtung in die andere schwingt und dass dies bloß eine Wahrnehmung ist. Noch schlimmer wäre es zu denken, du hättest versagt oder seist minderwertig, weil du Gefühle der Wut, Enttäuschung oder dergleichen verspürt hast. Auch das ist bloß ein weiterer emotionaler Zustand. Verspürst du eine Emotion, dann versuche, dich gleichzeitig in deine Intuition einzuklinken. Sie funktioniert auch während vermeintlicher Schwierigkeiten. Mach dir bewusst, dass das, was du für Scheitern hältst, nichts weiter ist als deine eigene Wahrnehmung, die sich verändert und dir die Interpretation der Erfahrung diktiert. Im Gegensatz dazu steht die Weisheit der inneren Sonne mit konstanter Aufmerksamkeit und Harmonie.

Unser Wille aus ganzem Herzen verleiht uns den Mut, neue Wege in Richtung Gleichgewicht einzuschlagen. Wir können ihn dafür nutzen, Gedanken ›wegzubrennen‹ – genauer gesagt, Gedankenströme, diese langen Spiralen von Konzepten, an denen wir ein

Leben lang festgehalten haben! Wenn wir unseren Willen untersuchen und bewahren, können wir sogar die am tiefsten verwurzelten Gedankenströme überwinden. Wir erkennen die Kreisläufe; und wenn sich erneut etwas regt und um unsere Aufmerksamkeit buhlt, geben wir nicht nach.

Das sind die Zeiten, in denen wir »Nicht schon wieder« sagen können oder »Schluss jetzt« – und dann mit dem Thema fertig sind. Wenn wir Schluss sagen, ist auch Schluss. Eingefahrene Muster und Ideen zu entwurzeln oder Dinge wegzuräumen, die sich uns in den Weg stellen, kann viele Monate während Kreisläufe erfordern. Wir können noch so wachsam sein, dennoch scheinen uns Dinge ›auf die Probe zu stellen‹ und zu prüfen, ob wir eine Angewohnheit tatsächlich abgelegt haben. Mit unserer Intuition als Lehrerin begrüßen wir *jede* Erfahrung, die uns der geistigen Freiheit näher bringt.

Schrittweise nehmen wir diese kostbaren Schwierigkeiten als Geschenk an, mit dem wir eingefahrene Wahrnehmungen aufbrechen können. Gelingt uns das, sind wir dankbar für die Störung, die uns aus unserem Sitz der Ruhe gezogen hat. Wir sollten unseren Willen und unsere Hingabe Stück für Stück einsetzen, auch dann, wenn wir möglicherweise scheitern werden – und sogar dann, wenn wir mit Sicherheit scheitern. Wir müssen immer wieder aufstehen und es erneut versuchen – das ist der Wille aus ganzem Herzen.

Nutze die fünf Entwicklungen, um die Kreisläufe und Einschränkungen des Geistes zu überwinden. Sun Tsu sagt: »Der Wille muss unerschütterlich und unerbittlich sein, um Einschränkungen und eingefahrene Gewohnheitsmuster aufzubrechen. Ist er das nicht, kann er den Glauben verlieren und im Zweifel versinken.« Du brauchst Initiative, Vorbereitung und Wachsamkeit, um weiterzumachen, um die Lage abzuschätzen und neue Wege des Seins zu eröffnen. Erzielen wir erste Erfolge, sollten wir nicht damit prahlen, sonst könnten uns schon bald Dinge begegnen, die wir für überwunden hielten und die wir nun erneut meistern müssen!

Setze deine Bemühungen fort und du wirst häufiger Ruhe und Gelassenheit beobachten und erleben. Störungen werden dir unmittelbar auffallen; du kannst sie kommen und gehen lassen, denn es sind bloß Dinge, denen du keine Macht verleihen musst. Tust du es dennoch, wirst du verstehen, dass sie dich zu einem besseren Verständnis deiner selbst führen; stets mit der Absicht, deiner Intuition und deiner inneren Sonne (Ganzheit) näherzukommen.

Du kannst hier und jetzt beginnen, unangestrengt.

DER ZWÖLFTE SCHRITT AUF DEM VERBORGENEN PFAD ZU FRIEDEN UND GANZHEIT

1. Wende den verborgenen Pfad zu Frieden und Ganzheit so an, wie es dir zum jetzigen Zeitpunkt am besten geeignet erscheint, um aus ganzem Herzen kommenden Willen herbeizuführen.

2. Suche in jedem Augenblick Möglichkeiten, deine Schwächen und Einschränkungen zu hinterfragen und dich selbst darin zu bekräftigen, dass du das Leben erschaffen kannst, das du führen möchtest. Sei unberechenbar und mutig. Erstelle eine Liste der Dinge, die dich zurückgehalten haben, und denke neu darüber nach. Folge deinem eigenen Traum/Zweck. Entwickle mit ganzem Herzen deinen Willen und deine Hingabe und lass dein Leben von neu entdeckter Unternehmungslust und neuem Mut durchfluten.

3. Achte den Tag über auf Augenblicke, in denen du Einschränkungen wiederholst. Behaupte deinen Willen. Achte auf Zyklen und darauf, ob alte Muster, von denen du dich befreit hattest, erneut

auftreten (selbst nach Monaten oder Jahrzehnten). Verändere deine Umgebung, wirbele die Dinge auf und fördere diese Veränderungen. Entdecke neue Wege, die Welt zu betrachten, ohne dabei in eine Achterbahnfahrt der Ansichten zu geraten.

Der Wille aus ganzem Herzen ist der zwölfte Schritt auf dem verborgenen Pfad zu Frieden und Ganzheit. Je besser du die fünf Wege der Willensausübung und die fünf wahrscheinlich auftretenden Entwicklungen kennst, desto effektiver kannst du dich gegen Rückschläge wappnen und weitermachen. Intuition ist die innere Lehrerin, die innere Sonne. Sie führt dich, bis du dein eigenes, von deiner inneren Sonne angetriebenes Einssein erkennen kannst.

Denkanstoß: Der Wille aus ganzem Herzen

»Unternimmst du den Versuch, Ordnung und Harmonie einzuführen, ohne den Geist der Initiative zu pflegen, steht dir ein unglückliches Schicksal bevor.« – Kapitel 12

1. Betrachte die fünf Wege, mit denen du deinen Geist ins Gleichgewicht bringst, indem du den aus ganzem Herzen kommenden Willen in den neun (wertfreien) Feldern der Wahrnehmung anwendest. Welcher dieser fünf Wege spricht dich jetzt gerade am meisten an? Warum dieser?

2. Betrachte die fünf Wege, mit denen du deinen Geist ins Gleichgewicht bringst, indem du den aus ganzem Herzen kommenden Willen in den neun (wertfreien) Feldern der Wahrnehmung anwendest. Welcher dieser fünf Wege erscheint dir zum jetzigen Zeitpunkt am schwierigsten? Warum dieser?

3. Schaue auf das vergangene Jahr zurück. Welche Gedankenzyklen waren am stärksten, welche dominieren dein Leben? Und wie sah es in den vergangenen fünf Jahren oder davor aus? Auf welche Weise haben diese dominanten Gedanken und Einflüsse deine Wahrnehmung und dein Leben erschaffen? Welche Strategien kannst du anwenden, um deinen aus ganzem Herzen kommenden Willen durchzusetzen und diese Gedanken und Einflüsse zu entwurzeln (sprich, Routinen durchbrechen, Denkmuster ändern und so weiter)?

4. Wenn er den aus ganzem Herzen kommenden Willen anwendet, sollte der Beobachter sich gegen fünf wahrscheinliche Entwicklungen wappnen. Welche davon trifft auf dich aktuell am meisten zu? Warum?

5. Nimm dir einen Augenblick Zeit, deinen Geist zu beobachten, und behaupte dann sanft deinen Willen. Findest du wiederkehrende Gedanken, die verzweifelt Widerstand leisten? Gedanken, die sich erneut festsetzen und dich auf diese Weise am Erfolg hindern? Welche Strategie wirst du einsetzen, um deine fokussierte Aufmerksamkeit zu bewahren?

6. Wie kannst du deinen aus ganzem Herzen kommenden Willen unmittelbar so auf dein Leben anwenden, dass du Begrenzungen und alte, gewohnheitsmäßige Muster aufbrichst?

7. Nenne ein Beispiel, wann du unternehmungslustig oder hingebungsvoll genug warst, um dein Leben oder deinen Geist in einen harmonischen Zustand zu bringen. Auf welche Weise kannst du jetzt in deinem Leben Unternehmungsgeist oder Hingabe anwenden?

8. Wie kannst du die folgende inspirierte Weisheit auf deinen Alltag übertragen? »Der erleuchtete Beobachter plant für die Zukunft, während die etablierte Konzentration das Gewahrsein kultiviert.«

9. Nenne eine Situation, in der du eine Hürde überwunden hattest, damit geprahlt hast (und sei es nur auf sanfte Weise), sie dann aber wieder auftrat und dich auf die Probe zu stellen schien.

10. Nenne ein Beispiel dafür, dass du deinen Willen behauptest und dich gegen eine Angewohnheit oder eine einschränkende Denkweise durchgesetzt hast. Welche Ergebnisse hatte das?

11. Nenne ein Beispiel dafür, wann du Wut/Gereiztheit verspürt hast, aber dennoch im natürlichen Zustand des Gleichmuts

bleiben konntest. Solltest du diese Erfahrung noch nicht gemacht haben, welche Strategien könntest du anwenden, wenn es so weit ist?

12. Beschreibe eine Gelegenheit, bei der du Gleichmut oder Gelassenheit verspürt hast. Hattest du, als Schwierigkeiten auftauchten, später ein Gefühl des Verlusts? Falls ja, wie könntest du erkennen, dass du dich gar nicht verändert, sondern nur die Erfahrungen unterschiedlich wahrgenommen hast?

KAPITEL 13

ZERBRECHLICHKEIT VERSTEHEN

1. Sun Tsu sagt: Unkontrolliert entfalten sich die neun (wertfreien) Felder der Wahrnehmung und erschaffen die zehntausend Gedanken (Dinge), die als materielle Welt erscheinen. Sie können als solche einen gemusterten Kreislauf (wahrgenommener) Schwierigkeiten (und Dualitäten) errichten, die über (wahrgenommene) Zeit/Leben entwirrt/abgewickelt (geheilt/überwunden) werden. Durch regelmäßige Beurteilung überwindet die Beobachterin die gewöhnliche Wahrnehmung, indem sie den aus ganzem Herzen kommenden Willen anwendet. Das wiederum führt zu Veränderungen des Bewusstseins, sodass mehrere hunderttausend Gedanken (Gewohnheiten/Ideen/Einschränkungen) das Feld leeren, während genauso viele andere daran gehindert werden, wie üblich Unordnung in den harmonischen Sitz der Aufmerksamkeit zu tragen.

2. Beide Seiten – unregulierte Gedanken und konzentrierte Aufmerksamkeit – können sich jahrelang gegenüberstehen und nach dem Sieg streben, aber die Realisierung des Einsseins kann auf einen Schlag entschieden werden, binnen eines einzigen Tages. Vor diesem Hintergrund bedeutet es Elend für das Ganze, nur deshalb nichts vom Wesen des gedanklichen Feindes wissen zu wollen, weil man unzufrieden ist (weil man Dualität verspürt).

3. Das wahre Ziel beziehungsweise die wahre Absicht des Krieges besteht darin, Frieden herbeizuführen – und das gilt ganz genauso für den Krieg im Kopf. Das durch Beobachten angestrebte Ziel ist, ein Ende der Konflikte auf dem Feld der Realität zu erreichen, das sich stattdessen als *echte Einheit* mit sämtlichen Phänomenen entfaltet. Wer in Ignoranz und Konflikt zur Welt (der gesamten Realität) handelt, ist weder ein Anführer noch eine Hilfe für die eigene innere Herrscherin (intuitives Selbst) noch eine Meisterin des Sieges.

4. Aus diesem Grund ist es *Vorherwissen,* durch das der weise Meister Sun und die weise Meisterin Sun in einen Zustand des Gleichmuts gelangen – in Übereinstimmung und Harmonie außerhalb der Reichweite des gewöhnlichen Bewusstseins.

5. Dieses Vorherwissen ist nicht mit einer Vorahnung vergleichbar und es kann auch nicht durch Erfahrung (oder intelligentes Denken) oder deduktives Berechnen abgeleitet werden.

6. Wissen um die *wahre* Natur der materiellen Welt (sich entfaltende Gedanken/Konzepte) lässt sich nur erlangen, indem man die *wahre* Natur der Realität *direkt* beobachtet und ganz genau erkennt, was sich entfaltet. Ohne Aggression und ohne eine Beobachterin, die von der Erfahrung der wahrgenommenen Dinge getrennt ist.

7. Aus diesem Grund müssen wir die *Zerbrechlichkeit verstehen. Das* Verständnis der Zerbrechlichkeit sämtlicher Materie/Phänomene entfaltet sich auf fünf Ebenen: *lokal; nach innen gerichtet; in der sich wandelnden Form; in Zerfall und Auslöschung beziehungsweise in dem, was übrig bleibt.*

8. Werden die fünf Stufen des Verstehens der Zerbrechlichkeit bei gewöhnlichen Phänomenen angewendet, enthüllt sich dir auf diesem Weg die wahre Natur der Dinge. Du gewinnst ein Verständnis oder vereinigst dich mit dem großen Mysterium, dem Lebensfaden, der in allem und *überall* existiert. Alles, was du beobachtest, bleibt ein klein wenig offen, wie eine Tür, die kurz vor dem Zufallen aufgehalten wird. Es bleibt eine Lücke, ein winziger Schlitz, ein klein wenig Raum, durch den man ungehindert hindurchschauen kann. *Du lernst: Was gefährlich erscheint, besitzt auch Zerbrechlichkeit und ist deshalb auch verletzlich.* Ebenso verändert es sich, und ebenso wird es vergehen und verfallen. Dieses Gewahrsein ist die wertvollste Fähigkeit des Selbst.

9. Wende das Verständnis der Zerbrechlichkeit auf dein lokales Umfeld an (beispielsweise deine alltäglichen Gedanken, Handlungen, Menschen, Orte, auf alles, was dir begegnet). Das ist der erste Schritt.

10. Wende das Wissen um die Zerbrechlichkeit auf dein Innenleben an (beispielsweise deine inneren Gedanken, inneren Wahrnehmungen, Gefühle, Sinne). Das ist der zweite Schritt.

11. Ob du nun die innere oder äußere Realität wahrnimmst – schrittweise wird das Verstehen von Zerbrechlichkeit seine Form verändern. Dein Verständnis der Welt wandelt sich; es erlaubt dir neue Freiheit und Meisterschaft, die sich als Sanftheit und sanftes Handeln entfaltet. Das ist der dritte Schritt.

12. Zu diesem Zweck enthüllt sich die materielle Welt der dualen Realität schließlich selbst und löst deine Sichtweise der Trennung auf. Das ist der vierte Schritt.

13. Im fünften Schritt schließlich ›überlebt‹ einzig die Vision einer vereinten, zerbrechlichen Welt. Du bist nicht länger von ihr getrennt, sondern nimmst sie als Ganzes wahr, weil du ihre wahre Natur als Einheit erkennst.

14. Innerhalb der gesamten Heerschar des Gewahrseins ist deshalb nichts wichtiger als das Verstehen der Zerbrechlichkeit. Die Fähigkeit, die Zerbrechlichkeit sämtlicher Dinge zu erkennen, ist deine größte Belohnung. Denn mit diesem Verständnis endet der Krieg, in den du geführt wurdest. Diese Fähigkeit erschafft und fördert scharfsinnige Sanftheit und Zärtlichkeit im Umgang mit der gesamten Existenz.

15. Zerbrechlichkeit kann nicht ohne ein gewisses Maß an Initiative, mentalem Scharfsinn und gutem Urteilsvermögen erkannt werden.

16. Ohne Wohlwollen (ein gutes Herz) und Geradlinigkeit (oder Einfachheit) kann sie nicht ordentlich gehandhabt werden.

17. Die Wahrheit dessen, was Zerbrechlichkeit kommuniziert oder enthüllt, lässt sich ohne subtilen Einfallsreichtum des Geistes nicht feststellen.

18. Sei subtil! Sei subtil! Nutze deine Fähigkeiten im Verstehen dafür, in jeder Art von Materie, in jeder Angelegenheit und in jeder Aktivität Zerbrechlichkeit zu erkennen.

19. Gelingt es dir nicht, die geheime Natur von etwas zu ›sehen‹, das durch Zerbrechlichkeit aufgedeckt wurde, wird das deine Bemühungen, eins mit dem Ganzen zu werden, zunichtemachen.

20. Ob wir es begreifen oder nicht – die Natur der Zerbrechlichkeit existiert sowohl in der Beobachterin als auch im Beobachteten und erschafft Empathie und Barmherzigkeit. Wir ›beobachten‹ dann mit entschlossener Treue *Güte und Sanftheit*, unsere neuen Oberbefehlshaber.

21. Erweitert sich unser Verständnis der Zerbrechlichkeit, müssen wir jede Möglichkeit nutzen, ›Unterschiede‹ und Urteile herauszulocken, bis unsere Aufmerksamkeit sanft in Gleichmut und Einheit gebettet ist. Die harsche, wettbewerbsgetriebene Welt verwandelt sich auf diese Weise in einen Ort gegenseitiger Harmonie; in eine Welt, die zudem sehr zerbrechlich ist. Diese Zerbrechlichkeit stellen wir immer in den Dienst ihrer Vervollkommnung, wenn wir den sanften Weg beschreiten.

22. Wenn du erkennst, dass sowohl du als auch das von dir Beobachtete zerbrechlich sind, kannst du damit beginnen, die Trennung zwischen Innen und Außen, die in Konflikt miteinander stehen, abzutragen. Endlich siehst und akzeptierst du, dass sie beide gleichermaßen zerbrechlich sind.

23. Mit dem Wissen um die Zerbrechlichkeit können wir eine separate, kriegerische Realität, die seit jeher unseren Blick auf die Welt in die falsche Richtung gelenkt hat, ›zerstören‹ oder auslöschen.

24. Wenn wir wissen, dass alles in dieser Welt zerbrechlich ist, können wir nicht länger ignorant oder nachlässig sein. Stattdessen bringen wir dem wahren Wesen der Dinge stets Aufmerksamkeit entgegen.

25. Wenn sich uns die Ebenen der Zerbrechlichkeit Schritt für Schritt offenbart haben, kennen wir am Ende das wahre Wesen

des ›Feindes der Gedanken‹ im Wahrnehmungsfeld. Dieses Wissen erlangen wir nur, indem wir unsere konkrete/unveränderliche Welt in eine zerbrechliche verwandeln. Aus diesem Grund musst du deine Fähigkeit, Zerbrechlichkeit zu verstehen, auf sämtliche Dinge anwenden.

26. In alten Zeiten sagte man: »Wasser trägt ein Boot sicher in den Hafen, aber ebenso kann es das Boot versenken.« Dasselbe gilt für die Zerbrechlichkeit: Sie trägt dich in das wahre Wesen der Dinge und verursacht zugleich ihre Zerstörung.

27. Aus diesem Grund sind es einzig die erleuchteten Herrscherinnen – Meister Sun –, die mit höchster Intelligenz die Zerbrechlichkeit in allen Dingen erkennen und auf diesem Weg Ganzheit, Harmonie, Einheit und Frieden in all ihren Reichen erlangen. Es steht geschrieben und es wird gesagt: Ein Krieg des Geistes ohne Verstehen der Zerbrechlichkeit ist wie ein Mensch ohne Ohren oder Augen.

SUN TSUS LEBENDIGE WEISHEIT INTERPRETIEREN

Beobachten wir das *wahre* Wesen der Realität – alles, was wir sehen und als ›die Welt‹ auffassen –, tut sich eine kleine Lücke auf, etwas Zwischenraum, durch den wir die Realität betrachten. Sun Tsu erklärt, dass sämtliche Phänomene diesen ›Zwischenraum‹ besitzen. Er ist wie ein Geheimgang; ein Weg, der in das jeweils andere Territorium hinein- und aus ihm hinausführt; ein Weg, wie ihn ein Spion benutzen würde. Und genau wie ein Spion oder eine Spionin schleichst du dich hinein und sammelst Erkenntnisse über die Schwachstellen eines Feindes. Nutze auch du diesen Schlitz, um die Zerbrechlichkeit des von dir Beobachteten zu sehen. Der

Zwischenraum kann beiderseitig genutzt werden – du kannst ›es‹ kennenlernen und ›es‹ kann dich kennenlernen.[42]

Es ist wie bei einer Tür, die kurz davorsteht, zuzufallen, daran aber gehindert wird. Anschaulich symbolisiert wird das durch die beiden kleinen Kreise (einer weiß, einer schwarz) im Yin-Yang-Symbol. Hier wird bildlich dargestellt, dass das eine immer auch etwas von dem anderen enthält. Sun Tsu sagt, wenn du wirklich das wahre Wesen einer Sache beobachtest, wirst du ihre Zerbrechlichkeit verstehen. Erkennst du sie in etwas, das außerhalb von dir steht, wirst du dir mit der Zeit bewusst, dass es bei dir dasselbe ist. Das zeigt, dass sämtliche Dinge miteinander verbunden sind.

Betrachtet eine Seite die andere oder nimmt sie wahr, dann sieht sie das Übliche und nimmt es für bare Münze. Diese Nebentür jedoch, diese Verwerfung des Bewusstseins, kann die Zerbrechlichkeit sämtlicher Dinge zeigen:

- Sticht dich eine Mücke, ist das aus deiner Sicht negativ oder aggressiv, aber ihre Bedürfnisse machen die Mücke zerbrechlich. Sie kann getötet werden oder ohne Nahrung bleiben, dennoch ist sie in ihrem natürlichen Zustand. Durch die offene Lücke können wir ihre Anstrengungen mit Empathie für ihre Zerbrechlichkeit erfahren.

- Auch jemand, der gegenüber einer anderen Person ein Verbre-

---

42 Hauptfokus oder zentraler Verwendungszweck dieser Kluft ist es, Zerbrechlichkeit zu erkennen. Dennoch sollte gesagt werden, dass das Beobachtete es auch dazu nutzen kann, seinerseits dich zu beobachten. Aus diesem Grund kannst du leicht zurückgezogen und entmachtet werden, wenn du in konzentrierte Aufmerksamkeit eintrittst. Alte Gedanken, Angewohnheiten, Ideen oder Menschen, die du entwurzelt, isoliert und überwunden glaubtest, können diese ›Kluft‹ öffnen, auf diesem Weg zurückkehren und deine Konzentration zunichtemachen. In diesem Wissen müssen die Schüler und Schülerinnen vom Sitz der konzentrierten Aufmerksamkeit aus dieses ›Tor‹ bewachen, ansonsten droht eine Invasion.

chen begeht, ist verwundbar. Nicht nur, weil er menschlich ist und eines Tages stirbt. Er ist verwundbar, weil er nicht über seine eigene Ignoranz hinwegsehen und verstehen kann, dass er mit allem verbunden ist, also auch mit demjenigen Menschen, dem er Schaden zugefügt hat.

- Ein Stück Müll wirkt schädlich für die Umwelt, aber auch dieser Abfall ist zerbrechlich und zerfällt. Genauso zerbrechlich ist die Person, die den Müll dort (absichtlich/unabsichtlich) hat liegen lassen, da sie nicht erkennt, wie alles mit allem verbunden ist.

- Geliebte Menschen oder auch Menschen, mit denen wir tagtäglich zu tun haben, können uns Schaden zufügen. Sie leben größtenteils so, wie es ihnen frühere Generationen beigebracht haben oder wie sie von der Gesellschaft konditioniert wurden. Das bedeutet, viele Menschen imitieren Dinge, die sie sehen, hören und lernen. So erschaffen sie eingefahrene Gewohnheiten oder Zyklen der Einschränkung immer wieder neu. Aber das macht sie nicht weniger zerbrechlich – denn auch sie verstehen nicht, dass sie immer dem Ganzen schaden, wenn sie einem kleinen Teil der Realität Schaden zufügen.

- Ein Vulkan ist zerbrechlich, denn er folgt seiner Natur auf die schönste Weise, dann hört er auf. Erst wenn wir ihn als Hindernis sehen, als Zerstörer, wird er zu unserem Feind und reißt uns aus dem Einklang, aus unserer Verbindung zu sämtlichen Dingen.

LEKTION 1 (1-7): ZERBRECHLICHKEIT VERSTEHEN

Sun Tsu erklärt: Wenn wir unser Wahrnehmungsfeld durchkämmen, um Zerbrechlichkeit zu ›sehen‹ oder zu erleben, so geschieht das auf fünf Ebenen. Haben wir unsere Gedanken weggebrannt beziehungsweise die Zyklen, die unser Wahrnehmungsfeld durchdringen, gewinnen wir diese neue Aussicht. Doch möglicherweise verharren wir weiterhin in Dualität und nehmen Veränderungen in Dingen als aggressiv und destruktiv wahr, obwohl sie es nicht sind. Stattdessen sollten wir den Frieden begrüßen, indem wir die Konflikte mit *allem* einstellen und beobachten, was sich wirklich entfaltet.

Dieses Vorherwissen darum, wie die Dinge sind, macht uns siegreich. Wir sind nicht länger von den Dingen getrennt, die wir wahrnehmen. Sobald wir bereit sind, die Zerbrechlichkeit zu verstehen, können wir dieses Verständnis in unserem Umfeld (lokal, nach innen und so weiter) anwenden. Tun wir das, verändert sich die Art und Weise, wie uns Form erscheint. Wir fällen weniger Urteile, wir sind geduldiger. Wir betrachten Situationen mit neuem Blick und mit mehr Empathie. Dinge brechen auf, wenn wir nicht länger mit der Welt, uns selbst oder anderen über Kreuz liegen. Während du in deiner Außenwelt Formen neu betrachtest, wirst du nach und nach auch die Verbindung nach innen herstellen, wenn die Formen sich stärker ändern und an Beständigkeit verlieren. (Der Grund dafür: Das Beobachtete weist dieselbe Zerbrechlichkeit auf wie die Beobachterin.)[43] Es kommt zu einem schrittweisen Aufbrechen. Vielleicht besuchst du jemanden, mit dem du dich sonst häufig streitest, und stellst fest, dass du es nicht mehr kannst, weil die Wahrheit der Zerbrechlichkeit zu stark ist. Das führt dazu, dass die Welt, wie du sie kanntest, zerfällt. Dann wirst du Einheit oder Gleichmut erleben.

Wenn du die Welt durch die Augen und mit dem Verständnis der Zerbrechlichkeit neu erlebst, bringen dich möglicherweise schon kleine Dinge zum Weinen, weil du ihre sanfte Schönheit erkennst. Aus diesem Grund sagt Sun Tsu: Wir müssen von dem

---

43 Selbstverständlich betrachtet die Beobachtende die innere Sonne (das Beobachtete) durch die ›Lücke‹ oder die ›offen stehende Tür‹ und erkennt ihr Abbild als Eins oder Ganzheit. In anderen Traditionen ist die Rede von einem Tunnel, den man wahrnimmt, wenn sich das ewige (dritte) Auge öffnet.

lernen, was wir beobachten. Das gilt insbesondere für Gedanken, die sich im Kreis drehen und den nächsten Augenblick regulieren und prägen. Sobald wir den Faden der Zerbrechlichkeit verstehen, der sich durch alles zieht, bekommt die ganze Welt eine neue Bedeutung – das Unveränderliche verändert sich, das Feindselige wird sanft, Gut und Böse existieren gleichzeitig nebeneinander in perfekter Ordnung und perfektem Gleichklang.

Wenn wir dann unsere eigene Zerbrechlichkeit enthüllen, wird uns bewusst, dass wir an all unserem eigenen Leiden und dem Leiden anderer mitgewirkt haben. Wir scheren aus der Heerschar der Ignoranz aus und betrachten die Welt mit sanften Augen. Wir sehen, wie einfach und zerbrechlich die Welt ist, und würden niemals etwas tun oder in Gang bringen wollen, das ihr Schaden zufügt.

LEKTION 2 (8-14): EMPATHIE UND SANFTMUT ENTWICKELN

Sun Tsu zeigt uns fünf Ebenen oder Veränderungen im Wahrnehmungsfeld, mit deren Hilfe wir die Zerbrechlichkeit in allem aufdecken können. Am Anfang steht die Erkenntnis, dass etwas, was du auf eine bestimmte Weise wahrnimmst, auch eine andere Seite hat. Wie einseitig auch immer du etwas einordnen magst – es enthält stets auch eine Spur von etwas ganz anderem, das du nicht siehst.

Probiere dies zunächst in deiner gewohnten lokalen/äußeren Realität aus und richte dich anschließend nach innen. Siehst du einen Menschen aus seiner eigenen Einschränkung heraus wütend agieren, wirst du deine eigene Einschränkung erkennen. Siehst du eine Person im Griff einer Gewohnheit, wirst du deine eigene Gewohnheit erkennen. Dieses Wissen ist unsere große Fähigkeit, sagt Sun Tsu. Was auch immer du betrachtest, du kannst den Faden der Zerbrechlichkeit finden und empathisch sein – denn du bist ganz genauso: *auf zerbrechliche Weise schön.*

Deine Erfahrungen führen dazu, dass das Gefühl der Dualität mit der Zeit schwächer wird und schließlich ganz zerfällt, genauso wie deine übliche Wahrnehmung der Realität. Du wirst ein Gefühl des Einssein und der Ganzheit erleben. Dieses wird sich zu einem Zustand entwickeln, bei dem dein Gefühl der Dualität, dein Getrenntsein vom Ganzen schwindet und ganz wegfällt. Es setzt neue Freiheit ein, die in einen *Weg der Gelassenheit* mündet.

Teresa von Ávila spricht von einem Zustand der Ruhe und Geräuschlosigkeit, sagt aber auch, dass du nicht schlagartig frei von ›Sünde‹ oder Störungen sein wirst, sondern dass sie nicht länger dieselbe Wirkung haben. Denn es gibt keine Furcht, keinen Gewinn aus Selbstsucht. Vielmehr erfüllt dich der dringende Wunsch, zu dienen und deine Pflichten voller Ehrfurcht und Hingabe zu erfüllen.[44]

Jede Bewegung, jede Handlung, jedes Wort, jeder Gedanke und die Art und Weise, wie wir agieren – wir verstehen, dass sie alles andere beeinflussen können. Und wenn wir die Zerbrechlichkeit in allen und allem verstehen, entwickeln wir eine Präsenz sanfter Güte – eine umfassende Fürsorge für alle Dinge.

Genauso gilt, dass wir nicht länger die Unterdrückten sind. Wir erkennen, dass uns diejenigen, die ihre eigene Zerbrechlichkeit nicht verstehen, nicht schaden können. Deshalb gibt es aus dem gesamten Arsenal der Werkzeuge, Lehren und Weisheiten Sun Tsus kein größeres Bestreben als das, Zerbrechlichkeit als das Wesen der Existenz zu erkennen.

LEKTION 3 (15-26): MIT NEUEN AUGEN SEHEN

Sun Tsu macht ganz deutlich: Zerbrechlichkeit kann erst hervortreten, wenn du »ein gewisses Maß an Initiative, mentalem Scharfsinn und gutem Urteilsvermögen« walten lässt. Wir haben Strategien

---

44 Teresa von Ávila, *Wohnungen der Inneren Burg*, Kapitel 2.

eingesetzt, die uns helfen, das Wesen unserer Gedanken zu verstehen und wir beobachten regelmäßig das Wahrnehmungsfeld. Insofern werden wir zweifelsohne einen neuen Blick auf unser Leben und unsere Umgebung entwickeln.

Unsere neuen Augen, unsere neue Sprechweise, unsere neuen Handlungen werden direkte Verlängerungen des Wohlwollens (Gutherzigkeit) und der Geradlinigkeit (Einfachheit) sein. Sie sind unangestrengte Sanftheit in jedem Augenblick unseres Lebens. Ohne diesen ›subtilen Einfallsreichtum‹ erkennen wir möglicherweise nicht, wie sich Zerbrechlichkeit ausdrückt oder enthüllt. Vielleicht sind wir immer noch zu sehr damit beschäftigt, die Dinge so zu beurteilen, wie wir es immer getan haben. Sun Tsu mahnt uns sanft: »Sei subtil! Sei subtil!« Das erinnert an Konfuzius, der erklärte, das Leben sei sehr einfach, wir aber sehr geschickt darin, es zu verkomplizieren.

Verstehen wir Zerbrechlichkeit in jedem Augenblick, in jeder Art von Materie, in jeder Angelegenheit und jeder Aktivität, erweitert sich der Faden und wir entdecken die »geheime Natur« der Dinge. Sie ist einfach, sanft, zerbrechlich; entfaltet sich unangestrengt und ist eins mit dem Ganzen. Fühlten wir uns bislang abgetrennt, als ein Selbst, das beobachtet, so erkennen wir nun: Zerbrechlichkeit existiert im Beobachter *und* im Beobachteten. Das bringt unsere Superkräfte hervor: leidenschaftliche Empathie und Barmherzigkeit.

Wir können uns fortan einzig der Sanftmut hingeben, um in Gemeinschaft und im Einklang mit anderen zu wandeln. Ganz natürlich werden wir uns ausweiten und unser Gefühl des Andersseins eliminieren. Aus unserer Schroffheit und unserem Konkurrenzdenken mit der Welt erwächst ein Pfad der Harmonie, während wir den sanften Weg beschreiten. Fortan wird alles unsere Lehrerin sein, vor der wir uns in Demut verneigen und der wir Dankbarkeit entgegenbringen.

Eine Folge des Einflusses der Zerbrechlichkeit besteht darin, dass wir nicht länger akzeptieren, andere zu ignorieren oder zu vernachlässigen – wir sehen das wahre Wesen der Dinge mit neuen Augen und dieses Wesen war und ist bis in alle Ewigkeit kooperativ. Sun Tsu sagt: »Ende und Ziel von Zerbrechlichkeit durch alle fünf Stufen hindurch ist das Wissen um das wahre Wesen des ›Feindes der Gedanken‹ im Wahrnehmungsfeld. Dieses Wissen erlangen wir nur, wenn wir unsere konkrete/unwandelbare Welt in eine zerbrechliche Welt verwandeln. Setze also in allen Angelegenheiten deine Fähigkeit ein, Zerbrechlichkeit wahrzunehmen.«

Sie wird unser Rettungsanker, unser Vergrößerungsglas, unser Weg.

Die Fähigkeit zu ›sehen‹ – unser großer Schatz – lässt uns zum allerersten Mal das wahre Wesen der Welt erkennen.

LEKTION 4 (27): FRIEDEN UND GANZHEIT ENTDECKEN

Die gesamte Botschaft, die in Sun Tsus Weisheit enthalten ist, findet sich in diesen kostbaren Worten:

»Aus diesem Grund sind es einzig die erleuchteten Herrscherinnen – Meister Sun –, die mit höchster Intelligenz die Zerbrechlichkeit in allen Dingen verstehen und auf diesem Weg Ganzheit, Harmonie, Einheit und Frieden in all ihren Reichen erlangen. Es steht geschrieben und es wird gesagt: Ein Krieg des Geistes ohne Verstehen der Zerbrechlichkeit ist wie ein Mensch ohne Ohren oder Augen.«

Die Zerbrechlichkeit aller Dinge zu verstehen, ist die *allerhöchste Intelligenz.* Eine simple und lehrreiche Wahrheit. Wir erkennen klar und deutlich, dass die Person, die uns diese Weisheit lehrt, sie selbst gelebt und ihre Notwendigkeit erkannt hat, während extern ein großer Krieg tobte (ausgelöst von inneren Kriegen). Wir sehen auch, welche Auswirkung es haben könnte, wenn ein Soldat im Kampf mit einem anderen Soldaten die Zerbrechlichkeit seines Gegenübers sieht und erkennt, dass er mit dem anderen verbunden ist. Vielleicht war das bei vielen der Fall, zumindest würde ich das gerne glauben.

Endlich können wir verstehen, dass alle Menschen wie einzelne Soldaten leben – Soldaten im Kampf mit anderen Soldaten; im ständigen und endlosen Krieg auf dem Schlachtfeld in unserem Kopf. Entscheide dich für den Weg, der den Krieg jetzt beendet.

MITHILFE VON ZERBRECHLICHKEIT DEN PFAD ZU FRIEDEN UND GANZHEIT LEBEN

Hast du jemals Leid erlebt? Falls ja, wüsstest du das gewiss, denn es gibt so viele – große und kleine – Augenblicke, in denen man Zeuge des Leids in der Welt werden kann. Wenn es dir möglich ist, geh in die Vergangenheit zurück (möglicherweise erlebst du ja auch im Hier und Jetzt Leid), zu einem Augenblick, in dem du Zeuge wurdest, wie ein anderer Mensch (oder ein Lebewesen) gelitten hat. Wie sah das aus, welche Gefühle hat das in dir geweckt? Was kannst du daraus lernen?

Wenn du Leid beobachtest, begreifst du die Essenz der Zerbrechlichkeit, die in uns allen steckt. So können wir beispielsweise jemanden mit einer Krankheit ansehen und glauben, wir hätten Zerbrechlichkeit in ihrer Gesamtheit erfasst, doch hier ist es einfach sehr offensichtlich. Trotzdem ist es ein Anfang und hilft uns zu verstehen, dass in unserer Welt alles zerbrechlich ist. So können wir unsere eigene Zerbrechlichkeit verstehen und im nächsten Schritt damit anfangen, unsere Ansichten über andere und die Welt so weit umzuwandeln, dass wir unser Gefühl von Trennung verlieren.

Meisterin Sun zu sein bedeutet, dieses gemeinsame Band zu erkennen, das wir mit allen Dingen teilen.

Der sanfte Pfad zu Frieden und Ganzheit ist sehr einfach, enthält aber einen wichtigen Bestandteil, von dem viel abhängt: Selbstverantwortung. Du musst die Arbeit erledigen und den Weg bis zum Ende gehen. Sun Tsu sagt deutlich, dass man in einem einzigen Augenblick den Wandel von Trennung zu Ganzheit vollziehen kann; und dass dieser Wandel ›innerhalb eines Tages entschieden‹ sein kann oder ›mit einem Wimpernschlag‹ – wie in dem religiösen Lied »I'll fly away«. Ist es wirklich so schwierig, Ganzheit wahrzunehmen? Nein, aber es bedarf der eigenen Anstrengung, verantwortungsvoll zu erkennen, wie wir alle an unserem eigenen und dem Leid anderer mitwirken.

Willst du morgen aufstehen und Ganzheit erleben, beginnst du am besten heute damit, bei dir selbst und nicht bei jemand anderem anzufangen. Viele streben blind oder überhastet danach, anderen zu helfen und sie auf die richtige Spur zu führen. Doch um Wandel in der Welt herbeizuführen, muss man sich die Zeit nehmen, zunächst sich selbst zu ändern und den eigenen Kreislauf der Unordnung zu erkennen, der eine lange Geschichte des Konflikts fortschreibt. Sei die demütige Studentin, erfüllt von Hingabe an andere, während du bereitwillig beobachtest, wie du handelst und denkst. Nimm dies als Art zu leben und als lebenslange Reise an. Auf diese Weise können wir anderen sanft begegnen und einen Kreis der Zusammenarbeit bilden.

Gelingt es uns, zu einem Meister Sun oder einer Meisterin Sun zu werden, und gelingt es der nächsten Person ebenfalls und dann der übernächsten, können wir eine Kette aus Sonnen bilden und wie ein Juwelencollier rund um den Globus (und darüber hinaus) Liebe, Licht und vor allem das Wahrnehmungsfeld unserer gemeinsamen Realität ausstrahlen. Wenn wir frei wachsen können, treten wir mit unserem eigenen Schatz in den globalen Strom ein. So machen wir Frieden, Einigkeit, Kooperation, bedingungslose Liebe und Harmonie zum notwendigen Normalzustand. Dank unseres freien Willens können wir entscheiden, welche Wirkungen wir erzeugen; und ob es uns nun gefällt oder nicht: Unsere unregulierten Gedanken, die sich an Sorgen klammern, an Ängste, Zweifel, Aberglauben, Unterschiede und Dualität, bereiten künftigen Kriegen den Weg – selbst wenn es scheint, als handelten wir anderen gegenüber sanft und großzügig.

Aber das können wir im *nächsten sich entfaltenden Augenblick* ändern.

Sun Tsus Pfad zu Frieden und Ganzheit ist ein Aufruf: Denk heute darüber nach, mit welchen sanften Schritten du in die Zukunft gehen möchtest. Das neue Motto lautet: Hinterlasse keine Spur aus rastlosen Gedanken!

Wir leisten alle unseren Beitrag; und nun wissen wir, wie wir einen Unterschied bewirken können. Stell dir nur vor, was es für Auswirkungen hätte, wenn alle an ihren eigenen Lichtsträngen arbeiteten, an ihren eigenen Ideen und Gedanken; wenn wir so nicht länger die ewig gleichen Kreisläufe der Angst fortführen würden, sondern einen unverfälschten energetischen Frieden aufblühen ließen! Er ist in Wirklichkeit schon hier und geschieht bereits – und so war es schon immer.

Wirklich.

In der Welt gibt es mehr Frieden und Sanftheit als das Gegenteil. Im Grunde entscheiden wir in jedem einzelnen Moment, ob Krieg sein soll oder Frieden. Du musst hinsehen und es erkennen, anstatt eine hilflose, begrenzte Betrachtungsweise als dauerhafte Realität zu akzeptieren. Und wenn du es für richtig hältst, dann entscheide dich dafür. Wir wählen, wo und auf was wir uns fokussieren, und wir können jede Situation verändern. Alles beginnt damit, dass wir die Zerbrechlichkeit anerkennen, die allem zugrunde liegt.

Wenn du das verstehst, verliert alles, was bislang feindselig oder schrecklich war, seine Macht.

Einssein oder Ganzheit, unsere natürliche Evolution der bewussten Einheit: Das ist die Erkenntnis, dass selbst die furchtbarsten Dinge und Menschen zerbrechlich sind. In dem langen, juwelenbesetzten Strang finden alle ihren Platz. Auch die Person dort drüben, die für Unruhe sorgt, ist nicht ausgeschlossen. Auch für sie gilt: Es gibt nichts, was nicht zerbrechlich ist. Wenn du das erkennst, setzt ein Geben und Nehmen ein, ein Austausch, bis du nur noch einen einzigen Strang siehst, der sich durch alles Leben hindurchzieht. Er weckt überwältigendes Mitgefühl in dir und eine Umkehr wird unmöglich. Das ist nicht besonders oder heilig. An den meisten Tagen wirst du weiterhin ein ganz gewöhnlicher Mensch sein. Aber du wirst dich nicht länger separiert oder isoliert fühlen.

Frieden ist im nächsten Augenblick möglich, im nächsten Gedanken, in der nächsten Handlung, im nächsten Lächeln, das du jemandem schenkst, anstatt ihm mit Hass zu begegnen. Vielleicht erkennst du schon im nächsten Moment, dass in dir und allen anderen Zerbrechlichkeit existiert – und du umarmst die ganze Welt. Du wirst weiterhin Schwierigkeiten haben, du wirst zur Arbeit gehen und essen, du wirst unter Menschen gehen; aber das alles wirst du in einem anderen Licht sehen, wenn du erkennst, wie dein Handeln in jedem Bereich anderen (und Tieren und der Umwelt) Leid zufügen könnte.

Du wirst nicht länger an dich selbst denken, sondern an das Ganze.

Jede Handlung, jeder deiner Gedanken kann sich auf jemanden auswirken. Du willst nie wieder achtlos sein – tatsächlich wirst du all dein Streben darauf ausrichten, dass niemand leidet. Denn du weißt intuitiv, dass dann das Ganze leidet. Wandel wird kommen. Du wirst aufmerksam in die Welt hinausziehen und die Bedürfnisse anderer erahnen. Du wirst aus ganzem Herzen in alle Richtungen geben und dienen mit einem Gefühl der Zusammenarbeit und Hingabe, das in unserer Welt stets allgegenwärtig ist.

Es lebt und es wächst. Erkenne das und setze es in sanftes Tun um.

Wir alle verfügen über eine innere Sonne, die die versteckte Zerbrechlichkeit in unseren größten ›Feinden‹ erkennt. Sie waren und werden stets eins mit uns sein. Setze den sanften Krieger frei. Sammle deinen aus ganzem Herzen kommenden Willen, plane zu ›sehen‹, beobachte deinen Geist objektiv. Verstehe, was es dich und andere kostet, wenn er ungeordnet, ungeduldig und ohne Einheit ist. Verfolge verantwortungsvoll Strategien, um dein eigenes Wesen zu kalkulieren (und lass andere dasselbe ohne dein Mitwirken tun). Verwurzele deine Konzentration und beginne zu verstehen, wie deine Wahrnehmung dich zu deinen Ansichten und einschränkenden Sichtweisen geführt hat. Etabliere die kalkulierte Achtsamkeit. Wisse, in welchen Variationen sich Gedanken und Ideen auf dem Wahrnehmungsfeld präsentieren. Konzentriere dich und lass zu, dass sich dein Bewusstsein ausweitet.

Gib nicht auf, zieh dich nicht zurück.

Glaub niemals, du hättest genug getan.

Hör erst dann auf, an deinen Taten, Gedanken und Emotionen zu arbeiten, wenn du die Essenz der Zerbrechlichkeit ›kennst‹. Ohne sie bist du im Grunde blind und kannst die Ganzheit nicht mit ihrem vollen Potenzial und all ihren Möglichkeiten verstehen.

Auf diese Weise lassen wir unsere innere Sonne scheinen. Entfalten wir uns als Meisterin Sun.

Den Krieg zur Befreiung des Geistes – zur Befreiung der Welt – gewinnt man mit Sanftheit. Möge der sanfte Weg deine Schritte leiten.

Mögest du siegreich sein.

DER DREIZEHNTE SCHRITT AUF DEM VERBORGENEN PFAD ZU FRIEDEN UND GANZHEIT

1. Wende den verborgenen Pfad zu Frieden und Ganzheit so an, wie es dir zum jetzigen Zeitpunkt am besten geeignet erscheint, mit dem Verstehen von Zerbrechlichkeit zu beginnen.

2. Suche in jedem Augenblick Möglichkeiten, selbst die harschesten Menschen oder Umstände gegenteilig wahrzunehmen und unter der Oberfläche ihre zerbrechliche Natur zu verstehen. Beobachte, wie sich dein Geist bei Menschen sperrt, die du nicht magst; oder bei Situationen, die nicht oder nur schwer aufzulösen sind. Entdecke den ›Zwischenraum‹, die kleine Lücke, die für dich offen geblieben ist, damit du mit sanftem Blick hindurchschauen kannst.

3. Achte den Tag über auf Augenblicke, in denen du die Zerbrechlichkeit nicht erkennst, sondern aus Gewohnheit oder getrieben von schlechten Ideen handelst – oder blind der Konsensmeinung hinterherläufst. Such dir eine Person oder Situation aus, die Schwierigkeiten bereitet, und beobachte deine Gedanken unter dem Aspekt, Zerbrechlichkeit zu verstehen. (Wenn es hilft, mach dir Notizen.) Untersuche und befreie dich. Entdecke in den schwierigsten Situationen und Personen Sanftheit. Drehe das Ganze dann um und biete dir selbst Sanftheit an. Bemerke die Zerbrechlichkeit in deinen eigenen Defiziten und sei stattdessen empathisch.

Zerbrechlichkeit verstehen ist der dreizehnte Schritt auf dem verborgenen Pfad zu Frieden und Ganzheit. Je besser du die Zerbrechlichkeit in sämtlichen Dingen erkennst, desto größer ist die

Wahrscheinlichkeit, dass sich deine Wahrnehmung von Trennung entfaltet und die Ganzheit enthüllt. Lass zu, dass sich deine innere Sonne weit öffnet und bedingungslose Liebe für sämtliche Wesen und Dinge umfasst.

Mögest du behutsam auf dem sanften Weg zum Sieg über dich selbst wandeln!

Denkanstöße: Zerbrechlichkeit verstehen

»Vorherwissen erlaubt es dem weisen Meister Sun und der weisen Meisterin Sun, in einen Zustand des Gleichmuts zu gelangen, der Übereinstimmung und der Harmonie außerhalb der Reichweite des gewöhnlichen Bewusstseins.« – Kapitel 13

1. Beginnen wir damit, unsere Denkweise zu verändern, setzen wir den Gedankenströmen damit im Wesentlichen ein Ende. Wähle einen Gedankenstrom aus, der sehr stark ist, und schreibe darüber. Was würdest du vorhersagen: Welche künftigen Gedanken wären eliminiert, solltest du diesen Gedankenstrang vollständig entwurzeln? Wie könnte sich dein Leben ändern?

2. Dualität und Unzufriedenheit halten uns davon ab, unser Einssein mit anderen beziehungsweise unsere Ganzheit zu erkennen. Können sie sich wirklich innerhalb eines Tages in Luft auflösen? Was glaubst du, warum es üblicherweise länger dauert? Wie hindern dich geistige Muster, die Trennung herbeiführen, Ganzheit zu erfahren?

3. Wie kann dein *Vorherwissen* um Zerbrechlichkeit dich dabei unterstützen, ewig währenden Frieden mit anderen und deiner Welt herbeizuführen?

4. Teile deine Ideen zum Thema Zerbrechlichkeit. Was bedeutet sie, wie hast du sie beobachtet (oder nicht beobachtet)? Wie kann sie dir helfen, das *wahre* Wesen der Realität unmittelbar zu beobachten?

5. Welche der fünf Stufen der Zerbrechlichkeit hast du erlebt? Wo hast du davon profitiert, Zerbrechlichkeit zu erkennen?

6. Hast du jemals Leid erfahren? Wie sah das aus, welche Gefühle weckt das in dir? Was kannst du daraus lernen?

7. Sun Tsu sagt: »Zerbrechlichkeit kann nicht ohne ein gewisses Maß an Initiative, mentalem Scharfsinn und gutem Urteilsvermögen zutage treten.« Wie hast du deine Intuition eingesetzt, um in deinem Leben für weniger Separation zu sorgen?

8. »Sei subtil! Sei subtil!«, werden wir aufgefordert. Wie neigst du dazu, etwas zu tun, ohne dabei zwingend zu bemerken, ob es sich nicht doch um dein übliches Vorgehen handelt – immer noch harsch, nicht sehr sanft? Welche Strategien kannst du anwenden, um dich zu regulieren und zu kontrollieren?

9. Schildere einen Fall, bei dem du sowohl bei dir als auch bei dem von dir Beobachteten Zerbrechlichkeit entdeckt hast – oder tatsächlich entdeckt hast, dass ihr beide in Wirklichkeit sehr ähnlich oder sogar gleich seid? Und das vielleicht ganz im Gegensatz zu einer lang gehegten Meinung?

10. In welchen Bereichen deines Lebens förderst du aktiv unvoreingenommene Einheit, Harmonie, Frieden und Perfektion? (Beispielsweise beim Kochen, bei deinen Hobbys, beim Gehen, bei der globalen Gemeinschaft.)

11. In welchen Bereichen kannst du weiterhin aktiv unvoreingenommene Einheit, Harmonie, Frieden und Perfektion fördern?

12. Nachdem du die Reise mit Sun Tsu absolviert hast, was wirst du als Erstes auf dem verborgenen Pfad zu Frieden und Ganzheit unternehmen?

DEIN INNERER PFAD ZU FRIEDEN UND GANZHEIT

Die Lehrerin ist in dir – aber wie entdecken wir, was verborgen ist?

Sun Tsus vollständiger Pfad zu Frieden und Ganzheit dient dir als Anleitung, deine eigene verborgene Wahrheit aufzudecken, deine verborgene Kriegerin. Denn um dich selbst zu bezwingen und dir zu vertrauen, benötigst du das Herz und den Geist einer Kriegerin. Nur so wirst du deine höchste Wahrheit ›hören‹ und ›verstehen‹. Wir müssen uns aktiv dafür entscheiden. Wir müssen willens sein, es mit uns selbst aufzunehmen und zu erledigen, was zu erledigen ist. Du kannst hier und jetzt entscheiden, in welche Richtung du gehen willst: Willst du weiter Krieg gegen dich selbst führen oder bist du das Kämpfen endgültig leid und beschließt, dem ein Ende zu bereiten? Alles, was du für den Anfang brauchst, ist ein kleiner Schritt, eine Verpflichtung.

Um dir auf deinem Weg zu helfen, gebe ich dir zwölf praktische Ratschläge, wie du die Lehren auf deinem verborgenen Pfad zu Frieden und Ganzheit anwenden kannst. Diese Übungen sollen die Lehren Sun Tsus nicht überschatten, sondern zeigen, welche Ressourcen uns jeden Tag zur Verfügung stehen und uns dabei unterstützen können, konzentriert und aufmerksam aufzutreten, zu wachsen und unsere Wahrnehmung vom Leben und der Welt um uns herum zu erweitern. Sind wir aktiv und arbeiten mit neuen

Pfaden und Ideen, nimmt die Wahrscheinlichkeit zu, dass wir Veränderungen einleiten, dass wir fest verwurzelte Wahrnehmungen hinterfragen und dass wir Ganzheit und Einheit sehen, wo wir zuvor möglicherweise nur Unordnung, Trennung und Schwierigkeiten wahrgenommen haben. Am wichtigsten dabei ist: Wir sind es, die den nächsten Augenblick kontrollieren. Und setzen wir eine dieser Praktiken oder alle um, erschaffen wir Harmonie in unserem Leben und rund um unser Leben.

1. MACHE JEDEN TAG ZU EINEM SUN-TSU-TAG

Lege einen Tag der Einsamkeit fest. Geh ohne Lärm. Erschaffe dir einen Tag, an dem du nicht gebunden bist, nicht zur Verfügung stehst und nach Belieben über deine Zeit und dich verfügen kannst. Gewähre dir den Freiraum, über dein Leben nachzudenken, deine Träume zu formulieren und auf deine Intuition zu hören. Du könntest deinen Sun-Tag mit einer förmlichen Meditation beginnen, gefolgt von drei bis sechs Stunden Ruhe und Konzentration, in denen du deine innere Sonne erweckst. Vielleicht suchst du aber auch in der Natur nach Ruhe.

Sei nicht beschäftigt und dennoch hingebungsvoll entschlossen, dich selbst, den Tag und andere zu lieben. In der Einsamkeit können wir entspannen, den Akku neu aufladen und uns erneuern. Sie schenkt uns heilige Zeit, unseren Kern auf Harmonie und Einheit zu zentrieren. Lass zu, dass dein aus ganzem Herzen kommender Wille und deine Intuition dich durch den Tag führen. Sei offen und erfahre, wie es ist, der eigenen Quelle zu vertrauen. Finde Wege, den gewonnenen Frieden mit in die Woche zu nehmen. Unterstütze deine Anstrengungen dadurch, dass du jeden Abend zu einer bestimmten Zeit die Welt und all deine technischen Geräte ausschaltest.

Schon bald wird jeder Tag ein Sun-Tag sein!

2. LEGE EIN JOURNAL FÜR DEINE GEDANKEN AN

Beginne damit, deinen Tag mit dem Führen eines Tagebuchs zu starten und zu beenden. Jeder Tag eröffnet uns unzählige Möglichkeiten, etwas zu erschaffen, seien es Träume oder eine neue Zukunft. Und dennoch vergehen manchmal Stunden, Tage oder Wochen; und wie sehr wir uns auch vornehmen, uns Freiräume zu erschaffen, stellen wir fest, dass wir von unseren Zielen abgekommen sind.

Nimm dir vor, Journal zu führen, um auf diese Weise über deinen Lebensweg zu sinnieren. So zapfen wir nicht nur unsere großzügige Intuition an, sondern erschaffen auch Raum, innezuhalten und uns ausführlicher mit den Grenzen zu befassen, die wir überwinden wollen. Gewöhne dir an, jeden Tag in dein Journal zu schreiben – morgens, bevor du zur Arbeit oder anderen Aufgaben aufbrichst, und abends, nachdem du die Welt ausgeschaltet hast. Lass den jeweiligen Tag Revue passieren und schmiede Pläne für den nächsten.

Nimm dir vor, täglich mit dem Journal zu arbeiten. Du wirst erleben, wie sich deine Konzentration vertieft und sich deine Intuition entfaltet, insbesondere auf lange Sicht. Nutze dein Journal dafür, die Fragen in diesem Buch zu beantworten und über deine Rückschläge und deine Erfolge nachzudenken. Mithilfe des Tagebuchs erlangst du Zugang zu deiner inneren Lehrerin und erfährst mehr über dich, während du auf Sun Tsus verborgenem Pfad zu Frieden und Ganzheit voranschreitest.

3. LASS KEINE GEDANKENSPUREN ZURÜCK

Beginne, dich mit sanften Händen und Füßen in der Welt zu bewegen. Registriere, wenn du schweren Schrittes durch die Welt stampfst, laut sprichst und Knall auf Fall über deine Umwelt hereinbrichst. Achte auf die Menschen um dich herum. Jede Handlung hinterlässt einen energetischen Abdruck im Wahrnehmungsfeld, das andere um dich herum spüren, bewusst oder unbewusst. Ganz simpel gesagt: Denk an eine Zeit, als es dir nicht gut ging und dir jemand einen Teller Suppe oder eine Tasse Tee zubereitet hat. Die Person hat ihre Schwingungen der Liebe, Ordnung und Harmonie auf die Suppe übertragen, von wo aus sie auf dich übergingen und dir ein behagliches Gefühl schenkten. Wäre die Suppe oder der Tee widerwillig oder nur nebenbei auf die Schnelle zubereitet worden, hättest du auch das registriert.

Achte jeden Tag darauf, mit sanften Handlungen in der Welt aufzutreten, und zwar so sehr, dass du nicht einmal einen einzelnen entwischten Gedanken hinter dir zurücklässt. Wenn du gehst, achte darauf, *wo* du auftrittst und auf *was* du trittst – du kannst dir sogar der winzigsten Ameise bewusst werden und vermeiden, auf sie zu treten! Wenn du es eilig hast oder andere in deiner Nähe hetzen, achte darauf, wie diese Bewegungen dazu beitragen, dass andere gestört werden. Ändere das. Unser ganzes Tun sollte von Rücksicht auf andere geprägt sein. Schon bald erkennen wir, wie harsch wir gewesen sind, und können unangestrengt leben, ohne dabei auf unserem Weg auch nur eine einzige entwischte Emotion zurückzulassen.

4. DECK DEN TISCH

Nimm dir jeden Tag die Zeit, einer anderen Person oder einem anderen Lebewesen in irgendeiner Form ›den Tisch zu decken‹ – das kann ein selbstloses Gebet für Weltfrieden sein, es kann aber auch bedeuten, dass du deine Zeit, deinen Geist oder dein Ohr anbietest. Es kann darin bestehen, dass du alles Getier befreist, was sich hinter dem Fenstergitter verfangen hat; oder darin, dass du Mitmenschen Gedichte vorliest. Es können monatliche Abendessen für deine Familie sein oder für Mitmenschen in Not. Halte inne und lass dich zu denen führen, denen es am meisten helfen würde, oder zu dem, was am meisten bewirken würde.

Wenn wir täglich ›den Tisch decken‹, schaffen wir Platz für andere, und zwar mit Exzellenz und Sorgfalt. Wir machen ein Angebot, bei dem jeder Teller und jede Serviette am rechten Platz liegt und jeder Stuhl genau richtig steht. Konzentration fließt, wenn wir etwas (im Rahmen einer Aufgabe für andere) vorbereiten. So erreichen wir ein höheres Maß an Aufmerksamkeit und können dafür sorgen, dass alles perfekt und harmonisch ist.

Auf diese Weise können die Empfänger und Empfängerinnen unserer Gabe die Güte und das Wunder fühlen und erfahren, die wir während des Herstellungsprozesses heraufbeschworen haben. Sie erfahren im Grunde Einheit, manchmal zum allerersten Mal. Als Antrieb für wahre Liebe (Wohlwollen) fungieren Hingabe und die Begeisterung, andere glücklich zu machen. Überlege dir innovative Wege, all jenen, mit denen du in Kontakt kommst, ›den Tisch zu decken‹ – deiner Familie, deinem Freundeskreis, den Kollegen und Kolleginnen. Weite den Kreis schrittweise aus, damit auch Fremde dazugehören. Öffne den Kreis so weit, dass alle Lebewesen darin Platz finden!

5. LEBE DAS LEBEN, DAS DU DIR ERTRÄUMT HAST

Folge deiner natürlichen Weisheit, entfalte dich aus deiner Intuition heraus so, dass du – *genau jetzt* – deine Träume und deine Ziele lebst, also die Dinge, die zu dir kommen, um zu beeinflussen oder zu erschaffen. Tragen wir mit unserer Kunst und unserer lebendigen Weisheit zum Wesen der Welt bei, zur sichtbaren wie zur unsichtbaren, leben wir bedeutsam und setzen uns mit unserer Schönheit auseinander, während wir sie gleichzeitig selbstlos anderen anbieten. Häufig begegnen wir Menschen, die ihren Traum verwirklichen – und glauben, dass dies für uns nicht möglich ist, keinen Sinn ergibt, zu schwierig ist oder unser Leben grundsätzlich keinen Wert hat.

Aber selbst ein Lied, das scheinbar ohne Publikum, aber mit ganzem Herzen gesungen wird, sendet Schwingungen aus, die von anderen, bewusst oder unbewusst, gefühlt werden können. Es trägt bei zu mehr Freude in der Welt. Auf diese Weise kannst du dein Leben als Anlaufstelle des Lichts leben. Baue oder erfinde Dinge oder was dich sonst interessiert, aber tue es mit konzentrierter Aufmerksamkeit. Dein Wille und deine Intuition werden Hand in Hand arbeiten und diese Erfahrung fließt in alles ein, was du tust.

6. BEDÜRFNISSE STILLEN

Egal, wo du bist auf der Welt, es wird immer ein Bedürfnis geben, das sich durch deinen Beitrag aus der Welt schaffen lässt. Häufig haben wir vielleicht gar nicht das Gefühl, diejenigen zu sein, die es befriedigt haben, oder dass es jemand anderes tun wird. Gib dir selbst die Erlaubnis, Bedürfnisse zu befriedigen. Achte aktiv auf Bedürfnisse in deiner Umwelt, die durch eine Veränderung gestillt werden könnten. Warte nicht. Tu, was du kannst, und sei offen dafür, andere einzubeziehen.

Frag dich, was du heute für einen kleinen Beitrag leisten kannst, der morgen eine große Veränderung herbeiführen könnte. Denk über kleine, machbare und *jetzt sofort* umsetzbare Dinge nach.

Es könnte sich um ein Bedürfnis irgendwo in deinem Haushalt handeln, in deiner Nachbarschaft, deiner Gemeinde oder in der Welt insgesamt. Eine kleine Anstrengung heute kann und wird morgen eine große Veränderung bewirken. Wenn wir uns ein wenig bemühen, beginnen wir zu verstehen, wie die Welt, die doch zumeist so starr und unveränderlich erscheint, verändert werden kann und wie wir sie durch unsere Aufmerksamkeit, Freude und sanfte Fürsorge beeinflussen und verwandeln können.

7. DEN EIGENEN STAMMBAUM ZURÜCKGEWINNEN UND NEU GESTALTEN

Zu Ehren des *neuen* Pfads, den wir einschlagen, können wir die lange Abfolge von Fußabdrücken, die unsere Vorfahren hinterlassen haben, einsammeln. Sie bestehen aus energetischen Schwingungen, erzeugt durch Emotionen. Ehre das Gute deines Stammbaums und hole dir die angestammte Vergangenheit zurück. Hass, Krieg, Leid, Gewalt und Verletzungen haben Spuren hinterlassen, gestalte den Stammbaum nunmehr mit Liebe, Harmonie, Einheit, Verzeihen und Frieden. Auf diese Weise kann in der kollektiven Vergangenheit ein Heilprozess einsetzen, der die Erde von den ›schweren‹ Schwingungen befreit, die sie bis heute durchziehen.

Denke nach über die Geschichte deiner Familie, darüber, welche Kriege sie wohl ausgefochten haben, welches Leid und welche Not sie möglicherweise erlebt und/oder verursacht haben. Hol dir diese Vergangenheit im Namen von Liebe und Verzeihen zurück. *Gestalte sie neu.* Das bedeutet, sie einzuschmelzen und ihr eine andere Form zu geben. Erkenne im Namen all deiner Vorfahren die Vergangenheit an und gestalte sie mit ewig neuer Freude um. Schreite bewusst weiter in die Zukunft, in Verbundenheit und Liebe – die im nächsten sich entfaltenden Augenblick Einheit mit sämtlichen Menschen herbeiführen können.

Ehre alte Traditionen, indem du sie sicher und verantwortungsvoll auf die heutige Welt überträgst (alte Rezepte beispielsweise lassen sich so umformulieren, dass sie nicht mehr in das Leben von Tieren eingreifen oder ohne andere schädliche Praktiken auskommen). Je öfter wir diesen Prozess wiederholen und je mehr Energie freigesetzt wird, desto häufiger wirst du überall auf der Welt Wiedergeburt und Verjüngung erleben.

8. BRING BALANCE IN DEINEN LEBENSRAUM

Wenden wir Zeit dafür auf, unseren Lebensraum auszugleichen, können wir eingefahrene Denkweisen über uns selbst und andere aufbrechen. Beginne damit, dass du deinen Lebensraum (beispielsweise dein Zuhause, deinen Arbeitsplatz oder dein Auto) friedlich organisierst. Spende nützliche Dinge, die nicht benötigt werden. Trenne dich von Dingen aus deiner Vergangenheit, mit denen du energetisch verbunden bist und an denen du festhältst. Befreist du dich von der Vergangenheit, schaffst du mehr Raum für ein neues Du. Außerdem wird die mit diesen Gegenständen verbundene Energie freigegeben, und du wirst über mehr Energie für neue Projekte verfügen.

Sei effizient und ordentlich. Ist dein Lebensumfeld das reinste Chaos, spiegelt dies dein Innenleben wider. Nimm dir Zeit, Unordnung zu beseitigen und Ordnung herzustellen. Dies wird sich auf deine Konzentration und deinen Fokus auswirken. Minimiere und vereinfache das Übriggebliebene. Ist dein unmittelbares Umfeld in Ordnung, beginne damit, einen Blick in die Welt um dich herum zu werfen – deine Nachbarschaft, deine Straße, Parks und so weiter; Orte, die regelmäßig mit Müll übersät sind.

Indem du Zeit darauf verwendest, dich um diese Bereiche zu kümmern, konzentrierst du dich auf diese Angelegenheit und kannst die Arbeit mit Schwingungen der Liebe und Harmonie durchsetzen. Doch Vorsicht: Beim Müllsammeln könntest du leicht beginnen, die Menschen zu beurteilen, die den Abfall dort absichtlich oder unabsichtlich haben liegen lassen. Sei sanft und liebevoll und verbreite Verständnis, wenn du Flächen von Müll befreist. Im Laufe der Monate oder Jahre wirst du diese Flächen mit deiner Liebe durchsetzen und der Müll wird sich auf natürliche Weise reduzieren.

9. LEG EINE WIESE AN

Eine Wiese anzulegen trägt nicht nur Schönheit in dein Leben und aller, die sie sehen. Das Ganze bringt darüber hinaus viele weitere Vorteile mit sich. Wir erschaffen eine Beziehung zur Erde und lernen, auf neue, besondere Weise mit ihren Elementen, dem Boden, den Pflanzen und den Tieren, zu kommunizieren. Während wir unsere Wiese heranwachsen sehen, empfinden wir Wertschätzung für die Ressourcen, über die die Erde verfügt. Wir verstehen, wie wichtig es ist, lokal und global am Erhalt des Ökosystems zu arbeiten.

Ob wir es uns bewusst machen oder nicht: Während wir uns um unsere Wiese kümmern, verstärken wir zugleich durch die körperliche Aktivität unsere Energieschwingungen, was uns wiederum Ruhe und Gelassenheit schenken kann. Und dadurch geraten wir noch stärker in Einklang mit unserer Umwelt. Durch das Gärtnern werden wir Teil des Rhythmus und der Harmonie der Natur und finden unseren Fluss. Es ist egal, ob es ein großes oder kleines Stück Land ist, auf dem du eine Wiese anlegst – es wird stets genügend Platz für dich geben, deine erstaunliche Kreativität anzuzapfen. Plane Zeit dafür ein, deine unmittelbare Umgebung nach einem Platz abzusuchen, an dem du Bäume, Blumen und Kräuter pflanzen kannst.

Bienen und Insekten werden deine Blumen besuchen und als Nahrung für Vögel und andere Kreaturen dienen, große und kleine, bis hin zu Falken und Adlern. Auf diese Weise nimmst du teil am Kreislauf des Lebens. Sprich und meditiere mit deiner Wiese; lass dich von deiner Intuition leiten, sei jeden Tag dankbar und sieh ihr beim Wachsen zu. Besuche sie, sooft du kannst, zum Sonnenaufgang und Sonnenuntergang. Begrüße den Tag mit deinem neuen Garten. Verbringe dort tagsüber Zeit, wenn du kannst. Auf diese Weise erschaffst du eine regelmäßige Übung, deinen Geist so zu regulieren, dass er die wahre Natur und die Zerbrechlichkeit sämtlicher Dinge wahrnimmt. Gleichzeitig bringst du ihn in Harmonie.

10. WÜRDIGE ALLE LEBEWESEN

Ein Leben ohne Schaden zu leben bedeutet zu begreifen, dass wir eins sind mit allen Lebewesen. Auf dem Weg dahin, uns unserer inneren Sonne bewusst zu werden und sie zu realisieren, erkennen wir das wahre Wesen der Existenz und dass sämtliche Lebewesen das Recht haben, ohne Leid zu leben. Das umfasst auch die Wesen, die seit Generationen verteufelt und gefürchtet werden – die bescheidene Ratte, den sanften Moskito, den wilden Hai und das duftende Stinktier. Sie alle haben ein ehrenhaftes Wesen und einen ehrenhaften Zweck zu erfüllen.

Im Rahmen unserer Reise können wir vielen Arten von Lebewesen Freude und Glück bringen. Wo auch immer wir uns befinden, können wir sämtlichem Leben freundlich begegnen, es voller Mitgefühl betrachten und Raum für sein Glück erschaffen. Wir können Lebewesen ehren, indem wir sie beobachten, ohne sie zu stören oder ihnen Schaden zuzufügen – oder das Gefühl zu haben, sie loswerden zu müssen. Wir können alle Tiere, Bäume, Flüsse und Pflanzen würdigen, indem wir ihre Bedürfnisse bemerken und uns um sie kümmern.

Wir können darüber hinaus Flora und Fauna Flächen überlassen und dafür sorgen, dass der Mensch hier nicht eingreift – auch nicht durch sein Denken oder durch Energie. Das kann ein kleiner Blumenkasten sein, ein Grundstück oder eine Brachfläche, die man für künftige Generationen saniert. Genauso können wir Stadtflächen und Dächer umwidmen und dort neue Wälder heranziehen, vertikale Gärten betreiben oder einfallsreiche natürliche Ecken schaffen, in denen sämtliche Lebewesen berücksichtigt sind.

Beginne den Tag mit einer Affirmation und einem Versprechen:

»Ich werde mein Bestes tun, alle Wesen groß und klein zu lieben, und ich werde lernen, wie ich in allem, was ich tue, das Leben aller Lebewesen schützen kann.«[45] Leben wir harmonisch mit sämtlichen Wesen, stellen wir ihre Würde und Freiheit wieder her und sorgen für eine kongruentere Welt, in der wir, wohin auch immer wir gehen, keinen Schaden anrichten.

11. EINE MAHLZEIT AM TAG

Wir sollten unser Verhältnis zum Essen neu überdenken und aushandeln. Das ist ein sehr unmittelbarer Ansatz, unser Leben zu verändern und konzentrierte Aufmerksamkeit zu praktizieren, während wir gleichzeitig an globalen Veränderungen mitwirken. Mit ein wenig Anstrengung können wir uns verdeutlichen, wie wir über unseren Lebensmittelkonsum in einem wechselseitigen Verhältnis mit anderen stehen. Wir verlassen uns auf Landwirte aus aller Welt, auf das Wetter, Pflanzen und die Erde, damit alles wächst – und auf unzählige weitere sanfte Helfer, die dazu beitragen, dass das Essen auf unseren Teller kommt.[46]

Genauso können wir anfangen, über die Größe der Portionen nachzudenken, die wir zu uns nehmen, und sie verkleinern. Parallel dazu verdeutlichen wir uns, welche von uns unterstützten Praktiken für andere (Mensch wie Tier) und die Umwelt schädlich sein könnten, und nehmen Korrekturen vor. Du könntest dich beispielsweise verpflichten, ein Jahr lang nur eine Mahlzeit pro Tag zu essen. Auf diese Weise erschaffst du eine Praxis des Sinnierens, denn du erkennst, was für Folgen es hat, wenn du weniger kon-

---

45 Wenn du mehr darüber herausfinden möchtest, sämtlichen Lebewesen mit Sanftheit zu begegnen, siehe von dieser Autorin das Buch *Kindness for All Living Things*.
46 Mehr dazu, wie wir mit allen Menschen durch Lebensmittel verbunden sind, findest du im Buch *The Whole World Inside Nan's Soup* (Yeehoo Press, 2011) von dieser Autorin.

sumierst: weniger Müll und weniger Essensreste, mehr Ausdauer und Energie, weniger medizinischer Aufwand sowie mehr Freizeit, da du weniger Zeit mit Einkaufen und Zubereiten oder in Gesellschaft verbringst.

Konzentrieren wir unseren Fokus auf eine einzige Mahlzeit, ist es wahrscheinlicher, dass wir sie angemessen würdigen, dass wir sehen und schmecken und ehren, was wir essen, und dass wir uns bewusst machen, wie das Essen unseren Körper und unseren Geist nährt. Gleichzeitig denken wir an all die Menschen, die dafür verantwortlich sind, dass uns dieses Essen zur Verfügung steht.

12. PRAKTIZIERE GEGENSEITIGKEIT

In den Lehren von Sun Tsu spiegelt sich das Prinzip der Gegenseitigkeit als Lebensweise.[47] Es ist mehr als die bloße intellektuelle Einsicht, *dass ich andere mit demselben Maß an Respekt behandele, mit dem ich gerne behandelt werden möchte.* Es reicht viel tiefer und impliziert: *Mein Inneres entspricht exakt dem aller anderen Menschen.* Trifft das zu, können wir den zarten Faden, der alle Menschen miteinander verbindet, erleben und für uns selbst entdecken.

Treffen wir andere Menschen, können wir Zerbrechlichkeit erkennen; und genauso können wir in dem Bewusstsein agieren, dass ihr Leid unser Leid ist, auf dieselbe Weise erlebt und erfahren. Wir selbst möchten nicht leiden, deshalb wünschen wir es aus Empathie auch niemand anderem. Auf diese Weise streben wir in all unserem Reden, unserem Tun und in unseren Beziehungen nach Harmonie und Frieden.

Wächst unser Verständnis von Gegenseitigkeit, wächst auch unsere Empathie. Der Kreislauf des Lebens erweitert sich, denn uns wird bewusst, dass wir ohne all diese wunderbaren Helfer und

---

47 shu, 恕

Helferinnen, die rund um die Welt unser Leben und unsere Erfahrungen unterstützen, nicht leben könnten. Jetzt können wir sie mit unserer Dankbarkeit, unserer Sanftheit, unserem Verständnis, unserer Geduld und insbesondere unserer Selbstverantwortung ehren. Denn selbstverantwortlich handeln heißt: Wir wissen, dass wir anderen Leid verursachen, wenn wir unsere gegenseitige Verbundenheit außer Acht lassen.

ÜBER DIE AUTORIN

Hunter Liguore ist eine preisgekrönte Autorin, die ihr Leben mit dem Studium der Philosophie verbringt und auf das Werk von Sun Tsu spezialisiert ist. Sie studierte beim nordirischen Friedensnobelpreisträger John Hume und leistete wichtige Beiträge zur Friedensforschung und zum Thema der sozialen Gerechtigkeit. In ihren einzigartigen Schriften erforscht sie die Verbundenheit mit allen Menschen, auf Gegenseitigkeit beruhende Beziehungen zur Natur sowie den freundlichen und empathischen Umgang mit ausnahmslos allen Lebewesen. Zu ihren Veröffentlichungen gehört unter anderem *The Whole World Inside Nan's Soup*. Hunter unterrichtet kreatives Schreiben an der Lesley University in Cambridge, Massachusetts, und veranstaltet Friedensspaziergänge in Neuengland. Mehr über sie unter www.hunterliguore.org.